厚德博学
经济匡时

中国宏观经济形势分析与预测年度报告
(2021—2022)

风险评估、政策模拟及其治理

以更大力度的改革开放落实稳中求进和推动高质量发展

"中国宏观经济形势分析与预测"课题组　著
上海财经大学高等研究院

上海财经大学出版社

图书在版编目(CIP)数据

中国宏观经济形势分析与预测年度报告.2021—2022:风险评估、政策模拟及其治理:以更大力度的改革开放落实稳中求进和推动高质量发展/"中国宏观经济形势分析与预测"课题组,上海财经大学高等研究院著. —上海:上海财经大学出版社,2022.10
ISBN 978-7-5642-4071-4/F・4071

Ⅰ.①中… Ⅱ.①中…②上… Ⅲ.①中国经济-宏观经济形势-经济分析-研究报告-2021—2022②中国经济-宏观经济形势-经济预测-研究报告-2021—2022 Ⅳ.①F12

中国版本图书馆 CIP 数据核字(2022)第 182132 号

□ 责任编辑　胡　芸
□ 封面设计　张克瑶

中国宏观经济形势分析与预测年度报告(2021—2022)
风险评估、政策模拟及其治理
——以更大力度的改革开放落实稳中求进和推动高质量发展

"中国宏观经济形势分析与预测"课题组　著
上海财经大学高等研究院

上海财经大学出版社出版发行
(上海市中山北一路 369 号　邮编 200083)
网　　址:http://www.sufep.com
电子邮箱:webmaster@sufep.com
全国新华书店经销
上海华教印务有限公司印刷装订
2022 年 10 月第 1 版　2022 年 10 月第 1 次印刷

710mm×1000mm　1/16　13 印张(插页:1)　200 千字
定价:60.00 元

项目概览

上海财经大学高等研究院 2009 年发起成立"中国宏观经济形势分析与预测"课题组,旨在以一种开放式的科研组织模式,凝聚海内外相关研究力量,对中国宏观经济进行长期跟踪研究,定期发布中国宏观经济形势分析与预测报告,为政府、企业及社会各界提供有参考价值的经济洞见、短期政策对策及长期改革治理建议,推动中国经济的长期稳定增长和可持续发展以及国家治理能力和治理体系的现代化。

基于中西合璧、优化整合的方针,高等研究院依托中国宏观经济研究中心组建了阵容强大的课题组成员团队,包括曾任美联储高级经济学家的国际资深专家,原中国人民银行调查统计司司长、上海市人民政府参事,以及 20 多位获得国际国内顶尖大学博士学位的高级研究人员,包括 2 位孙冶方经济科学奖得主、5 位终身教职教授。同时,高等研究院下设的数据调研中心、人口流动与劳动力市场研究中心、卫生经济与老龄化研究中心等 10 多个中心也将从不同方面为本项目提供研究支持。

作为课题组的成果体现形式之一,中国宏观经济形势分析与预测报告坚持以全局观念、系统思维和综合治理方法来处理好改革、发展和稳定的辩证关系,力求体现以下特点:一是构建完善多部门大型量化准结构性宏观模型(IAR-CMM);充分考虑中国元素,内含多个板块,板块对接时会把其他板块的结论嵌入该板块中,使之短期政策应对变量与长期改革参数在所有板块中具有自洽性和内在一致性,以此达到宏观总体一般均衡和综合治理。二是基于扎实的数据采集和整理的严谨计量经济分析、理论内在逻辑分析及历史视野比较分析,做到分析解决问题所需要的三个维度的结合,即理论逻辑、实践真知、历史视野,以体现"六性":科学性、严谨性、针对性、现实性、前瞻性和思想性。三是不只是大概率的点预测,更多的是考虑规避和防范一旦出现后果严重的小概率事件和如何应对已有显著迹象的大概率系统性风险,以及进行稳经济的各种情景分析和反事实分析:对不同风险和政府不同增长目标给出应对力度和备选方案,为政府决策提供科学依据。四是既考虑到短期波动风险、趋势性和周期性因素的交互叠加及相互作用,也关注中长期制度性、结构性改革及其向纵深推进的方式。

目前,中国宏观经济形势分析与预测报告每年以季度为出版频率,一年 4 期,得到"经济学前沿理论与方法学科创新引智基地"和理论经济学上海市高峰 II 类学科建设计划的支持。报告采取国际前沿、国内较为独特的基于准结构模型的情境分析(alternative scenario analyses)和政策模拟(policy simulations)方法,在对统计数据和经济信息充分收集和科学鉴别校正的基础上,对中国宏观经济最新形势进行严谨分析,对未来发展趋势进行客观预测,并提供各种政策情景模拟结果供决策参考。

课题组竭诚欢迎社会各界与我们开展合作交流,共同推动中国宏观经济研究的发展与中国宏观经济的持续繁荣!

摘　要

　　2021年,我国经济总体保持恢复态势,预计全年GDP增速8.0%。随着经济步入转型升级阶段,制造业投资和高技术产业投资增势良好,基建和房地产投资增速回落,但投资增速整体平稳,结构进一步优化;得益于我国有效的疫情防控,进出口增速大幅上升,贸易顺差持续扩大。然而境外疫情形势严峻复杂,国内常态化疫情防控工作仍然艰巨,虽然劳动力市场持续回暖,收入平均水平上升,但收入差距扩大、消费增长乏力,企业生产成本持续上升。随着多国采取与病毒共存的策略,未来我国外部经济的不确定性增加,全球产业链和供应链可能重新调整。人民币汇率在合理区间内宽幅双向波动,但长期贬值压力不可忽视。需要关注的是,一些政府部门管制不断加强的所谓改革、政策和多行业规范调整没有把握好时度效,力度过大、过急、过频、过激,导致监管、整顿过度,叠加共振,市场主体活力及其预期下降,企业信心不稳,承载了中国绝大部分就业的中小微企业经营面临较大的不确定性和困难,运行复苏缓慢,乃至一些中型、大型企业也出现经营困难加剧趋势,投资增速有回落风险。此外,还出现了原则肯定、具体否定、落实不到位的空心化现象,使之中央部署、改革大政方针无法完全落地。

　　更令人担心的是,由于市场化改革实施过程中出现偏差,辅助、配套改革措施不到位,一出现问题,就轻易地否定其必要性,并没有意识到其必要性还需要许多其他辅助条件才能转化成充分条件,从而认为是市场化改革的错,否认其改革大方向,想走回头路。这些都是导致各界对中国经济增长和发展预期减弱的重要原因。那么,如何破解经济发展面临的

"三重压力",落实稳中求进和推动高质量发展,怎样才能实现创新驱动呢?"不谋全局者,不足谋一域。"课题组认为,这需要总结正反两方面的经验和教训,从历史视野、实践探索和理论高度三个维度来得到答案,坚持以经济建设为中心,同时在研究解决这些问题时需要有一般均衡分析系统思维的综合治理理念和全局观念,而不是孤立地看问题。我们既要考虑中国国情、中国特色,也要基于世界上高质量发展和创新驱动发展的规律性认识,来处理好短期政策应对和中长期改革治理、一般性和特殊性、规律性和特色性以及市场化改革和加强管制的改革这四大辩证关系,从而稳中求进,短期政策应对和中长期综合改革治理不仅要有决策的科学性,更要有谋划的艺术性。并且,这样的决策和谋划应经受得住历史、实践和理论的印证、检验及逻辑推理。

课题组认为,当前我国经济面临的主要风险和机遇有以下几个方面。从价格和成本的角度,尽管目前CPI不高,且工业企业利润总体较好,但值得注意的是,大宗商品价格的大幅上升增加了中下游行业的成本压力,特别是下游中小企业面临成本上升和需求增长乏力的双重压力。从劳动力市场的角度,我国教育错配现象较为突出,会对个体收入产生"扭曲"效应,并且该效应在我国劳动力市场长期存在。应通过推动教育公平、改善收入代际流动,同时从提高初次分配中劳动份额占比、完善再分配税收体系等多个角度改善收入不平等状况。从债务构成方面看,随着家庭信贷政策的反复,本已收缩的家庭债务重回快速增长的轨道;企业部门杠杆率水平较2020年有所下降,但仍处于近年来高位,企业债务风险仍未充分释放,民营企业和中央国有企业债务违约率由降转升;地方政府债务呈现出规模增加和期限延长的特点,鉴于其债务资金大多来源于银行等金融机构,须警惕地方政府债务扩张加剧银行资产负债期限的错配。在当前地方政府依赖土地抵押和土地财政等方式进行债务融资的背景下,地方政府债务规模扩张造成的土地资源配置低效率会拉大城乡收入差距。在推动数字经济的进程中,数字人民币及多边央行数字货币桥的测试正稳步有序进行,对深化金融普惠、增加人民币国际竞争力起到了重要作用。如何合理监管数字金融资产,在防范金融风险的同时鼓励私营部门自主创新,是中国当下面临的一个挑战。环境治理方面,双碳目标下,经济增长存在降速风险,但长期中存在的产业与能源结构转型和技术创新压力将成为新的发展机遇。

课题组充分重视对各种风险的防范,对不同情景下的经济走势、短期政策应对和中长期治理,有如下主要结果和观点。基于上海财经大学高等研究院中国宏观经济预测模型(IAR-CMM)的情景分析和政策模拟结果,课题组测算,在基准情景下,2022年全年实际GDP增速约为5.5%,CPI增长1.8%,PPI增长3.9%,GDP平减指数增长3.2%,消费增长6.5%,投资增长5.1%,出口增长11.3%,进口增长11.8%,人民币兑美元汇率(CNY/USD)将在6.4附近宽幅双向波动。考虑到"双碳"目标的严格执行、民营企业违约风险的上升、房地产税推进、疫情防控的科学有效、有效竞争以及政策调整与改革的"时度效"等因素,课题组作出如下6种情景分析:

情景Ⅰ——假设我国在实现双碳目标的初期阶段更加严格执行减排政策。较高的碳减排标准造成投资增速和消费增速分别较基准下降0.1个百分点,导致全年GDP增速较基准情景下滑0.1个百分点,为5.4%。

情景Ⅱ——假设民营企业经营压力加大,违约风险上升,投资增速较基准下降0.5个百分点,导致全年GDP增速较基准情景下滑0.3个百分点,仅为5.2%。

情景Ⅲ——假设我国房地产税政策加速落地,改革措施将给宏观经济造成短期阵痛,通过影响二手房市场和租房市场使家庭消费降低2个百分点,导致全年GDP增速比基准情景下滑1个百分点,仅为4.5%。

情景Ⅳ——如果新冠疫情常态化管理的防范和预防措施更加科学有效,降低对经济活动的负面影响,导致2022年消费增速比基准情景提高0.5个百分点,并带动投资增速比基准情景增加0.2%,全年GDP增速将较基准提升0.3个百分点,达到5.8%。

情景Ⅴ——假设资本监管政策到位,有效竞争推进,劳资环境改善,使收入差距下降0.02个单位,消费增速较基准提高0.8个百分点,拉动GDP增速较基准情景增加0.4个百分点,达到5.9%。

情景Ⅵ——假设政策调整和推动改革更加注重"时度效",努力做到科学有效,发挥出"高效能",消费和投资增速较基准分别提高0.5个和0.7个百分点,全年GDP增速将较基准提高0.6个百分点,达到6.1%。

课题组就各种假设情景探讨了政策力度的选择。根据IAR-CMM

量化准结构模型的分析,为了达到6%的较高经济增速,不同情景下所需的政策力度分别为:(1)在基准情景下,货币政策需要在基准政策的基础上额外降准一次50个基点;财政赤字需要额外增加4 217.1亿元,超过预算赤字12.3%,估算全年赤字率约为3.4%。(2)在情景Ⅰ下,货币政策需要在基准政策的基础上额外降准一次50个基点;同时,财政赤字需要增加5 060.5亿元,超过预算赤字14.7%,估算全年赤字率约为3.4%。(3)在情景Ⅱ下,货币政策需要在基准政策的基础上额外降准2次,每次50个基点;同时,财政赤字需要增加6 747.3亿元,超过预算赤字19.6%,估算全年赤字率约为3.6%。(4)在情景Ⅲ下,货币政策需要在基准政策的基础上额外降准4次,每次50个基点;同时,财政赤字需要增加12 651.3亿元,超过预算赤字36.8%,估算全年赤字率约为4.1%。由于短期政策会对宏观经济的长期健康发展造成较大的扭曲副作用,因此课题组并不建议采用如此激进的宽松政策。(5)在情景Ⅳ下,货币政策不需要在基准政策的基础上做出额外调整,但财政赤字需要增加1 686.8亿元,超过预算赤字4.9%,估算全年赤字率约为3.2%。(6)在情景Ⅴ下,货币政策不需要在基准政策的基础上做出额外调整,财政赤字需要增加843.4亿元,超过预算赤字2.5%,估算全年赤字率约为3.1%。(7)在情景Ⅵ下,货币政策和财政政策均不需要在基准政策的基础上做出额外调整。

面对中国经济出现的需求收缩、供给冲击和预期减弱三重压力,跨周期调节政策要考虑的不只是短期经济波动,更要着眼于中长期,向改革和开放要红利。过去10多年来,中国经济增长的持续下行,有周期性、外部性的因素,但最关键的还是制度性、结构性的因素,这些因素也导致中国经济所面临的发展驱动的创新力、发展结构的协调性、发展过程的生态性、发展格局的开放度、发展成果的共享度不足等问题迟迟未得到有效解决。因此,唯有靠进一步深化市场化、法治化改革和扩大全方位、制度型开放,才能推动中国经济沿着创新、协调、绿色、开放、共享的新发展理念前行,真正实现创新驱动和高质量发展。具体而言,课题组有以下主要观点和建议:

第一,鉴于中国经济短期内出现新的下行压力,在总体宏观经济政策定位上还需要保持相对宽松的基调,使积极的财政政策真正积极、稳健的货币政策真正稳健。财政政策需要出台面向基本民生的收入补贴措施和减税降费政策,提振消费需求,同时经济下行压力加大,特别是在疫情严控或时不时熔断的情形下,仍需延续中小微企业税费减免政策和加大就业稳岗补贴,扭转中小微企业生存危机和发展困境,激发市场主体活力。货币政策同样需要对中小微企业和薄弱环节进行定向扶持,防止经济进一步分化,同时用好绿色货币政策工具,加大对绿色经济投资的支持,启动经济新增长点,对冲经济下行趋势。此外,针对一些行业的调整,也应该采取渐进式而不是急剧式、"一刀切"的不断加强管制和结构调整,要注重决策的科学性和综合治理谋划的艺术性,防止出现政策叠加共振效应。

第二,做好经济工作,必须弄清楚改革与发展、稳定与创新的内在辩证关系,以及政府与市场、政府与社会的内在关系。改革开放以来的历史、实践和理论都表明,改革与不改革,中国经济增长速度相差近3个百分点。并且,中国经济全要素生产率的提高在现阶段也主要来源于盘活生产要素、激发工作动力等这样的提高效率的市场化改革开放,而不是基本靠技术进步。面向中长期的未来,中国只有坚定不移地为改革开放鼓与呼,通过真正深化制度性、市场化改革和扩大全方位、制度型开放,扩大市场准入,促进公平竞争,改善营商环境,同等对待国有企业和民营经济,让社会和企业的信心为之一振,经济增长和经济发展才会有大的改观。改善营商环境的市场化改革与不是市场化的"改革",经济增长率大概率仍将会相差几个百分点。

第三,站在新的历史起点上,改革已进入深水区,开放也已进入新阶段,要形成为更大力度的改革开放鼓与呼的和谐气氛以及良好的营商大环境,要有具体措施,让中央部署、改革大政方针真正落地,真正让市场在资源配置中发挥决定性的作用,让政府更好而不是更多地发挥作用,以全方位开放倒逼深层次制度改革,谋求更大的发展空间。新时代全面深化改革的关键任务就是提供现代国家治理制度基础的综合性改革,包括三大重点目标任务:一是形成具有包容性的现代化经济体系;二是提升国家依法治国能力和政府执行力;三是建立民主法治、公平正义、和谐透明的良好社会规范与秩序以及有效的社会治理体系。这三点其实也是现代国家治理体系的三要素。

第四,进入新发展阶段之后,中国经济发展的目标从过去更注重量的增长速度转向更注重质的提升和增长的持续性,且更强调让发展的成果为全体人民所共享,同时经济发展所面临的内外部约束条件也发生了深刻的变化,尤其是资源、能源和生态环境越来越成为紧约束、硬约束。发展目标和约束条件的改变,意味着过去高消耗、高排放、高污染的要素驱动型粗放发展模式越来越难以为继,必须向创新驱动型集约发展模式转变,从而推动中国经济实现以全要素生产率提升为核心要义的高质量发展。同时,政府要有执行力,需要以改革、发展、稳定、创新和治理五位一体的综合改革方式进行治理,建立有能、有为、有效、有爱的有限政府和实现国家治理现代化。

第五,正反两方面的历史经验教训、中国经济的发展实践数据和市场经济的内在理论逻辑,无不揭示了市场化改革及高度的对外开放对保持经济稳定增长和高质量发展的至关重要性。创新、协调、绿色、开放、共享的新发展理念,深刻揭示了中国经济实现更有效率、更加公平、更可持续的高质量发展的必由之路,是中国在新时期以深层次制度性改革和制度型开放破解发展难题、增强发展动力、厚植发展优势的战略指引,需要综合施策,让改革开放大政方针和新发展理念落地,其根本是要界定和处理好政府与市场、政府与社会的内在关系,具体包括:一要正确处理政产学研的关系,夯实创新驱动发展的体制基础;二要加强区域协调发展的引导,促进多方面多维度的均衡联动发展;三要深化环境监管体制的改革,满足人民对于美好生态的需要;四要推动深层次制度性的开放,构建国际国内"双循环"发展新局;五要政府、市场与社会共同发挥作用,以系统思维推进共同富裕。

关键词:宏观经济预测　政策模拟　情景分析　长期治理

目　录

概述/1

一、经济走势及主要问题/2

(一)消费增速放缓/2

(二)投资增速整体平稳,制造业投资增势良好,基建和房地产投资增速回落/2

(三)进出口高速增长,贸易顺差较上年同期大幅上升/3

(四)劳动力市场大体恢复到疫情前水平,但仍面临结构性调整趋势/4

(五)CPI温和上涨,PPI创下新高,剪刀差快速扩大/4

(六)金融市场整体平稳运行/6

(七)外汇储备规模总体稳定,人民币汇率双向波动增强/7

(八)数字人民币和数字金融资产有所发展,但监管问题仍是挑战/7

(九)劳动力人口素质仍需进一步提升,教育错配现象严重/8

(十)"双减"实施合理、时机正确,但实施效果值得商榷,实施手段有所讲究/8

(十一)收入分配仍存在一定程度的两极分化现象,初次分配、再分配调节收入不平等能力明显,第三次分配的调节能力需要谨慎对待/9

(十二)随着家庭信贷政策的反复,本已收缩的家庭债务重回增长轨道/10

(十三)地方政府偿债压力加大,加剧银行资产负债期限错配/11

(十四)金融稳定性未见改善,中小银行风险溢出水平首次超过大型国有银行/11

(十五)"土地财政"模式拉大城乡收入差距,亟待推进土地制度和财

税制度改革/12

(十六)运用多样化政策工具对冲双碳目标下的经济风险/13

二、主要指标预测及政策模拟/13

三、中国经济稳中求进和高质量发展迫切需要更大力度的改革开放/16

第一章 中国宏观经济发展的即期特征与主要风险/24

一、2021年以来中国宏观经济发展呈现的主要特征/24

(一)消费增速放缓/24

(二)投资增速整体平稳,制造业投资增势良好,基建和房地产投资增速回落/30

(三)进出口高速增长,贸易顺差较上年同期大幅上升/39

(四)劳动力市场大体恢复到疫情前水平,但仍面临结构性调整趋势/48

(五)CPI温和上涨,PPI创下新高,剪刀差快速扩大/53

(六)坚持实施正常的货币政策,金融市场整体平稳运行/63

(七)外汇储备规模总体稳定,人民币汇率双向波动增强/71

(八)数字人民币和数字金融资产/80

(九)双碳目标下的挑战、应对与机遇/86

二、中国宏观经济下一步发展面临的内部主要不确定性/95

(一)劳动力人口素质仍需进一步提升,教育错配现象严重/95

(二)"双减"实施合理、时机正确,但实施效果值得商榷,实施手段有所讲究/104

(三)目前我国收入两极分化严重,初次分配、再分配调节收入不平等能力明显,第三次分配的调节能力需要谨慎对待/115

(四)随着家庭信贷政策的反复,本已收缩的家庭债务重回增长轨道/122

(五)金融稳定性未见改善,中小银行风险溢出水平大增/132

(六)地方政府偿债压力加大,加剧银行资产负债期限错配/138

(七)"土地财政"模式拉大城乡差距,亟待推进土地制度和财税制度改革/149

三、全球经济持续复苏,但复苏势头减弱,不确定性增加/155

目 录

  （一）疫苗助力美国社会解封，2022年经济增长有望回归合理水平/156

  （二）欧元区经济回暖趋势显现，疫情不确定性增加/157

  （三）亚太地区疫情反复，导致经济复苏放缓/159

  （四）拉美和非洲经济体面临保增长方针下的选择/161

第二章　基准条件下2022年中国主要经济指标增速预测/162

第三章　不同情景下的主要经济指标预测及其政策应对/166

  一、不同情景下的经济预测与政策应对/166

   （一）假设情景Ⅰ："双碳"目标更加严格执行/166

   （二）假设情景Ⅱ：民营企业违约风险上升/167

   （三）假设情景Ⅲ：房地产税加速推进/168

   （四）假设情景Ⅳ：疫情防控更加科学有效/169

   （五）假设情景Ⅴ：推进有效竞争/170

   （六）假设情景Ⅵ：政策调整和改革推动遵循"时度效"原则/171

  二、不同情景分析基础上的政策力度选项/172

第四章　以更大力度的改革开放落实稳中求进和推动高质量发展/177

  一、中国经济稳中求进和高质量发展面临的短期风险和中长期瓶颈/179

  二、中国经济稳中求进和高质量发展迫切需要更大力度的改革开放/181

  三、中国经济稳中求进和高质量发展有赖于新发展理念的真正落地/185

附录1　项目架构图/192

附录2　上海财经大学高等研究院简介/193

概 述

上海财经大学高等研究院"中国宏观经济形势分析与预测"课题组基于上财高等研究院中国量化准结构宏观预测模型(IAR-CMM)所建立的情景分析和政策模拟,分别从基准情景(2022年全球经济逐渐复苏、美联储2022年年中结束缩减债券购买、加息时点可能提前至2022年底以前、人民币兑美元汇率在6.4附近宽幅震荡;国内新冠疫情(以下简称疫情)延续2021年以来的发展状况、家庭杠杆率2022年再上升3个百分点、基础设施建设投资将会企稳回升、房地产投资下行压力增加、制造业投资继续维持回升态势、第四季度不良贷款率将小幅上升、积极财政政策更加科学有效、货币政策稳健灵活适度并保持流动性合理充裕、单位GDP碳排放量年均下降幅度维持在4%)、情景Ⅰ("双碳"目标更加严格执行)、情景Ⅱ(民营企业违约风险上升)、情景Ⅲ(房地产税加速推进)、情景Ⅳ(疫情防控更加科学有效)、情景Ⅴ(推进有效竞争)、情景Ⅵ(政策调整和改革推动遵循"时度效"原则)进行数值模拟。

2022年中国宏观经济面临需求收缩、供给冲击、预期转弱的复杂局面,需要同步进行跨周期设计、逆周期调节与改革开放深化,以落实稳中求进和推动高质量发展。"不谋全局者,不足谋一域。"课题组认为,这需要总结正反两方面的经验和教训,从历史视野、实践探索和理论高度三个维度来得到答案,坚持以经济建设为中心,同时要有一般均衡分析系统思维的综合治理理念和全局观念,而不是孤立地看待问题。我们既要考虑中国国情、中国特色,也要基于世界上高质量发展和创新驱动发展的规律性认识,来处理好经济下行压力的短期政策应对和中长期高质量发展的改革治理、一般性和特殊性、规律性和特色性以及市场化改革和加强管制改革的辩证关系,从而稳中求进,短期政策应对和中长期综合改革治理不仅要有决策的科学性,也要有谋划的艺术性。并且,这样的决策和谋划应经受得住历史、实践和理论的印证、检验及逻辑推理。

一、经济走势及主要问题

(一)消费增速放缓

受到疫情低基数效应的影响,2021年上半年社会消费品零售总额同比增速迅速回升,在3月达到34.2%;然而进入下半年,在报复性消费逐渐褪色之后,消费呈现相对乏力的态势。2021年1—10月,社会消费品零售总额的累计增速为14.9%,两年平均累计增速为4.0%。课题组分析,由于疫情持续时间过长,导致劳动力市场出现结构性分化,居民收入不平等加剧是拖累消费的主要原因。在疫情的反复下,以餐饮业为代表的服务类消费也呈现同比增速下滑的趋势。受到供应链中断的影响,汽车类消费在下半年出现同比大幅下降的态势;而建筑及装潢类和家具类消费,受到房地产公司违约风险加大和房价预期增速走弱的影响,也出现下滑。石油及制品类消费在国际原油价格高企的作用下,名义和实际增速出现大幅背离。

(二)投资增速整体平稳,制造业投资增势良好,基建和房地产投资增速回落

2021年1—10月,全国固定资产投资同比增长6.1%,两年平均增速为3.8%,止住了连续3个月下滑的势头,其中,民间投资同比增长8.8%。从三大投资领域来看,制造业投资增速继续维持高位,同比增长14.2%;基础设施建设投资(不含电力)低迷,同比增长1.0%,较前值回落0.5个百分点;房地产投资增速继续下行,同比增长7.2%,较前值回

落 1.6 个百分点。高技术产业投资同比增长 17.3%,比全部投资增速高 11.2 个百分点,成为制造业投资加速增长的主要驱动力。在当前支持"专精特新"企业发展的基础上,制造业企业投资意愿不减,相关先进制造业和战略新产业的投资规模有望继续扩大。基础设施建设投资整体低迷,主要是由于政府债券新增规模整体不及预期,对基础设施建设投资增长的影响有限。近期,国家发展和改革委员会提出将部分儿童服务设施项目纳入专项债务资金支持范围,叠加新基建、新型城镇化、重大工程("两新一重")建设等持续推进,预期基础设施建设投资增速有望回升。房地产基本面继续下行,导致房地产投资增速继续回落。从资金来源看,1—10 月房地产开发企业到位资金同比增长 8.8%,增速回落 2.3 个百分点,其中国内信贷下滑尤其显著。从房地产销售数据来看,房地产销售动能持续走弱,对房地产投资起到了降温作用。从房地产新开工和竣工来看,房屋新开工面积降幅扩大对投资增速形成拖累,竣工面积增幅收窄未对投资起到关键支撑作用。在前期政策高压以及多家民营地产企业风险暴露的作用下,随着房地产管理长效机制逐步完善,预计未来房地产投资韧性或将减弱。

(三)进出口高速增长,贸易顺差较上年同期大幅上升

2021 年 1—11 月,全国进出口增速高速增长,出口和进口累计增速分别高达 31.1% 和 31.4%,贸易顺差比 2020 年同期增加 1 335.1 亿美元。进出口高速增长的主要原因包括:第一,疫情导致的低基数效应和国内经济持续恢复发展。2020 年受疫情的影响,全年出口同比增速仅为 3.6%,进口同比增速为 −0.6%。由于疫情防控得当,中国经济在全球主要经济体中率先恢复正常,并且经受住了包括德尔塔病毒在内的多轮疫情冲击,因而支撑起了进出口的高速增长。第二,全球经济复苏推动贸易回暖。国际货币基金组织 2021 年 10 月发布的《世界经济展望》预测 2021 年全球经济增速为 5.9%,世界贸易组织 10 月发布的《贸易统计及展望》预测 2021 年全球货物贸易量将增长 10.8%。2021 年 1—11 月,中国对美国、欧盟和东盟的出口增速分别为 28.1%、32.7% 和 27.4%,进口增速分别为 37.1%、22.4% 和 32.1%。第三,大宗商品及工业原材料价格上涨,拉高了进出口额。2021 年 11 月 30 日路透 CRB 商品指数相比 2020

年12月31日上涨30.6%,相比2020年11月30日上涨47.6%。受国际大宗商品价格上涨的影响,2021年1—10月进口价格平均同比增速为11.4%。第四,跨境电商的发展有效缓解了疫情对外贸的负面冲击。

(四)劳动力市场大体恢复到疫情前水平,但仍面临结构性调整趋势

2021年全国城镇调查失业率呈波动下降趋势。受部分地区散发疫情影响,年内失业率最高点5.5%出现在2月。随着疫情防控常态化,失业率持续下降,10月降至4.9%,同比下降0.4%。截至2021年10月,新增就业人数累计1 133万人,提前完成全年新增就业1 100万人的任务目标。受上年疫情基数较低影响,就业累计值全年同比均有显著增幅,略低于2019年的水平。2021年前三季度人力资源市场需求人数和求职人数同向变化且幅度接近,求人倍率保持在较高位置,到第三季度为1.53,面临结构性调整压力。高级技师、技师需求缺口较大,第三季度高级技师、技师和高级技能人员求人倍率分别为3.05、2.7和2.51。PMI从业人员指数年内高点出现在3月,随后制造业从业人员指数保持稳定,非制造业从业人员指数呈现波动下降趋势。10月制造业从业人员指数为48.8%,非制造业PMI从业人员指数为47.5%。其中,服务业从业人员指数为46.6%,建筑业从业人员指数为52.4%。全国企业就业人员周平均工作时间逐步上升,10月为48.6小时,同比上升1.9小时。2021年第三季度农村外出务工劳动力人数累计18 303万人,同比上升2%,略低于2019年第三季度。农村外出劳动力月均收入为4 454元,同比上升10.4%,两年平均增速6.16%,回到疫情前(2017—2019年)6%~8%的区间。居民人均可支配收入累计值相比疫情期间大幅上升,第三季度为26 265元,同比增长9.7%,两年平均增速7.1%,恢复至疫情前(2017—2019年)平均水平。城镇与农村居民可支配收入累计值分别为35 946元和13 726元,同比上升8.7%和11.2%,农村收入上升速度快于城市。城乡居民收入比值为2.62,同比下降0.05。

(五)CPI温和上涨,PPI创下新高,剪刀差快速扩大

受疫情防控常态化和经济复苏影响,2021年前11个月内CPI和扣除食品与能源的核心CPI同比增速由负转正并温和上涨,11月CPI同比

增速回到"2"以上,核心CPI接近疫情暴发前的水平。2021年前11个月CPI累计同比增速为0.9%,较2020年年均2.5%的增速明显下降;核心CPI累计同比增速为0.8%,与2020年年均0.8%的增速持平。从食品来看,2021年前11个月食品价格平均增速为－1.4%,导致CPI下降约0.28个百分点,而2020年同期食品价格增速为11.5%,拉动CPI上升约2.30个百分点。从非食品来看,2021年前11个月非食品价格平均上涨1.4%,导致CPI上涨约1.12个百分点,而2020年同期增速为0.4%,拉动CPI上升约0.32个百分点。因此,2021年CPI同比增速的下降主要是因为食品价格同比增速的大幅下降。值得注意的是,2021年食品价格同比增速大幅下降主要是因为猪肉价格大幅下跌。2021年非食品价格同比增速明显上升,主要是因为经济复苏带动需求上升,以及国际油价上涨导致的交通通信类价格同比大幅上涨。2021年前11个月内PPI同比增速在1月由负转正,随后受全球经济复苏和大宗商品价格上涨影响,涨幅迅速扩大,与CPI的剪刀差持续扩大,10月同比增速创下历史新高达13.5%,11月略有回落但仍处历史高位。2021年前11个月累计同比增速为7.9%,较2020年年均－1.8%的增速大幅上升。2020年疫情在全球暴发以后,多个国家推出了积极的经济刺激政策来应对疫情冲击,助力经济恢复。此外,尽管主要经济体都已经大规模接种了新冠疫苗,但不断出现的变种病毒使得全球新冠疫情不断反复,导致世界经济恢复缓慢。综合考虑基数效应、全球新冠疫情反复、猪肉价格等对食品价格的影响、刺激政策的滞后影响、国内外经济复苏以及原油等大宗商品价格的变化趋势等各种因素,课题组认为,2022年CPI年均增速将较2021年明显上升;PPI同比增速将见顶回落、震荡下行,较2021年有所下降;相应地,GDP平减指数同比增速也将有所下降。

值得注意的是,CPI和PPI的剪刀差本质上反映了处于上中下游的企业利润结构性差异。尽管国家统计局工业企业利润数据的确表现良好,然而经过深入分析不难看出,这里面存在明显的结构性差异。根据国家统计局最新数据,2021年前10个月工业企业利润总额累计同比上升42.2%,其中大中型工业企业利润总额累计同比上升49.8%,而其他小型工业企业利润总额累计同比仅上升约27%,其中8—10月大中型工业企业利润当月同比增速分别为16%、17.5%和27.3%,而其他小型工业企业利润当月同比增速分别为-1.7%、3.8%和26.7%,低于大中型工业企业,且利润波动大、不稳定。进一步分析可以看出,在2021年10月纳入工业企业统计的406 300家单位中,大中型工业企业占比11.6%,其他小型工业企业占比高达88.4%,而占比11.6%的大中型工业企业产生了约74%的利润。由此可见,占绝大多数的小型工业企业面临着利润空间小、生存压力大的问题。课题组认为,大宗商品价格的快速上涨给上游企业带来利润增长的同时,也提高了下游企业的生产成本,而且人工成本的逐渐上升,进一步加重了企业的负担,叠加内需不足,一些小微企业将面临严峻的生存压力(高成本、低需求)。为此,需要密切关注企业成本上升压力加大的问题,尤其要关注下游中小企业利润率和生产经营情况,通过"放管服"和精准施策,助力企业纾困解难,推动经济持续稳定发展。

(六)金融市场整体平稳运行

2021年前11个月坚持实施正常的货币政策,金融市场整体平稳运行。货币政策已回归正常,货币供应增速中枢回归到8%左右,实体经济融资需求则与货币供应增速相匹配,人民币贷款、非金融企业债券融资和政府债券融资是社会融资增长的主要推动力,增量信贷主要投入中长期贷款。具体地,截至2021年11月,M2余额同比增长8.5%,增速环比下降0.2个百分点,同比下降2.2个百分点;社会融资规模存量为311.9万亿元,同比增加10.11%。利率方面,市场整体流动性稳定,实体经济的融资成本总体稳中有降。具体地,央行于7月降准0.5个百分点,共释放约1万亿元流动性,11月末DR007的加权平均利率为2.4%,与7天期公开市场操作利率之差自第二季度以来始终维持在40个基点以内,第三季度末各类贷款的加权平均利率为5%。

实体经济的融资成本总体稳中有降,企业付息压力似乎有所缓解,2021年1—11月发生违约的债券共计160只,较2020年减少29只。需要注意的是,虽然民营企业的违约率在2020年不升反降,但进入2021年以来民营企业违约率持续上升,11月末民营企业的违约率为7.1%,较上年末上升0.73个百分点,这主要与2021年前三季度信用环境较上年有所收紧且经济运行面临新的下行压力有关。2022年的兑付压力将小于2021年,未来企业的违约风险主要来自新的下行压力:2022年海外金融条件的收紧、生产成本的上升、供应链摩擦的加剧、国内经济结构调整的深化等因素。此外,叠加复苏缓慢的终端需求,这些可能在2022年对企业经营产生较大压力,企业信用利差上升的压力短期内难以大幅缓解,企业经营风险存在短期内快速上升的可能性。更重要的是,快速上升的经营风险可能通过违约、破坏投资信心、收缩劳动力需求等渠道放大经济下行的压力,造成更大的经济衰退。因此,课题组认为,基于当前国内宏观杠杆率水平稳中有降的趋势,货币政策在2022年年初仍有一定降准的空间。

(七)外汇储备规模总体稳定,人民币汇率双向波动增强

2021年下半年,随着我国疫苗接种计划持续推进,我国经济持续复苏,外汇储备规模总体稳定,人民币汇率在合理区间内双向宽幅波动。2021年第三季度,外汇储备规模在经历了7月的小幅上涨之后,9月回落至3.2万亿美元,10月小幅上涨,外汇储备规模总体稳定在3.2万亿美元。2021年下半年,人民币兑美元汇率双向宽幅波动,7月末处于6.50左右水平,11月16日升破6.38。受全球疫情形势的不断变化、我国疫苗接种工作的稳步推进、我国经济持续复苏和中美关系等因素的影响,2021年人民币汇率双向波动增强,表现出较强的"弹性"和"韧性"。这体现了我国疫情防控和复工复产取得有效进展,人民币汇率市场形成机制不断完善。从内部环境看,我国疫情防控成果显著,经济持续复苏。我国坚持稳健的货币政策,并保持灵活适度的操作,实施必要的宏观审慎管理,推动金融供给侧改革,扩大金融开放,促进更高水平的对外开放。从外部环境看,随着欧美等主要经济体疫苗接种计划的推进,全球经济复苏,提振外需。但是,全球疫情形势、地缘政治因素、世界范围内经济复苏情况和中美关系仍存在很大的不确定性,因此,课题组预估,2022年人民币兑美元汇率(CNY/USD)继续双向宽幅波动,且波动幅度可能加大,但仍保持在合理区间。

(八)数字人民币和数字金融资产有所发展,但监管问题仍是挑战

我国数字人民币及多边央行数字货币桥的测试正稳步有序进行,速度保持在世界前列,这对深化金融普惠、增加人民币国际竞争力起到了重

要作用。美国第一只比特币期货ETF获得美国证券交易委员会(SEC)批准,加密货币金融工具的合规化向前迈进了一大步。相较之下,我国数字金融资产的发展较为缓慢。如何合理监管数字金融资产,在防范金融风险的同时鼓励私营部门自主创新,是我国当下面临的一个挑战。

(九)劳动力人口素质仍需进一步提升,教育错配现象严重

近年来,我国劳动力人口素质明显上升,但是与发达经济体相比仍有一定差距。此外,我国劳动力市场的错配现象较为严重,近年来我国劳动力市场的过度教育发生率长期处于30%附近,部分时间处于35%以上的水平;恰好匹配发生率长期低于50%,整个劳动力市场有超过半数的个体处于一种技能—岗位错配的状态。过度教育对个体收入产生显著的"惩罚"效应,导致个体的教育回报下降,并且该效应在我国劳动力市场长期存在。课题组进一步对过度教育进行定量分析,发现性别变量、户籍制度和地域变量对个体处于过度教育状态的概率具有显著影响。课题组认为,一方面要加快建设现代化职业教育体系,提升高等教育改革的前瞻性;另一方面,要在稳步推进教育扩张的同时,兼顾教育与劳动力市场之间的制度联结设计,改善目前劳动力市场仍然存在的歧视性现象,营造"人尽其才"的制度环境,提升劳动市场的人才—职业岗位的配置效率。

(十)"双减"实施合理、时机正确,但实施效果值得商榷,实施手段有所讲究

改革开放以来,由教育导致的收入差距快速增长极大地提高了中国家庭对教育的投资需求。目前,我国中小学生面临愈发沉重的学业负担,健康水平不容乐观。2020年,我国青少年平均抑郁检出率为24.6%,各学段学生上学日平均睡眠时间与2009年相比减少了40分钟以上。2018年,我国儿童整体近视水平则达到了53.6%。2017年,每天完成作业耗时1.5小时以上的学生占到全体的65.9%,且74.1%的学生每天用于户外运动的时间小于0.5小时。2017年上学期间,中小学生校外培训的平均时长为5.9小时/周,而暑假期间学生每周花在校外培训上的总的时间则长达15.0小时。校外培训在造成一定的教育不公平的同时,还给低收

入家庭带来了一定的负担。2019年,年消费支出最高5%的家庭生均校外培训支出为14 372元/年,是最低5%的家庭生均校外培训支出(710元/年)的约20倍,且后者用于学科培训的费用占其总支出的9.3%,甚至高于前者的7.3%。家庭更富裕的、父母教育水平更高的城镇家庭子女更可能接受校外培训,且校外培训支出更高。如果教育的收入回报继续保持较高水平,通过校外培训投资的途径,子女的教育水平将与家庭背景更紧密地联系在一起,从而可能强化我国教育不平等、收入不平等的趋势,降低代际流动性,有悖于"共同富裕"的长远目标。近期出台的"双减"措施,通过严格控制义务教育阶段学生的作业量和作业形式、禁止学科类培训机构资本化运作、严肃查处教师校外有偿补课行为、要求学校开设课后服务等,旨在减轻学生的教育负担和家长的焦虑情绪,并对减轻学生作业负担、缓解家长教育焦虑产生了初步成效。但是"双减"对校外培训"一刀切"的做法并不能有效降低家庭对课外培训的强烈需求,且"地下补课"现象初现端倪,"双减"并没有实现降低学生课外培训负担的预期。"双减"不能只依靠"减负"来打击校外培训,而是要调动社会各部门,通过提高学校教育质量、倡导素质教育、完善人才选拔分流制度等方式来实现对校外培训的综合治理。对此,课题组认为,坚持把教育的主阵地迁回学校,提高学校的教学质量和多样性才是实施"双减"应采用的核心手段。整合利用或将补课机构提供的教育资源内化到学校的教育中,保证所有家庭都有机会获得高质量的、平等的教育资源,深化改革中考和高考制度,才能有效降低家庭对课外培训的需求,让"双减"取得更好的实施成果。

(十一)收入分配仍存在一定程度的两极分化现象,初次分配、再分配调节收入不平等能力明显,第三次分配的调节能力需要谨慎对待

我国收入分配存在一定程度的两极分化现象。我国基尼系数长期位于0.45以上,高于大部分欧美国家和亚洲国家,在世界范围内处于偏高的位置。我国2015年收入前1%人群与后50%人群占比为0.97,在246个国家中排名94。构建初次分配、再分配和第三次分配协调配套的收入分配体系,是调节收入不平等现象的重要手段。我国劳动报酬份额偏低,

且劳动报酬占比与基尼系数呈负相关。2017年,我国劳动收入占GDP的比重为51.3%,在209个国家中排名73,低于世界平均水平。再分配对收入不平等具有良好的调节能力,跨国数据显示,税后基尼系数均较大程度地低于其同一时期税前基尼系数。我国财产性收入不平等程度逐年加深,财产税税收体系仍有待完善。从国外数据上看,第三次分配对于收入不平等的调节能力需要谨慎对待。印度尼西亚在CAF(国际慈善援助基金会)评测中慈善指数呈现上升趋势,但同一时间印度尼西亚的收入不平等情况并没有明显改善。

(十二)随着家庭信贷政策的反复,本已收缩的家庭债务重回增长轨道

受房地产调控政策影响,2021年,家庭部门债务继续攀升,但增速前高后低。在2021年前10个月居民户新增中长期贷款中,有7个月低于2020年的均值;居民户新增短期贷款总量较2019年同期仅增长4.4%,这也反映出消费的疲软。家庭部门的债务累积虽然被迫降速,但受房地产调控效果在二手房市场显现的影响,家庭部门的存款速度降得更快。区域间贷款存款比的分化加剧,整体而言,家庭部门债务累积也呈现出比较明显的南北差异,即东南沿海省份的家庭债务累积最多,这也与中国经济以及房地产市场呈现出来的区域异质性相一致。虽然家庭部门新增贷款速度下降,但下滑的幅度仍要小于整体信贷的下滑幅度,导致其占全部新增贷款的比例从2021年4月开始呈现出上升趋势,已经由4月的35.9%上升至10月的56.2%,远高于2013—2015年的平均值。这说明,即使在房地产市场受到多方限制的情况下,家庭部门加杠杆的动力仍要超过整体经济加杠杆的动力,这也是课题组判断当房地产信贷政策放缓后,家庭部门加杠杆速度会继续提高的原因。家庭部门杠杆率已经在第三季度开始回升,根据国家资产负债表研究中心(CNBS)的测算,截至2021年第二季度,家庭部门杠杆率(家庭债务余额与GDP之比)下降至62.0%,较2020年末减少了0.2个百分点,但第三季度又恢复至62.1%,恢复至第一季度的水平。且如果将疫情后两年综合考虑的话,2021年第三季度较2019年底增加6个百分点,基本上维持了一个季度近1个百分点的增长速度。伴随着后疫情时代GDP增速的回稳,以及

信贷调控政策的松动,课题组认为,在未来一段时间内家庭部门杠杆率仍会维持增长的态势。家庭债务增速过快仍然是未来中国经济健康发展必须解决的一个问题。

(十三)地方政府偿债压力加大,加剧银行资产负债期限错配

截至 2021 年 11 月,累计发行地方政府债券总额 7.18 万亿元,比 2020 年同期的 6.26 万亿元增加 14.7%。如果把城投债余额 12.83 万亿元也计入地方债务,则地方显性债务余额达 42.81 万亿元。展望未来,当前大量的地方债务会给未来带来较大的偿债压力,显性债务规模超过 1 万亿元的省份已达 20 个。从 2021 年到 2026 年每年显性债务到期额均超过 4.5 万亿元,其中 2022—2024 年分别高达 5.25 万亿元、5.59 万亿元和 5.83 万亿元。通过再融资债券借新还旧很难消化如此巨额的还债负担,未来债务还本付息压力还将逐渐累积。

从现实经济运行过程来看,地方政府债务资金主要来源于商业银行,其规模扩张会对商业银行风险产生重要影响。近年来,商业银行在提升对实体经济服务质效的同时,流动性风险日益凸显。从 2013 年 6 月的"钱荒",到 2016 年的"资产荒"与 2017 年的"负债荒",再到 2019 年的包商银行事件,其背后无不与商业银行资产负债期限错配引致的流动性风险有关。鉴于此,课题组利用 2007—2019 年我国 212 家商业银行的微观非平衡面板数据,定量识别了地方政府债务对银行资产负债期限错配的影响。经验结果显示,整体而言地方政府债务扩张会加剧银行资产负债期限错配程度,且地方政府债务扩张对非国有商业银行的资产负债期限错配的负向影响更加凸显。因而,课题组认为,地方政府举债融资应兼顾经济发展与金融体系稳定,确保商业银行能够按照市场化规律优化流动性管理策略,着力缓解期限错配问题,确保金融体系的长期稳定和健康发展。

(十四)金融稳定性未见改善,中小银行风险溢出水平首次超过大型国有银行

截至 2021 年第三季度末,我国实体经济部门的宏观杠杆率为 264.8%,其中大部分债务集中在非金融企业部门,处于历史高位。2021

年10月末,私营工业企业的资产负债率为58.3%,同比上升0.2个百分点,较2020年末上升了0.95个百分点,民营企业和中央国有企业的违约风险再次出现上升的迹象。进入2021年下半年,房地产行业流动性风险突出,虽然2022年我国企业的兑付压力不大,但由于我国经济出现新的下行压力,民营和中央国有企业违约风险的上升对债券市场以及银行系统可能造成的冲击不可忽视。为此,课题组通过条件在险价值模型(Co-VaR)来评估我国银行系统的稳定性和识别系统重要性银行,并做定量分析。模型结果显示,2021年以来,不论是单家银行受到外部冲击时,还是银行系统整体受到外部冲击时,我国商业银行风险溢出率的加权平均值均有所上升,而简单平均值则呈现持续上升的趋势。可见,当前银行风险溢出水平虽然在不同规模的银行间呈现分化,但总体而言,金融系统稳定性较上年末不但没有改善,甚至有所恶化。具体地,规模相对较大的银行的风险溢出水平缓慢上升,但规模相对较小的城市和农村商业银行的风险溢出水平则呈现持续上升的趋势。尤其是在遭受系统性风险的冲击时,城市和农村商业银行的平均风险溢出率首次超过国有大型商业银行,对金融系统稳定性的影响越来越大。在当前外部环境更趋复杂严峻、国内经济面临新的下行压力的背景下,需要密切关注城市和农村商业银行风险溢出率的变化,警惕个别银行的问题对整个金融系统造成的恐慌及其不利影响。

(十五)"土地财政"模式拉大城乡收入差距,亟待推进土地制度和财税制度改革

改革开放以来,我国经济综合实力跃升,人民生活水平不断提高,但贫富差距也在逐步扩大,已经成为威胁社会稳定和阻碍经济高质量发展的重要问题。课题组研究发现,在当前土地财政的制度背景下,地方政府通过干预建设用地配置规模及结构,控制了普通商品住房供地面积,造成房价持续攀升而使有房居民资产增值,是当前贫富差距拉大的重要原因。据此,课题组认为:首先,应推动以分税制改革为基础的财税体制改革和当前的官员晋升考核制度,健全中央和地方的财权与事权相匹配的转移支付制度,鼓励地方政府通过发展区域经济获得财政收入,从根源上解决对土地财政的依赖。其次,应该推进土地结构改革,改变当前土地分配不

合理的问题,发挥市场在土地要素配置中的决定性作用,根据住房需求调整住房供地面积,逐步稳定地价和房价。最后,应推动金融供给侧改革,大力发展居民财富金融服务创新和服务供给,让居民有更为多元化的资产配置结构,使房子摆脱投机和投资属性而回归居住属性,解决房地产市场的供求矛盾,抑制房价不合理上涨,逐渐缩小贫富差距,以助力共同富裕目标的实现。

(十六)运用多样化政策工具对冲双碳目标下的经济风险

2020年9月,中国首次向全球宣布,二氧化碳排放要力争于2030年前达到峰值,努力争取在2060年前实现碳中和。当前我国距离实现碳达峰目标已不足10年,从碳达峰到实现碳中和目标仅剩30年的时间。与发达国家相比,我国实现双碳目标,时间更紧、任务更重、难度更大。严格的双碳目标或将带来经济增长降速风险。结合我国环境治理的历史经验,课题组研究发现,于2014—2017年间推行的大气污染防治行动计划显著降低了受规制地区的工业企业营收、税收缴纳与GDP增速。地方政府通过提高第三产业税率的渠道弥补财政收入,以"稳支出"的方式缓解短期经济压力。然而,税收结构的调整将同时造成市场扭曲。因此,课题组认为,权衡短期与长期环境治理目标,使用诸如绿色金融信贷、有倾向性的产业政策与土地政策等多种政策工具优化产业结构、提高能源利用率、维持我国在新能源行业的国际领先地位、对冲碳规制带来的经济风险,将成为双碳目标下各级政府工作的重心之一。

二、主要指标预测及政策模拟

课题组基于IAR-CMM模型对中国经济增长和各关键经济指标进行了预测。表1报告了2021年与2022年各关键经济指标的实际增长情况和预测结果。

表1　上海财经大学高等研究院对中国各主要经济指标增速的预测①　　单位：%

时间 指标	2021 Q1	Q2	Q3	Q4	全年	2022 Q1	Q2	Q3	Q4	全年
GDP	18.3	7.9	4.9	4.4	8.0	5.0	5.4	5.6	5.3	5.5
投资	25.6	12.6	7.3	5.5	5.5	6.0	5.5	5.1	5.1	5.1
消费	33.9	13.9	5.0	4.7	12.5	5.9	6.4	6.9	6.7	6.5
出口	48.8	30.7	24.4	25.7	29.3	9.7	12.5	14.8	8.3	11.3
进口	29.3	44.0	25.9	24.5	29.8	10.8	15.7	15.7	4.9	11.8
CPI	−0.03	1.1	0.8	1.9	0.9	1.0	1.5	2.0	2.5	1.8
PPI	2.1	8.2	9.7	13.1	8.3	7.7	3.2	3.6	1.0	3.9
GDP平减指数	2.1	4.8	4.2	9.4	5.1	4.2	2.9	3.4	2.3	3.2

数据来源：CEIC、Wind、上海财经大学高等研究院。

在基准情景下的预测,课题组对2022年的基准预测的外部环境主要假设条件包括:(1)2022年全球经济逐渐复苏,国际货币基金组织在10月对美国2021年GDP增速的预测为6.0%。IMF10月经济展望报告预测2022年美国实际GDP增速为5.2%,欧元区实际经济增速为4.3%,日本实际经济增速为3.2%,东盟五国实际经济增速为5.8%。(2)美联储2021年9月FOMC会议释放偏鹰的政策信号,市场预期美联储提前在2022年年中结束缩减债券购买,加息时点可能提前至2022年底以前。(3)人民币兑美元汇率2022年或将在6.4附近宽幅震荡,但仍在合理区间。(4)国际政治经济环境复杂化,预期2022年贸易摩擦仍然存在。

基于前面对中国经济形势与风险的分析,课题组对2022年基准预测

---

① 该表中GDP增长率为实际数据,其他指标均为名义数据。灰底部分的数据为预测数据,其余为实际统计数据；预测数据根据截至2021年12月1日所发布的数据。除投资增长率外,表中其余增长率均为当季同比增长率。

投资增长率是指全社会固定资产投资总额的累计同比增速,不同于支出法GDP核算中的资本形成总额,固定资产投资包括土地、旧建筑物和旧设备的购置费用,但不包括存货增加部分,也不包括500万元以下项目的投资、零星固定资产购置、商品房销售增值、新产品试制增加的固定资产、未经过正式立项的土地改良支出以及无形固定资产增加等。

消费增长率是指社会消费品零售总额的当季同比增速。不同于支出法GDP核算中的最终消费支出,社会消费品零售总额包括居民使用的建筑材料、非政府单位的商品零售额以及政府单位使用的交通工具和电信产品,但不包括餐饮之外的服务类消费和虚拟消费(如自产自销的农产品和自有住房消费)等。

的内部环境主要假设条件包括:(1)国内疫情发展趋势延续第三季度以来的情形,疫情得到有效控制,偶有出现零星散发病例。(2)居民杠杆率攀升,继续对消费形成负面影响,假定受GDP增速回调及房地产调控政策放松的影响,家庭杠杆率恢复至疫情前增速,2022年再上升3个百分点。(3)2022年基础设施建设投资和房地产投资在低基数效应下持续回暖,制造业投资持续回升。(4)根据银保监会公布的相关数据,截至2021年第三季度末,商业银行不良贷款率为1.75%,课题组假设截至2021年末,我国商业银行不良贷款率上升至1.81%。(5)财政政策方面,积极的财政政策将更加科学有效,预计2022年赤字率约收缩至3%。(6)货币政策方面,在继续稳健、灵活适度的基础上,保持流动性合理充裕,预计2022年将降准2次,各降25个基点,降息1次,降10个基点。(7)"十四五"期间碳排放强度(单位GDP碳排放量)下降18%,折合年均下降4%。

考虑到疫情防控政策、环保政策以及企业信用状况等因素,课题组作出如下6种情景分析:情景Ⅰ:"双碳"目标更加严格执行;情景Ⅱ:民营企业违约风险上升;情景Ⅲ:房地产税加速推进;情景Ⅳ:疫情防控更加科学有效;情景Ⅴ:推进有效竞争;情景Ⅵ:政策调整和改革遵循"时度效"原则。

课题组根据IAR-CMM量化准结构模型的模拟探讨各种假设情景下的政策力度选项。假设主要通过调整准备金率和提高财政赤字的需求管理政策来实现6%的较高经济增速,不同情景下所需的政策力度见表2所示。

表2　　　各情景假设下实现基准经济增速所需的政策力度

情景	基准情景	Ⅰ."双碳"目标更加严格执行	Ⅱ.民营企业违约风险上升	Ⅲ.房地产税加速推进	Ⅳ.疫情防控更加科学有效	Ⅴ.推进有效竞争	Ⅵ.政策调整和改革遵循"时度效"原则
全年GDP增速(%)	5.5	5.4	5.2	4.5	5.8	5.9	6.1
货币政策增加力度	降准1次,50基点	降准1次,50基点	降准2次,各50基点	降准4次,各50基点	—	—	—
赤字超预算额(亿元)	4 217.1	5 060.5	6 747.3	12 651.3	1 686.8	843.4	—

续表

情景	基准情景	Ⅰ."双碳"目标更加严格执行	Ⅱ.民营企业违约风险上升	Ⅲ.房地产税加速推进	Ⅳ.疫情防控更加科学有效	Ⅴ.推进有效竞争	Ⅵ.政策调整和改革遵循"时度效"原则
赤字超预算比率（%）	12.3	14.7	19.6	36.8	4.9	2.5	—
估算赤字率（%）	3.4	3.4	3.6	4.1	3.2	3.1	3
总赤字占财政空间	10.5	10.8	11.2	12.8	9.8	9.6	9.4

数据来源：上海财经大学高等研究院。

三、中国经济稳中求进和高质量发展迫切需要更大力度的改革开放

2021年12月8—10日召开的中央经济工作会议分析了当前经济形势，部署了2022年经济工作。会议指出，我国经济发展面对需求收缩、供给冲击、预期转弱三重压力，必须坚持稳中求进总基调，完整、准确、全面贯彻新发展理念，加快构建新发展格局，全面深化改革开放，坚持创新驱动发展，推动高质量发展，坚持以供给侧结构性改革为主线，坚持以经济建设为中心，继续做好"六稳""六保"工作，这些为下一阶段经济工作给出了短期应对和中长期改革治理的指导方针。2021年11月8—11日召开的十九届六中全会也强调，必须实现创新成为第一动力、协调成为内生特点、绿色成为普遍形态、开放成为必由之路、共享成为根本目的的高质量发展。

中央经济工作会议指出了当前经济发展的三重压力，加上一些其他现状问题，让中国经济何去何从充满不确定性，令人担心。与此同时，一些政府部门管制不断加强的所谓改革、政策和多行业规范调整没有把握好时度效，力度过大、过急、过频、过激，导致监管、整顿过度，叠加共振，市场主体活力及其预期下降，企业信心不稳，承载了中国绝大部分就业的中小微企业经营面临较大的不确定性和困难，运行复苏缓慢，乃至一些大中型企业也出现经营困难加剧趋势，投资增速也有回落风险。此外，还出现

了原则肯定、具体否定、落实不到位的空心化现象,使之中央部署、改革大政方针无法完全落地。更令人担心的是,由于市场化改革的实施过程中出现偏差,辅助、配套改革措施不到位,一出现问题,就轻易地否定其必要性,并没有意识到其必要性还需要许多其他辅助条件才能转化成为充分条件,从而认为是市场化改革的错,否认其改革大方向,想走回头路。这些都是导致各界对中国经济增长和发展预期减弱的重要原因。

之所以出现前述的政府干预加大以及政策调整过大、过急、过频、过激,很重要的原因是现实中存在的一个误区,即将有效市场和有为政府视为两个完全独立的维度和变量。并且,将有为的政府和有为政府也混为一谈,并认为有限政府是基本不管的政府。这些误区的后果就是政府有为的程度越来越大,而需要有为的地方却缺位。政府的恰当定位是根本的,是自变量,而市场是否有效在很大的程度上是因变量。只有政府的边界定位恰当,才能导致有效市场与和谐社会。同时,有为的政府和有为政府也是两个不同概念,前者是有为而不过位,而后者却容易导致缺乏边界的事事有为,出现政府角色的越位和错位。

那么,如何破解经济发展面对的三重压力,落实稳中求进和推动高质量发展,怎样才能实现创新驱动呢?"不谋全局者,不足谋一域。"课题组认为,这需要从总结正反两方面的经验教训,从历史视野、实践探索和理论高度三个维度来得到答案,坚持以经济建设为中心,同时在研究解决这些问题时需要有一般均衡分析系统思维的综合治理理念和全局观念,而不是孤立地看待问题。我们既要考虑中国国情、中国特色,也要基于世界上高质量发展和创新驱动发展的规律性认识,来处理好短期政策应对和中长期改革治理、一般性和特殊性、规律性和特色性以及市场化改革和加强管制改革这四大辩证关系,从而稳中求进,短期政策应对和中长期综合改革治理不仅要有决策的科学性,更要有谋划的艺术性。并且,这样的决策和谋划应经受得住历史、实践和理论的印证、检验及逻辑推理。

改革开放40多年来的历史经验和实践探索表明,松绑放权的市场化改革和对外开放之下要素资源在竞争机制、激励机制引入后的自由流动、优化重组,是中国经济持续高速增长的关键因素。进入新发展阶段后,中国经济发展的目标从过去更注重量的增长速度转向更注重质的提升和增长的持续性,并且更强调让发展的成果为全体人民所共享,同时经济发展所面临的内外部约束条件也发生了深刻变化,尤其是资源、能源和生态环境越来越成为紧约束、硬约束。发展目标和约束条件的改变,意味着过去高消耗、高排放、高污染的要素驱动型粗放发展模式越来越难以为继,必须向创新驱动型集约发展模式转变。

2022年是邓小平南方谈话30周年,重温30年前邓小平在谈话中所讲的"发展才是硬道理"、"能发展就不要阻挡,有条件的地方要尽可能搞快点"、"不坚持社会主义,不改革开放,不发展经济,不改善人民生活,只能是死路一条"等观点,至今依然具有很强的现实指导意义。面向未来,我们要为更大力度的改革开放鼓与呼,营造有利于市场导向改革、民营经济发展的宽松政策和舆论环境,从系统思维出发构建中国特色宏观经济综合治理框架,统筹解决周期性、外部性问题与结构性、体制性问题,总体政策上保持相对宽松、稳定,避免政策调整过大、过急、过频、过激引发叠加共振效应,同时进一步向市场化、法治化改革和全方位、制度型开放要增长红利与发展动力,推动中国经济沿着创新、协调、绿色、开放、共享的新发展理念前行,将稳中求进和高质量发展的方针政策落到实处。

第一,正确处理政产学研的关系,夯实创新驱动发展的体制基础。创新分为两种,一种是基础研究的创新,这个主要靠政府和大学。由于基础科学创新往往周期长、见效慢,但外部性巨大,从长远来说,基础性研究关系到国家的安全、社会的稳定、经济的高质量发展,要有前瞻性,但这种投入常常是亏本的,逐利的企业一般不愿意去做,这时,政府和大学就需要补位,需要投入人力和资源去做,所以要靠国家。然而,创新不仅仅是基础研究创新,还包括应用科技、管理、商务创新。二者一个立足长远、一个立足当下,不可偏废,不应对立。由于应用科技和商务创新是要冒巨大风险的,失败率极高,因此应充分发挥更具活力和创新力的非国有企业、民营企业的作用,尤其是要响应第四次工业革命数字化、智能化、智慧化趋势,促进中国经济新旧动能的转换。

这样,政府要以基础科学创新和公共创新资源为抓手,建立对基础科学研究和原创性研究提供长期稳定支持的机制,使得一些产出相对不确定但一旦成功将具有较大正外部性的"慢研究""深研究"和"冷研究"也能够得到稳定支持,并进一步完善国家科学中心和国家实验室管理制度,实施有利于潜心研究和创新的学术评价体系,引导高校和科研院所将其主要精力投入基础性研究和共性技术研究上来。为此,要进一步强化科研成果知识产权的转化、运用和保护,应以市场机制为杠杆来推动科研成果知识产权制度改革,赋予科技领军人才更大的技术路线决策权、研究经费支配权和配套资源调动权,推动科技领域的松绑放权改革,优化科技创新生态环境。

与此同时,要充分发挥企业在技术创新方面的主体作用,目前我国有超过 70% 的技术创新和新产品开发来自民营企业,还有进一步提升的空间。创新本质是靠竞争驱动而不是一些经济学家认为的靠垄断驱动,竞争才是原动力,是竞争导致利润下降驱动创新,而创新又带来垄断利润,从而导致新的企业进入进一步增加市场竞争,这是一个反复动态博弈的过程。因此,要善于运用市场竞争机制激励企业创新投入,通过竞争环境的营造,培育一批具有一定自主创新能力的创新型领军企业尤其是民营企业,并依托这些企业加强产业技术预见性判断和研发路线图研究,加强前瞻性应用基础研究,有助于引领前沿技术创新并推动商业化运用,以及加强立足中国的技术创新与世界的联系纽带。

第二,加强协调发展的引导,促进多方面、多维度的均衡联动发展。协调发展是一个综合治理的问题。在研究解决具体现实问题、进行政策和改革研究时,要区分短期和长期最优、局部和全局最优、最佳和次佳。要知道,最优分多层次,有短期和长期之分,有局部和全局之分,有最佳和次佳之分。随着制约条件增加,最优结果可能只是次佳、次次佳、次次次佳等。并且,局部、短期最优往往不是全局、长期最优,甚至有可能对全局和长期发展带来严重后果,这就是为什么在分析解决重大现实经济问题时,特别是协调发展方面,必须要有长远视角、国际视野、全局观点、系统思维、综合治理和风险防范的一般均衡分析。比如,对单一市场的马歇尔局部均衡分析方法所得到的最优只是局部最优,即局部有效率,但往往会造成全局的无效资源配置。

在区域发展方面,20 世纪 80 年代,邓小平曾提出"两个大局"的战略构想。其中,"一个大局"是沿海地区加快对外开放,先行先试,较快地先发展起来,内地要顾全这个大局。"另一个大局"是沿海地区发展到一定时期,拿出更多的力量帮助内地发展,沿海地区也要顾全这个大局。同时,内陆省份也需要积极向沿海省份学习,尤其是要在法治环境、市场环境、政务环境等营商环境建设上,在为民营企业发展消除非市场因素障碍方面,主动对标国内一流标准,紧密结合当地实际,进行条分缕析的比照、剖析、改进、提升,敢于破除部门利益藩篱,善于转变行政治理方式,将松绑放权的改革引向深入。

从全国层面来看:一要坚持中央统筹与地方负责相结合。一方面,既要加强中央对区域协调发展新机制的顶层设计,以长三角一体化发展为样板促进先进经验推广;另一方面,要明确地方政府的实施主体责任,以充分调动各个地方政府按照区域协调发展新机制推动本地区协调发展的积极性、能动性和创造性。二要坚持针对性与公平性相结合。既要因地制宜针对不同地区的实际制定差异化的政策,也要注重推进区域一体化建设,维护全国统一市场的公平竞争,防止出现政策洼地、底线竞争和地方保护主义等问题。三要建立东部发达地区与中西部和东北欠发达地区之间的区域联动机制,补齐困难地区和农村地区的公共服务、基础设施等短板,促进发达地区和欠发达地区的平衡协调发展。

第三,深化环境监管体制的改革,满足人民对于美好生态的需要。一方面,由于环境资源具有外部性、公共资源和公共物品的特性,因此政府在环境污染治理中的宏观控制和监督是环境资源可持续利用的重要保障;另一方面,由于信息不对称、道德风险等原因,需要通过市场机制的激励约束手段将环境外部性内在于企业和地区经济发展中,推动要素市场化改革和绿色低碳市场体系构建,这是有效降低环境污染、实现合理使用资源的重要途径。同时,还要形成大众都关心和维护、保护好环境的社会规范。这三种制度安排就是政府治理、市场激励和社会规范,即通过"晓之以理和导之以利"的"胡萝卜加大棒",久而久之,慢慢形成一种无欲无纲的大家都自觉遵守的社会规范这一非正式制度安排。

其中,政府的作用至关重要,要多管齐下,建立健全减污降碳的激励约束机制。一要制定、完善、落实好相关生态环境保护的法律、法规,以稳定的体制机制和法治化的手段保护生态环境;二要建立健全生态环境保护的评价、考核、奖惩制度,发挥政绩考核指挥棒的作用,自上而下在各级政府间理顺监管和激励机制;三要加强环境公共基础设施建设,增加优质环境公共产品和服务的供给,满足人民群众对优质生态产品的需要;四要制定和实施好促进生态环境保护的公共政策,通过政策引导企业、非政府组织、个人等各类社会主体积极参与到生态环境保护中来。

同时,当下世界能源结构正从碳能源轨道向光能源、硅能源、氢能源、再生能源切换,加快建设"光伏、特高压、新能源"三位一体系统,是中国突破围堵或遏制的重大战略突围点,分别对应着新能源发电、能源传输和新能源汽车领域,这些都是今后乃至世界能源体系的根本性发展方向。通过加速构建以煤炭和新能源优化组合的新型电力系统来建立低碳能源体系以确保能源供应,也是中国应对气候变化实现"碳达峰""碳中和"战略目标的重要保证。并且,能源低碳发展的新革命已成为世界各国的共识,是今后取之不尽、用之不竭的经济有效能源的根本发展方向。对中国而言,这是一场比半导体更重要的竞赛,可极大避免能源短板和发动机等国家经济安全问题。

第四,推动深层次制度性的开放,构建国际国内"双循环"发展新局。对外开放对高质量发展异常重要。当前,世界各国围绕全球经贸规则的博弈日趋激烈,新冠疫情又推高了全球经贸合作的壁垒,同时新技术革命也推动新领域的规则、标准不断出台,这些都要求中国必须深化规则、监管、标准等制度型开放,在参与乃至引领相关领域更高标准的全球性经贸和投资规则设计、调整的过程中,构建更加紧密稳定的全球经济体系,更好地维护中国的国家利益,并促进、倒逼国内经济改革深化,在更高水平上推动国际国内"双循环"的相互促进,增强供应链、产业链黏性,实现商品服务要素的优化配置和经济高质量发展。尽管面临逆全球化思潮和贸易保护主义的干扰,但是零关税、零壁垒、零补贴、加强知识产权保护、创造公平竞争营商环境等依然是开放体系下全球经济贸易和投资的方向。

为此,中国要进一步提升对外开放层次和水平,扩大包括金融业在内的服务业和高端制造业开放,对标国际最高标准自由贸易和投资保护协定,不断提高贸易投资的便利化、法治化和国际化水平,推动经济全球化朝着更加开放、公平、普惠、平衡、共赢的方向发展。同时,中国要利用开放倒逼进一步完善对外商直接投资实施准入前国民待遇加负面清单的管理体制,建立健全事中、事后监管体制;积极推动知识产权保护、国有企业、政府补贴等领域的新型规则设计。在知识产权保护层面,应立足于进入创新型国家前列的远景目标,逐步对接以 CPTPP 为代表的更高标准知识产权保护条款。在国有企业方面,应遵循竞争中性原则,从维护市场公平竞争的角度出发,构建符合我国国情的竞争政策规则体系。在政府补贴领域,应遵循《WTO补贴与反补贴措施协议》的基本理念和原则,逐步推动从专向性补贴向功能性补贴的过渡。这些措施将会在很大程度上增加外企与中国做生意的吸引力,化解或破解美国对中国的围堵或遏制,有利于资源、技术和人才的引入和创新,从而推动高质量发展。

整体上,中国要以进一步的扩大开放来促进国内市场化改革深化和营商环境优化,坚持毫不动摇巩固和发展公有制经济,毫不动摇鼓励、支持、引导非公有制经济发展,特别是民营经济的发展,以竞争中性、所有制中立的原则进行体制性、结构性改革,形成国企、民企、外企公平竞争和竞相发展的良好市场环境,激发市场主体活力和企业家精神,让企业家成为高质量发展生力军,夯实高标准现代化市场体系的微观基础,在更高水平、更深层次上充分挖掘国内外优质的资本、技术和人才资源为我所用,让市场在资源配置中真正发挥决定性作用,为"双循环"新发展格局构建提供规则制度基础,增强中国经济创新驱动能力,推动产业结构快速升级,在高水平开放中实现中国经济的高质量发展,形成正反馈效应。

第五,政府、市场与社会共同发挥作用,以系统思维推进共同富裕。现实中,人们对于什么是共同富裕、如何实现共同富裕还有很多认识误区。例如,一些人主张追究民营企业和民营企业家的"原罪",搞杀富济贫、杀富致贫,忽视市场化改革中早期特定历史时期的时代背景。不重视起点平等和机会公平,甚至主张回到计划经济时代的绝对平均主义和"大锅饭",忽视不同经济主体的禀赋差异,不知道绝对平均必然会导致绝对贫穷,会造成养懒汉的现象。一些人置中国尚处于社会主义初级阶段这一最大国情于不顾,提出至少在现阶段看来不切实际的高福利诉求,将共同富裕寄希望于政府二次分配和社会三次分配"分好蛋糕",而忽视市场一次分配"做大蛋糕"这个收入分配的主渠道。

市场不仅是配置资源的基本渠道和激励机制,也是共同富裕的第一步和最重要的一步,必须尽可能通过全面深化市场化改革、进一步完善市场体系来改善初次分配格局,发展经济,将"蛋糕"做大,这是共同富裕的基础,否则就会导致共同贫穷,所以还是要首先注重效率原则。当然,仅靠市场不能实现共同富裕,还需政府的适当作用。现代微观经济理论中的公正定理告诉我们,只要每个人的初始禀赋(包括物力资本和人力资本)的价值相同,则市场自由竞争机制将会同时导致资源的帕累托有效和公平配置。这里的公平是指每个人都偏好自己所获得的东西,这种既考虑主观又考虑客观的公平也是经济学中所定义的公平。也就是说,在理论上,只要尽可能有一个平等的竞争起点(政府可以通过税收和给每个国民同等基础教育,尽可能达到这种起点平等),然后通过自由竞争的市场运作就可以达到既有效又相对公平的社会公正结果。

面向共同富裕的目标,政府在二次收入分配和保障起点公平上可以做的还有很多,如教育在人力资本上的投资作用、税收在收入分配上的调节作用、社保在改善民生上的支撑作用。这些通过政府保障起点平等,通过市场效率达到共同富裕的制度性安排至关重要。尤其是实现12年义务教育刻不容缓,9年义务教育不适应高质量发展的需要,特别不利于共同富裕目标的实现。从外部看,世界上约有110个国家和地区是超过9年义务教育的;从内部看,许多低收入地区,特别是农村青少年无法完成高中教育,导致了很大的起点不公平,从而引起一系列严重后果,包括社会流动性不足的问题。然而,个体能力的差异以及经济活动中无处不在的不确定性,也会导致收益结果的不同,因而还需要建立社会主体自主自愿基础上的社会捐赠机制,通过这样的第三次分配来进一步促进共享型社会发展和共同富裕,真正让改革发展的成果为最广大人民群众所共享。

第一章

中国宏观经济发展的即期特征与主要风险

一、2021年以来中国宏观经济发展呈现的主要特征

(一)消费增速放缓

受新冠疫情低基数效应影响,2021年上半年社会消费品零售总额同比增速迅速回升,于3月达到34.2%;然而进入下半年,在报复性消费逐渐褪色之后,消费呈现出相对乏力的态势。8—10月连续3个月同比增速低于5%,分别为2.5%、4.4%和4.9%。总体来看,2021年1—10月社会消费品零售总额的累计增速为14.9%,两年平均累计增速为4.0%。课题组分析,疫情持续时间过长导致劳动力市场出现结构性分化以及居民收入不平等加剧是拖累消费的主要原因。

以餐饮业为代表的服务业对疫情的反应尤其敏感。同样受上年低基数的影响,2021年3月餐饮类消费同比增速蹿升至91.6%,并在之后各月迅速下跌。其中,受8月疫情的影响,其当月同比下降4.5%。尽管9月以来疫情得到相对缓解,但多地相继零星暴发引发的人员流动减少,使得9—10月餐饮类消费仍没有明显起色,其同比增速分别为3.1%和2.0%。

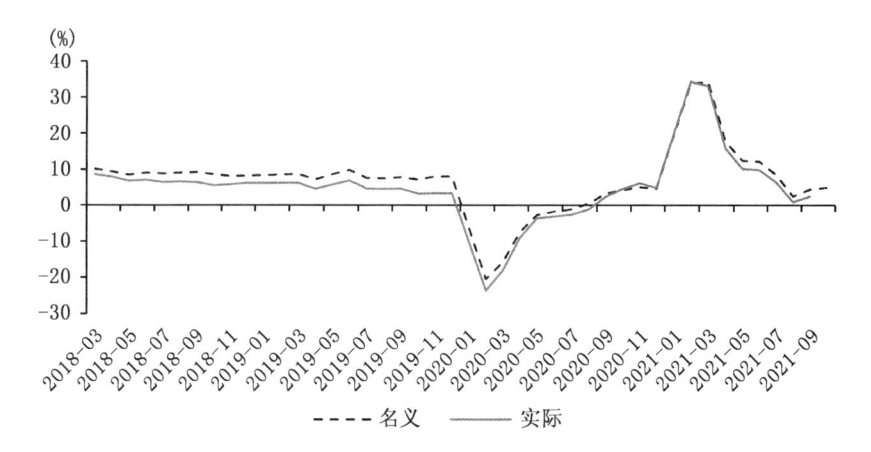

数据来源：国家统计局。

图1　社会消费品零售总额同比增速

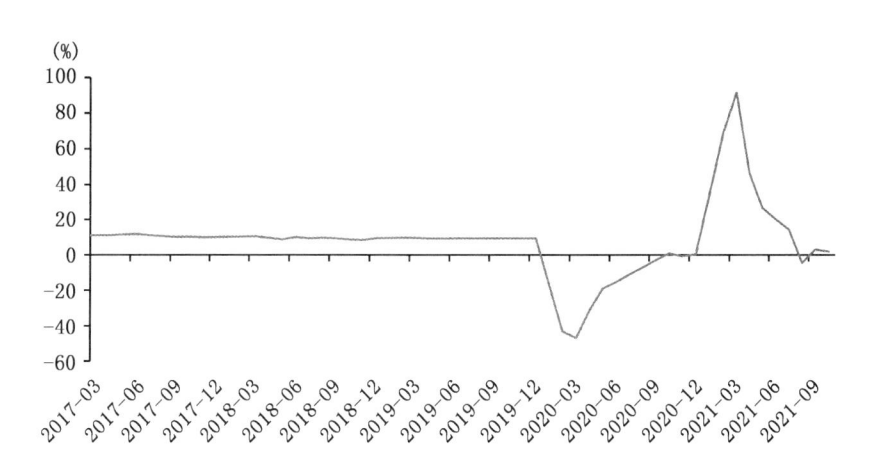

数据来源：国家统计局。

图2　餐饮类消费同比增速

对于在疫情中起到中流砥柱作用的网上消费，在2021年仍然实现正增长，1—10月累计同比增速为17.4%。然而考察当月同比，我们发现其增速呈逐月下滑的态势，并在2021年10月降至－1.8%。其中网上服务类消费自8月以来骤减，主要是网络教培机构纷纷关闭所导致。

限额以上企业的消费亦在上年低基数效应作用下呈现前高后低的状态，其近3个月的当月同比增速分别为0.5%、2.8%和4.6%，1—10月累计同比增速为16.4%。

数据来源：国家统计局。

图 3　网上消费同比增速

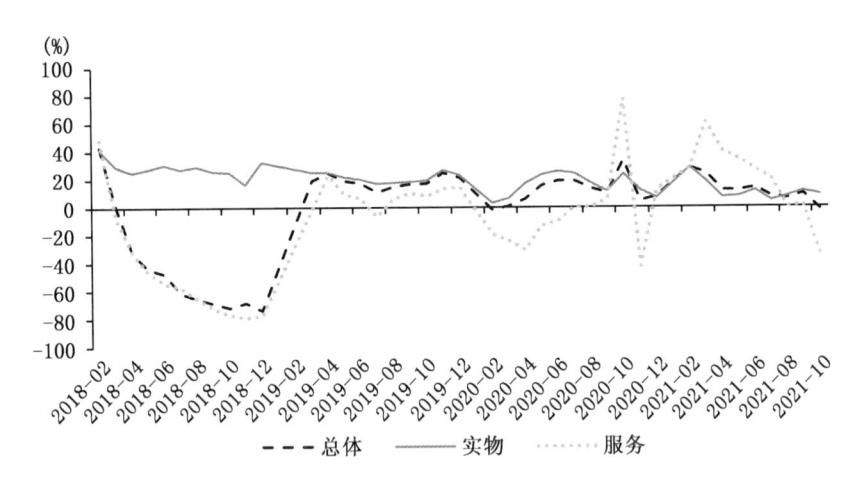

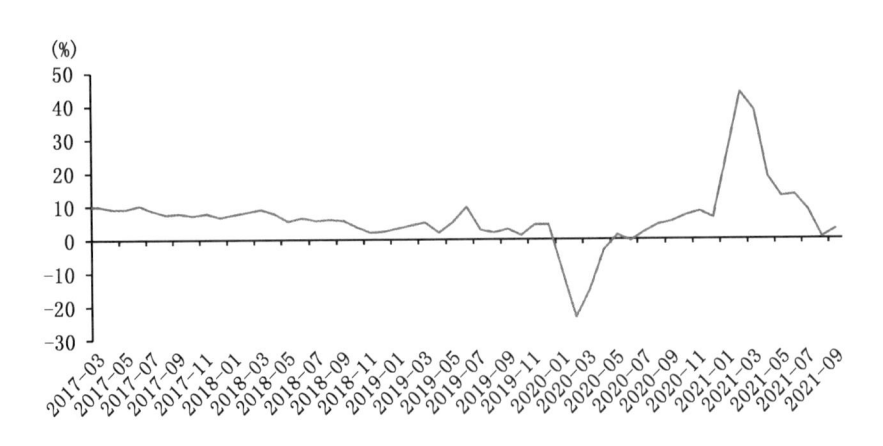

数据来源：国家统计局。

图 4　限额以上企业的消费名义同比增速

如前文所述，消费的疲软主要是由于疫情持续时间过长、居民收入不均所导致的，从消费类别上也可以体现。例如日用品类，其当月同比增速自 2021 年 2 月达到顶点(35.7%)以来便持续下滑，并在近 3 个月处于相对低迷的状态，同比增速分别为 −0.2%、0.5% 和 3.5%。

又如化妆品类，虽然在 10 月受到"双十一"提前促销的影响，其同比增速回温到 7.2%，但整体呈现低迷状态。尤其是 8 月受到疫情影响，其销售额与上年同期持平。

数据来源:国家统计局、上海财经大学高等研究院。

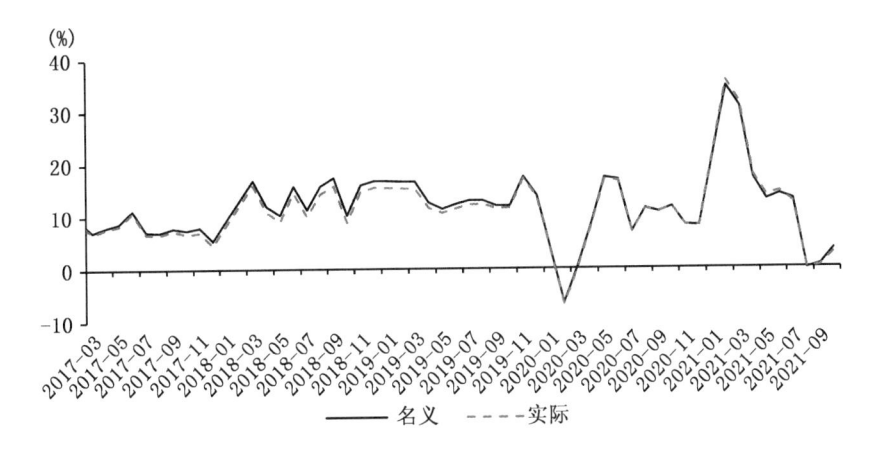

图 5 限额以上企业中日用品类消费同比增速

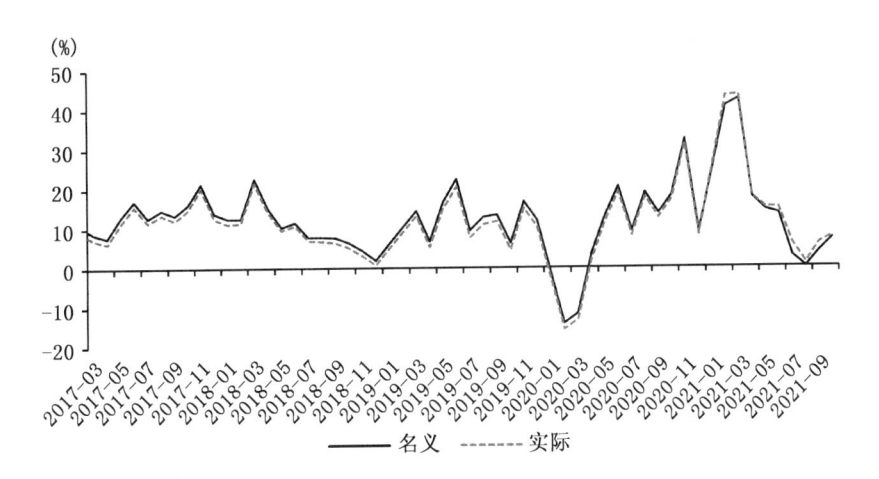

数据来源:国家统计局、上海财经大学高等研究院。

图 6 限额以上企业中化妆品类消费同比增速

更为严重的是服装类消费,其 8—10 月分别同比下降 6%、4.8% 和 3.3%。考察发现,这个同比下降并非上年高基数效应。实际上,2021 年的 8—10 月当月同比分别为 4.2%、8.3% 和 12.2%。即两年平均增长 −1%、1.5% 和 4.2%,总体上低于疫情前水平。

除了疫情持续时间过长导致收入不均而使得消费下降,由于供应链中断而供给不足也使得某些类别的消费下降。表现尤为明显的是汽车类。受到疫情冲击,芯片短缺使得汽车供应不足,反映在汽车消费上为数据来源：国家统计局、上海财经大学高等研究院。

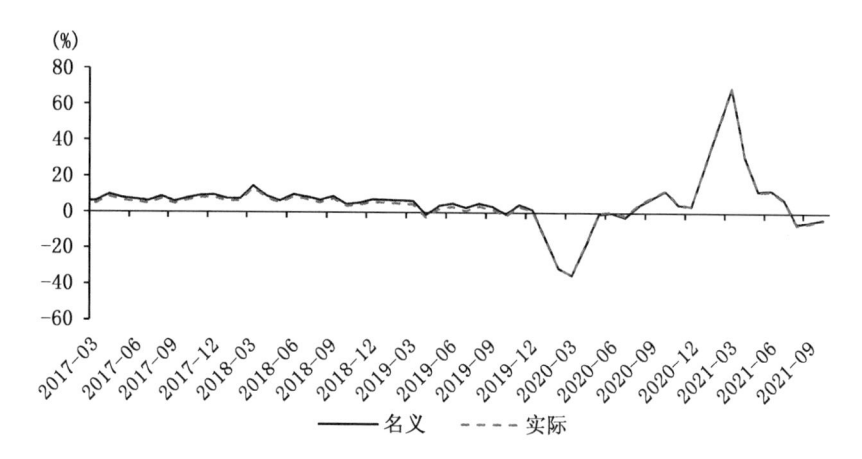

图 7　限额以上企业中服装类消费同比增速

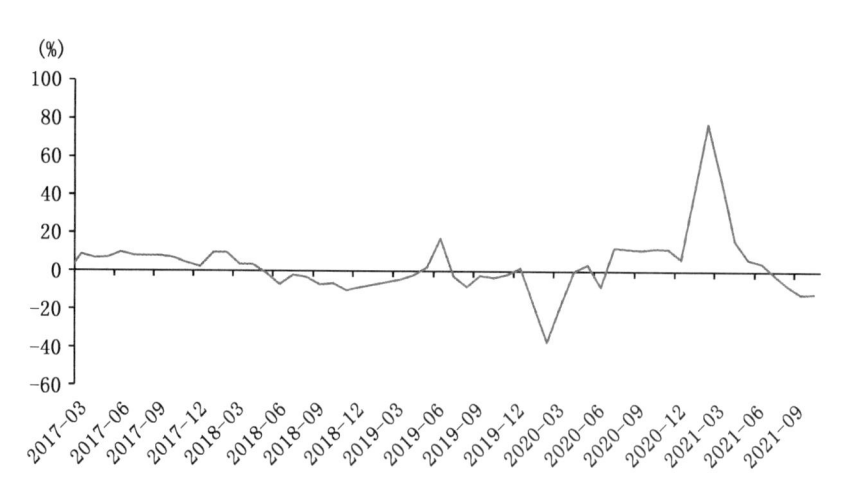

数据来源：国家统计局。

图 8　限额以上企业中汽车类消费名义同比增速

2021 年 7 月以来持续负增长，并且同比下滑程度逐渐加深，10 月当月同比下滑 11.5%。

受到房地产企业违约风险加大以及房价预期增速放缓的影响，与房地产相关的消费也出现了增速放缓。例如，建筑及装潢材料类消费和家具类消费，其当月同比在 2021 年年初蹿升至高点之后持续下滑，并有下滑至趋势线以下的可能。

数据来源:国家统计局、上海财经大学高等研究院。

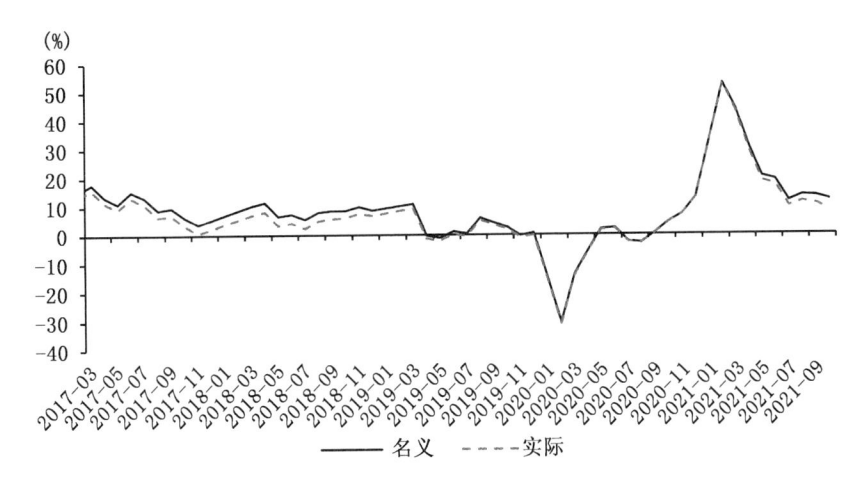

图9 限额以上企业中建筑及装潢材料类消费同比增速

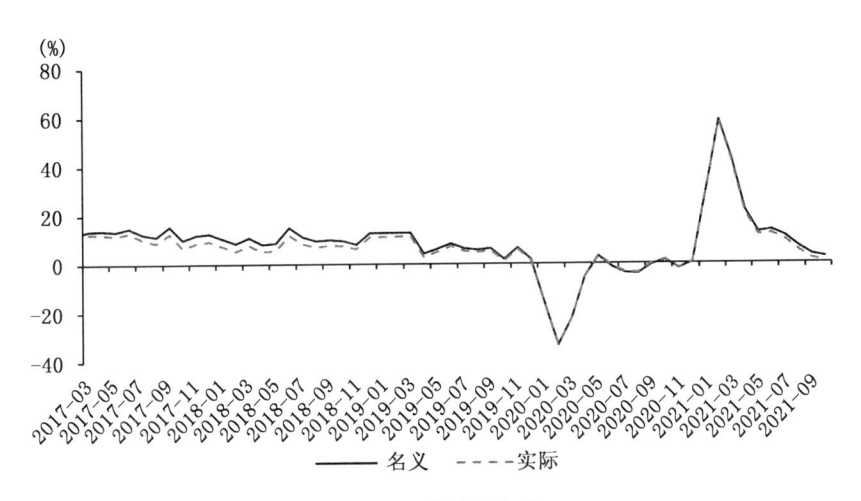

数据来源:国家统计局、上海财经大学高等研究院。

图10 限额以上企业中家具类消费同比增速

同时,2021年受到国际油价及大宗商品价格走高的影响,石油及制品类消费的名义和实际同比增速背离愈发明显。其中,1—10月的平均当月名义同比增速为21.2%,而平均实际同比增速仅为5.7%。

数据来源：国家统计局、上海财经大学高等研究院。

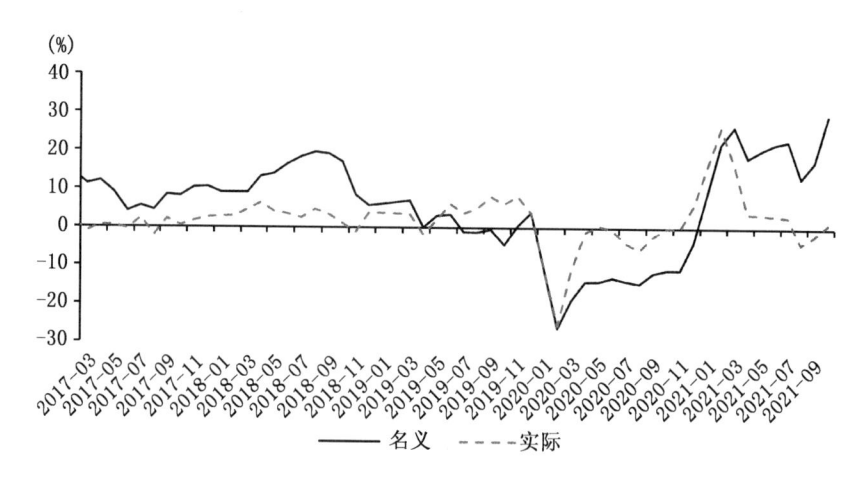

图 11　限额以上企业中石油及制品类消费同比增速

（二）投资增速整体平稳，制造业投资增势良好，基建和房地产投资增速回落

2021 年 1—10 月，全国固定资产投资（不含农户）445 823 亿元，同比增长 6.1%（前值为 7.3%），其中民间固定资产投资 254 462 亿元，同比增长 8.8%。从两年平均增速来看，1—10 月固定资产投资两年平均增速为 3.8%，与前值持平。从环比来看，10 月固定资产投资（不含农户）增长 0.15%，低于疫情前 0.4% 左右的环比增速，与 2021 年三个季度的均值相差不大，说明固定资产投资整体偏弱。分产业看，第一产业投资 11 646 亿元，同比增长 11.1%；第二产业投资 135 173 亿元，同比增长 11.3%；第三产业投资 299 004 亿元，同比增长 3.7%。分地区看，东部地区投资同比增长 7.1%；中部地区投资同比增长 12.0%；西部地区投资同比增长 4.5%；东北地区投资同比增长 6.8%。分登记注册类型看，内资企业投资同比增长 5.9%；港澳台商企业投资同比增长 15.7%；外资企业投资同比增长 1.9%。

从三大投资领域来看，2021 年 1—10 月制造业投资同比增长 14.2%，较前值回落 0.6 个百分点；基础设施建设投资（不含电力）同比增长 1.0%，较前值回落 0.5 个百分点；房地产开发投资同比增长 7.2%，较前值回落 1.6 个百分点。从 10 月当月同比增速来看，制造业投资、基础

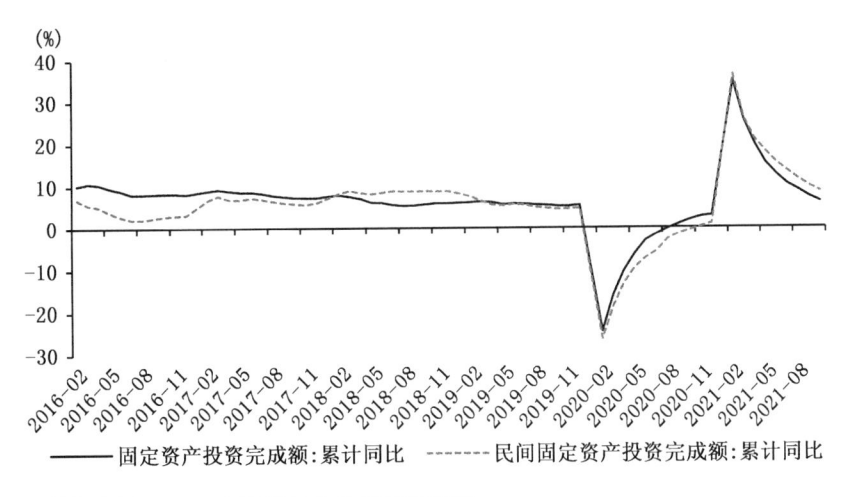

第一章　中国宏观经济发展的即期特征与主要风险

数据来源：CEIC、上海财经大学高等研究院。

图12　固定资产投资和民间固定资产投资增速

设施建设投资增速、房地产开发投资分别为10.1%、-2.5%和-5%,前值分别为10%、-6.5%和-3.5%,反映出制造业投资增速继续维持高位,基础设施建设投资低迷,房地产投资增速下行。

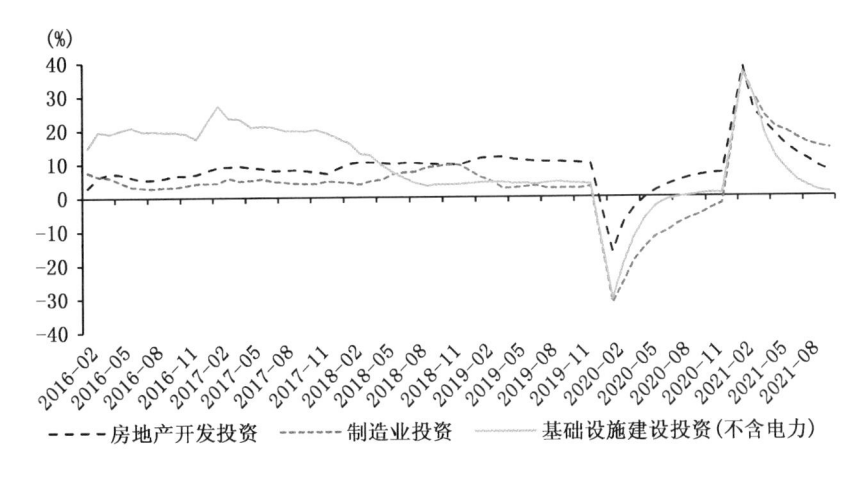

数据来源：CEIC、上海财经大学高等研究院。

图13　全国三大类固定资产投资累计同比

制造业投资表现亮眼,整体维持高速增长态势,成为固定资产投资最重要的支撑力量。2021年1—10月制造业投资同比增长14.2%,高于全部投资增速8.1个百分点,两年平均增长4.0%;其对全部投资增长的贡献率为52.2%,比第一季度、上半年和前三季度分别提高25.9、17.8和6.5个百分点。从细分行业来看,高技术产业投资同比增长17.3%,比全部投资增速高11.2个百分点,两年平均增长13.5%,成为制造业投资加速增长的主要驱动力。高技术制造业投资同比增长23.5%,其中,计算机及办公设备制造业投资同比增长29.9%,医疗仪器设备及仪器仪表制造业投资增长28.2%,航空、航天器及设备制造业投资增长27.7%,电子及通信设备制造业投资增长25.5%。高技术服务投资同比增长6%,其中,电子商务服务业投资增长39.8%,检验检测服务业投资增长15.4%,科技成果转化服务业投资增长13.6%。这反映出国内制造业投资结构正在发生变化,新旧动能正在进行转换。高技术产业投资高速增长的原因,一方面在于输入性通胀导致制造业上游成本激增,10月国内PPI高达13.5%(前值为10.7%),将倒逼制造业加快技术投资,促进技术转型升级;另一方面是得益于国家产业政策的支持,"十四五"期间,大力支持制造高质量发展,解决"卡脖子"问题,增强产业链安全,已经成为双循环战略的重要支柱。

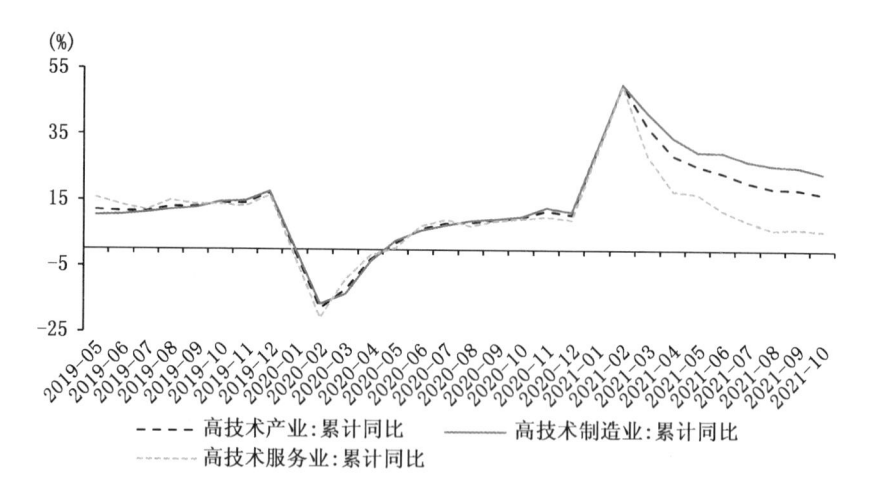

数据来源:CEIC、上海财经大学高等研究院。

图14 高技术产业投资保持高速增长

从企业效益来看,随着减税降费、保供稳价和助企纾困等政策的有力推进,工业区企业生产经营状况不断改善,制造业企业利润维持高速增长,对投资具有较好的支撑作用。2021年1—10月制造业企业利润总额约为5.93万亿元,维持高速增长态势,同比增长39.33%。制造业企业利润稳健增长表明企业资产负债结构已有一定程度的修复,使得企业中长期投资意愿较强,且信贷资金定向支持也会对制造业企业投资提供较强的支撑。在当前企业利润增加、政策支持贷款流向制造业、支持"专精特新"企业发展等优势下,伴随硬科技、"双碳"绿色低碳产业支持政策陆续落地,制造业企业投资意愿可能会继续保持,相关先进制造业和战略新产业的投资规模有望继续扩大。

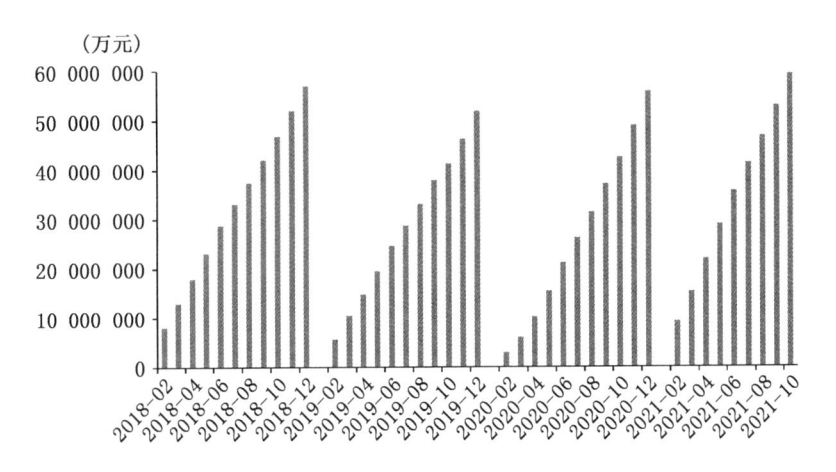

数据来源:CEIC、上海财经大学高等研究院。

图15 制造业企业利润总额当年累计值

基础设施建设投资增长势头较弱,仍然处于低位。2021年1—10月全口径基础设施建设投资累积同比增长0.7%,较前值回落0.8个百分点;两年平均增速1.9%,较上月回落0.1个百分点。基础设施建设投资(不含电力)累计同比增长1.0%,较前值回落0.5个百分点;两年平均增速为0.3%,较上月小幅回落0.1个百分点。其中,电力、热力、燃气及水的生产和供应业投资同比增长0.4%,增速比1—9月回落1.2个百分点;交通运输、仓储和邮政业投资同比增长2.3%,增速比1—9月下降0.1个百分点;水利、环境和公共设施管理业投资同比增长-0.4%,增速处于负值区间。

基础设施建设投资整体低迷,一方面由于政府债券新增规模整体不及预期,且专项债务资金落地见效仍需一定时间,因而对基础设施建设投资增长的作用有限。2021年1—10月地方政府新增专项债仅完成全年

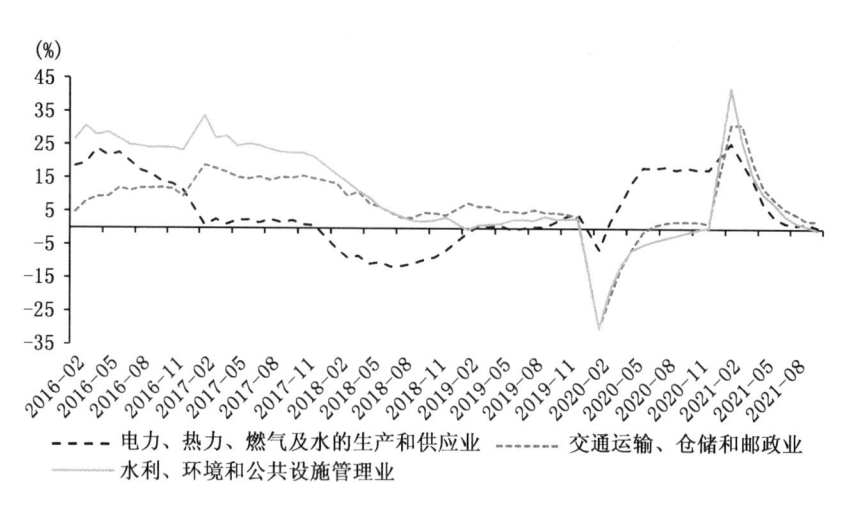

数据来源：CEIC、上海财经大学高等研究院。

图16 基础设施建设投资细分行业累计同比增速

额度的75.3%，远低于过去两年的执行进度。另一方面，地方政府缺乏优质的基础设施建设投资项目，且项目审批较为严格，导致城投企业中长期投资意愿不足。

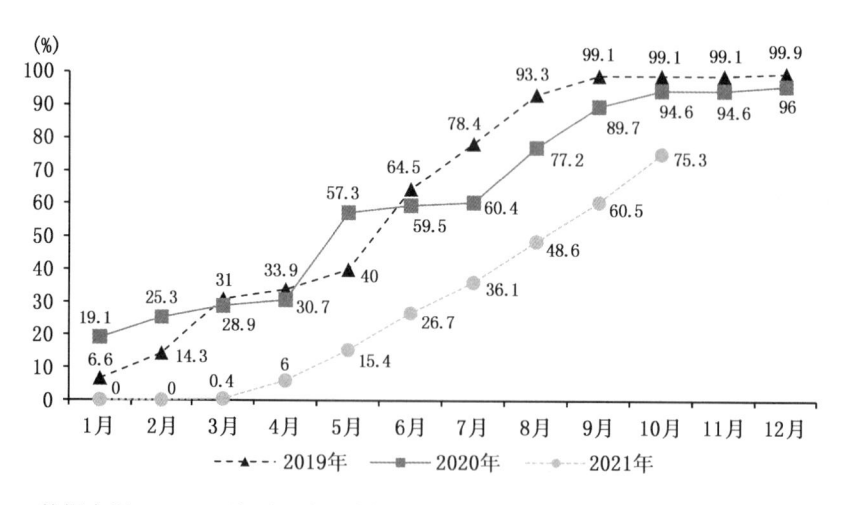

数据来源：CEIC、上海财经大学高等研究院。

图17 地方专项债发行进度

目前，财政部发布的《地方政府专项债券用途调整操作指引》规定，明确要求专项债务资金不得用于经常性支出。另外，国家发展和改革委员会提出将部分儿童服务设施项目纳入专项债务资金支持范围,叠加新基建、新型城镇化、重大工程("两新一重")以及低碳交通运输体系建设等项目按计划持续推进,考虑到年内仍有7 000亿元左右的专项债务等待发行落地,预期后续融资监管对基础设施建设投资项目资金使用的影响较小,基础设施建设投资增速有望回暖。

房地产基本面继续下行,拖累房地产投资增速继续回落。2021年1—10月全国房地产开发投资同比增长8.8%,增速回落2.3个百分点;两年平均增长6.8%,比上月下降0.4个百分点;10月房地产开发投资当月同比降至－5.4%,连续两个月负增长。从资金来源看,1—10月房地产开发企业到位资金166 597亿元,同比增长8.8%,增速回落2.3个百分点;10月房地产开发资金来源同比下降9.5%,较9月回升1.7个百分点。分项来看,国内信贷、自筹资金、定金与预收款和个人按揭贷款累计同比增速分别为－10.0%、5.1%、21.0%和9.7%,前值为－8.4%、6.1%、25.6%和10.7%,除国内贷款外,各项资金来源数据均持续增长,但增速有所回落,其中国内信贷下滑尤其显著。央行近期表态,商业银行将在准确把握和执行好房地产金融审慎管理制度之下,保持房地产信贷平稳有序投放,10月公布的个人住房贷款同比多增3 481亿元,环比多增1 013亿元,说明房地产市场合理的资金需求正得到有效满足,房地产风险过度纠偏行为也逐步得以修正,预期包含国内贷款及个人按揭贷款等在内的房企资金来源将得到改善。

从房地产销售数据来看,房地产销售的传统旺季"金九银十"表现不佳,房地产销售持续走弱,对房地产投资起到了降温作用。2021年1—10月全国商品房销售面积累计同比增长7.3%,较前值回落4个百分点;两年平均增长3.6%,较前值回落1个百分点;其中,住宅销售面积上升7.1%,办公楼销售面积上升2.4%,商业营业用房销售面积下降0.6%。2021年1—10月商品房销售额累计同比增长11.8%,较前值回落4.8个百分点;其中,住宅销售额上升12.7%,办公楼销售额下降1.6%,商业营业用房销售额下降0.6%。分区域销售来看,东部、中部、西部以及东北地区销售规模分别同比增长9%、11.5%、2.7%和－5.4%,中部地区表现最强,东北地区则呈现负增长。由于9月底央行提出维护房地产市场平稳健康发展的基调,叠加后续各地房地产政策边际宽松的影响,房地产

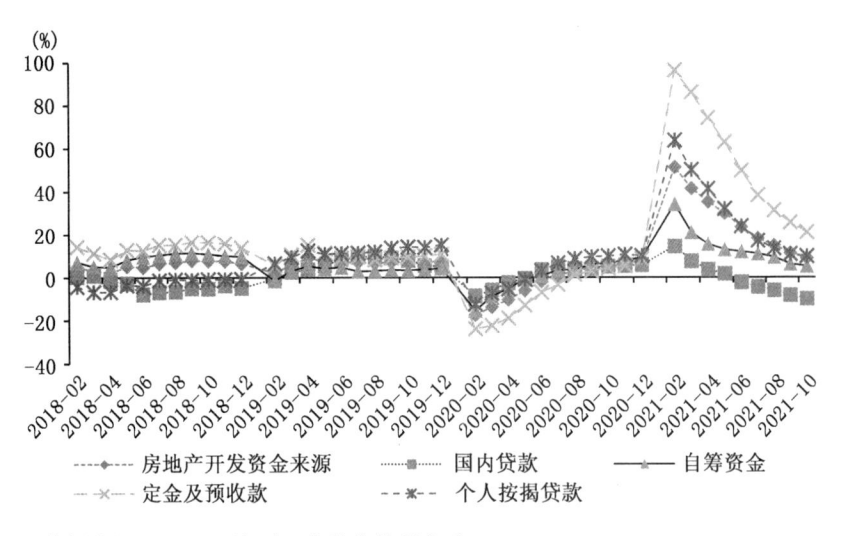

数据来源:CEIC、上海财经大学高等研究院。

图 18　房地产开发资金来源及渠道累计同比

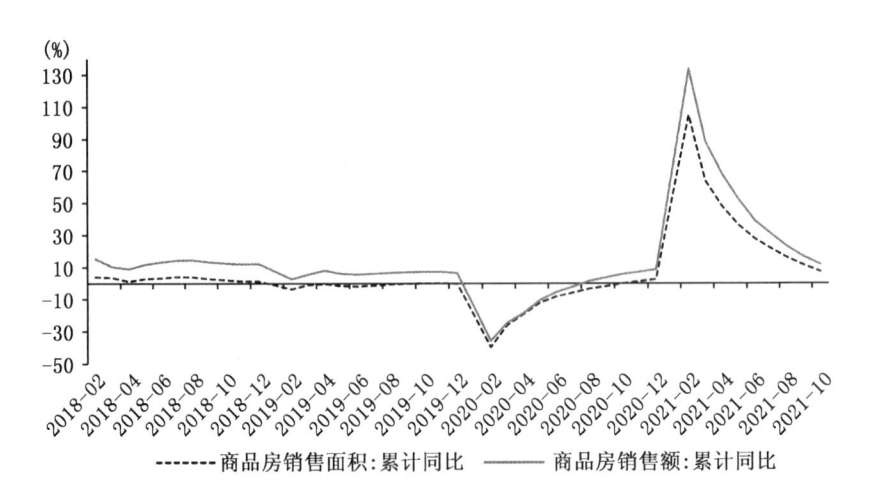

数据来源:CEIC、上海财经大学高等研究院。

图 19　商品房销售面积和销售额累计同比

销售将见底回升。

从房地产新开工和竣工来看,房屋新开工面积降幅扩大,竣工面积增幅进一步收窄。2021年1—10月房屋新开工面积同比下降7.7%,较前值回落3.2个百分点;房屋竣工面积同比上升16.3%,较前值下降7.1个百分点。在房地产行业降杠杆和融资政策收紧的背景下,房地产企业拿地增速将会放缓,且难以将有限的资金投入到新项目开工,未来房屋新开工规模预期仍将维持较低水平,保持开工与销售相平衡。近期房地产企业流动性紧张,在销售疲弱和信用风险高企的情形下,与房地产产业链相关的行业对房地产行业预期悲观,因担心工程款兑付问题而暂停部分在建项目,从而导致房屋竣工面积下行压力加大。短期来看,房屋新开工面积下行将会对房地产开发投资增速形成一定的负面影响,竣工面积增幅并未对投资起到支撑作用。

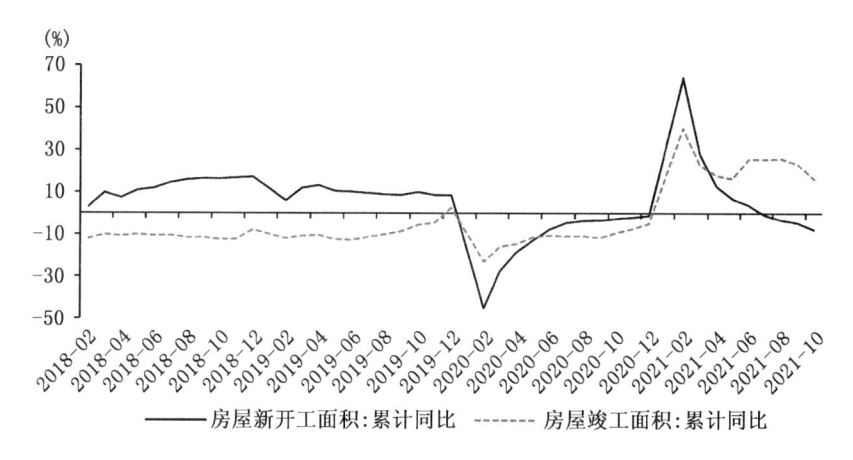

数据来源:CEIC、上海财经大学高等研究院。

图 20　房屋新开工面积和竣工面积累计同比

房地产投资持续回落与需求端信贷政策偏紧、供给端调控力度趋严有很大关系。在前期政策高压以及多家民营地产企业风险暴露的作用下,房地产企业对于行业前景的预期仍然处于较为悲观的状态。随着房地产管理长效机制逐步完善,叠加城镇化扩张速度放缓以及适龄置业人口边际回落,预计未来房地产投资韧性或将减弱。从政策来看,房地产调控力度在边际上已经出现放松迹象,尤其是在房地产销售端,表现为:一是央行第三季度货币政策执行报告提到了"两个维护";二是银保监会发声支持首套房购房者,政策基调均剑指"刚需"松绑,部分购房需求也将得到释放。需求的释放势必带动未来供给侧房地产投资,但从政策定调来看,"不将房地产作为短期刺激经济的手段"这一论述仍然被反复提及,表明当前的政策更多是纠偏,而非全面放松,未来房地产投资的反弹大概率将比较有限。

总体来看,2021年1—10月制造业投资增速高于整体投资增速,基础设施建设投资增速仍处于低位,房地产投资增速继续回落。未来国内经济复苏中的不稳定不确定因素仍然较多,发展过程中依然面临着不均衡不平衡的结构性问题,经济增长的压力较大。因而,宏观经济政策要做好跨周期调节,提振内需,投资要逐步发力以起到托底经济增长的作用。

2021年10月,全国房地产市场延续9月的低迷行情,新房和二手房房价双双下跌。10月全国70个大中城市新建商品房住宅价格和二手住宅价格当月环比均为−0.3%,分别较9月回落0.2和0.1个百分点,新房和二手房房价已经连续两个月下跌。相比一线城市,二三线城市房价"降温"则更加明显。二线城市新建商品住宅销售价格环比由9月持平转为下降0.2%,二手住宅价格降幅则相比较9月扩大0.2个百分点,达到0.3%。而三线城市新建商品住宅销售价格和二手住宅销售价格环比均下降0.3%,降幅较9月扩大0.1个百分点。同时,与2020年同期相比,一二三线城市新建商品住宅和二手住宅价格涨幅继续回落。其中,一线城市新建商品住宅和二手住宅价格分别同比上涨5.0%和6.7%,涨幅较9月分别回落0.3和1.0个百分点。另外,房价下跌城市的数量进一步扩大,10月新建商品住宅房价环比下跌的城市数量为52个,相比9月的36个增加了16个。二手住宅房价下跌的城市增加了12个。

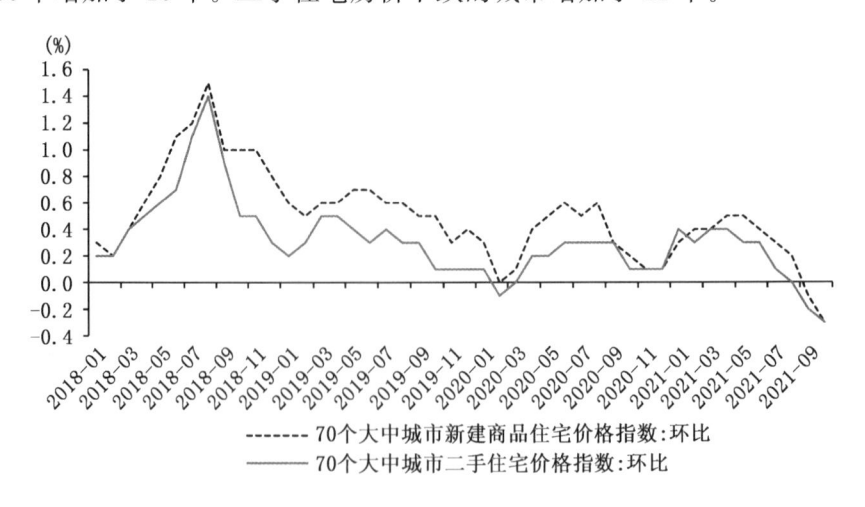

数据来源:CEIC、上海财经大学高等研究院。

图21　70个大中城市新建商品住宅和城市二手住宅价格指数

整体来看,10月房价下跌且跌幅略有扩大。从宏观经济层面看,我国经济将延续稳步回升态势,但国内外环境中不稳定不确定因素增多,货币政策或将持续发力稳经济,强化对"六稳""六保"的支持力度,货币信贷总量保持稳定增长,房地产金融监管力度不放松,房地产金融审慎管理将进一步完善。展望2022年,中央仍将坚持"房住不炒"总基调不变,实现"三稳"目标。在房地产市场调整态势继续深化的当下,信贷环境改善预期较为明显,整体态势或可延续,但在银行端"两道红线"监管下,信贷端大幅放松的可能性较小。另外,房地产税试点或将落地,试点城市名单、征收细则等均有望发布,短期也会进一步影响购房者预期。随着多主体供应、多渠道保障,购租并举住房制度不断完善,市场主体趋于理性,预期房地产市场将继续保持平稳发展。

(三)进出口高速增长,贸易顺差较上年同期大幅上升

2021年1—11月,全国进出口高速增长。受上年较低的基数影响,进口增速略快于出口增速,但贸易顺差较上年同期大幅上升。多种因素共同推动进出口高速增长。第一,新冠疫情导致的低基数效应和国内经济持续恢复发展。2020年新冠疫情暴发以后,国内外均经历了疫情的迅速蔓延,大面积的停工停产及封城、隔离等措施,对工业生产活动造成了严重影响,2020年上半年出口和进口累计同比增速分别为−6.5%和−6.4%,尽管下半年国内实现复工复产经济逐渐恢复,但全年出口和进口增速仍然较低。在此基数影响下,2021年1—11月,出口和进口累计增速分别高达31.1%和31.4%。为了剔除2020年同期基数效应的影响,课题组计算了出口和进口的近两年的年化累计增速,分别为15.7%和13.8%。第二,全球经济复苏推动贸易回暖。国际货币基金组织10月发布的《世界经济展望》预测2021年全球经济增速为5.9%,世界贸易组织10月发布的《贸易统计及展望》预测2021年全球货物贸易量将增长10.8%。2021年1—11月中国对美国、欧盟、东盟的出口增速分别为28.1%、32.7%和27.4%,进口增速分别为37.1%、22.4%和32.1%。第三,大宗商品及工业原材料价格上涨,拉高了进出口额。2021年11月30日路透CRB商品指数相比2020年12月31日上涨30.6%,相比2020年11月30日上涨47.6%。受国际大宗商品价格上涨的影响,2021年1—

10月进口价格平均同比增速为11.4%。第四,跨境电商的发展有效缓解了疫情对外贸的负面冲击。截至目前,国务院已经在全国至少105个城市设立了跨境电商综合试验区,覆盖全国30个省、自治区和直辖市。根据中国电子商务研究中心的统计数据,2014—2019年,中国跨境电商出口年平均增速达17.6%,远高于3.7%的平均总出口增速。新冠疫情暴发以来,为了应对外贸面临的物流、通关、市场搜寻等障碍,商务部、海关总署、税务总局等部门也出台一系列政策支持跨境电商交易,极大地促进了线下贸易向线上贸易的转移,部分缓解了疫情对线下贸易的负面影响。根据海关总署统计,2020年中国跨境电商出口规模达1.12万亿元,同比增长40.1%,远高于同期3.63%的总出口增速。可见,跨境电商成为疫情下稳定进出口增速的重要方式。

2021年1—11月,进出口总额为54 711.8亿美元,同比增长31.3%。其中,出口总额为30 264.5亿美元,同比增长31.1%;进口总额为24 447.3亿美元,同比增长31.4%;顺差为5 817.1亿美元,比2020年同期增加1 335.1亿美元。受人民币兑美元汇率升值的影响,以人民币计价的进出口增速低于以美元计价的进出口增速。2021年1—11月,进出口总额人民币值为353 903亿元,同比增长22.0%。其中,出口总额为195 763.2亿元,同比增长21.8%;进口总额为158 140亿元,同比增长22.2%;顺差为37 623亿元,比2020年同期增加6 294亿元。国际服务贸易增速上升,服务贸易出口和进口均大幅增长,其中,服务贸易出口增速远超其进口增速,导致服务贸易逆差较上年同期进一步下降。国家外汇管理局的统计数据显示,2021年1—10月,服务贸易总额为6 054.3亿美元,同比增长21.0%。其中,服务贸易出口总额为2 651.6亿美元,同比增长41.0%;服务贸易进口总额为3 402.7亿美元,同比增长8.9%;服务贸易逆差为-751.1亿美元,比2020年同期减少491.3亿美元。

2021年1—10月,出口价格指数和出口数量指数出现明显分化。2020年新冠疫情暴发以后,国内外供应链均受到大幅度冲击,全球贸易品呈现短缺状态。由于中国率先成功控制疫情并实现疫情防控常态化,因此出口产能迅速恢复并稳步扩张。而国外疫情则广泛蔓延且不断反复,供应链迟迟无法恢复正常。随着全球经济复苏,中国出口品面临的海

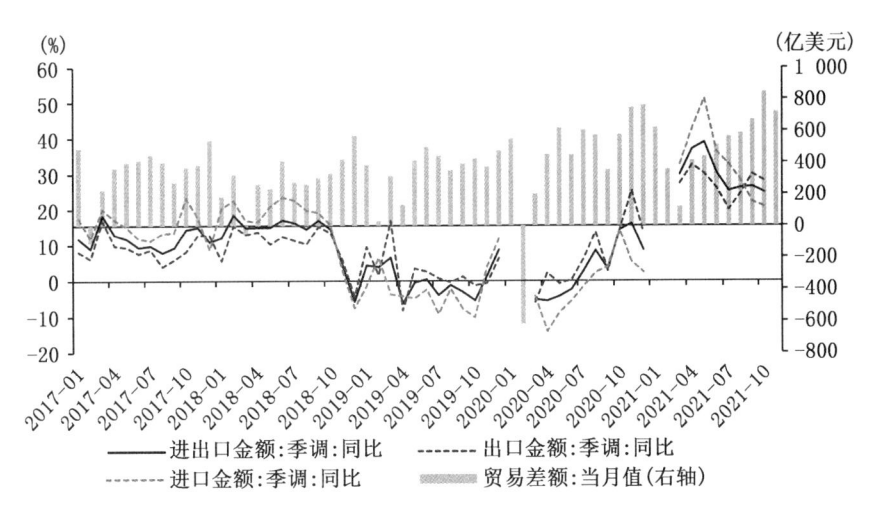

数据来源：海关总署。

图 22　2017 年以来全国进出口增速及贸易差额变化

外需求持续增加，导致出口数量大幅上涨。叠加低基数效应影响，2021年1—10月出口数量指数同比增速大幅上升，平均同比增速为27.9%，2月增速甚至远超历史纪录，达到144.6%，随后逐渐下降。出口价格指数方面，一方面受前高后低的基数影响，另一方面受大宗商品价格大涨的影响，2021年前4个月波动下降，随后逐渐上升，9月创下自2012年以来的最高值达到10.6%，2021年1—10月出口价格指数平均同比增速为2.3%。分产品来看，不同类型产品的出口价格指数并无分化，均受到基数效应和大宗商品价格上涨的影响。出口数量指数在不同类型的产品中表现不同，受基数效应影响，与疫情防控有关的纺织原料及纺织制品的出口数量指数2月大幅高于机电类产品的出口数量指数，随后前者同比由升转降，明显低于后者。

2021年1—10月，进口价格指数和进口数量指数也呈现明显分化。受基数效应、国内经济持续恢复发展和大宗商品价格大涨的影响，2021年1—10月进口价格指数大幅上涨，平均同比增速为11.4%；而进口数量指数则由升转降，平均同比增速为9.1%。分产品来看，矿产品进口价格指数大幅上升，创下自2009年以来的历史最高值，2021年1—10月平均同比增速为38.5%，导致矿产品进口数量下降。与矿产品进口价格走势不同，机电类产品的进口价格指数较上年有所下降，2021年1—10月

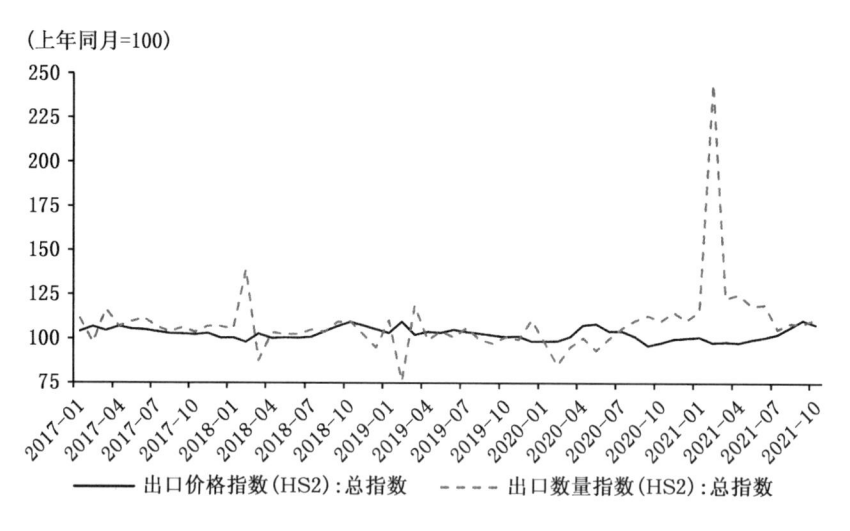

数据来源：海关总署。

图23 2017年以来中国出口价格指数和数量指数走势

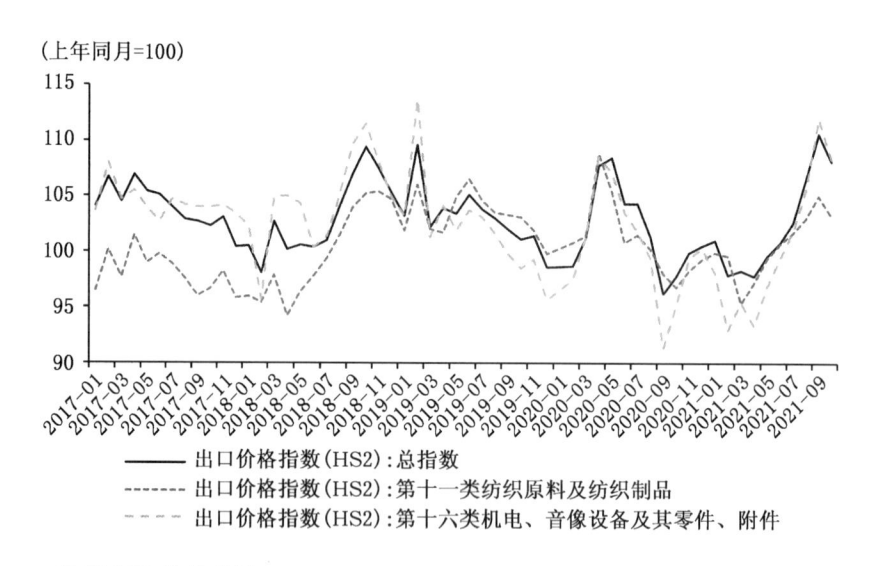

数据来源：海关总署。

图24 2017年以来中国出口价格指数及其主要分项走势

平均同比增速为－2.4%，带动机电类产品的进口数量指数上升，2021年1—10月平均同比增速为17.9%。进口数量指数的分化程度较上年明显上升。

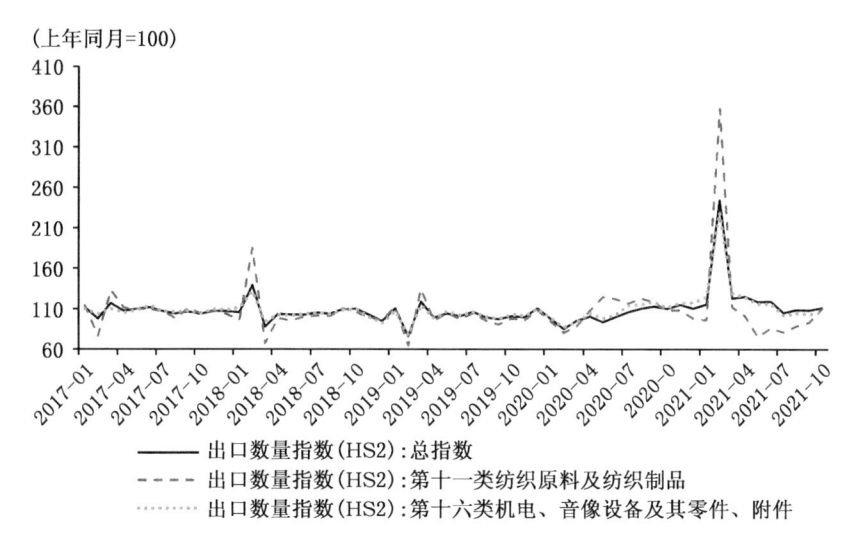

数据来源：海关总署。

图 25　2017 年以来中国出口数量指数及其主要分项走势

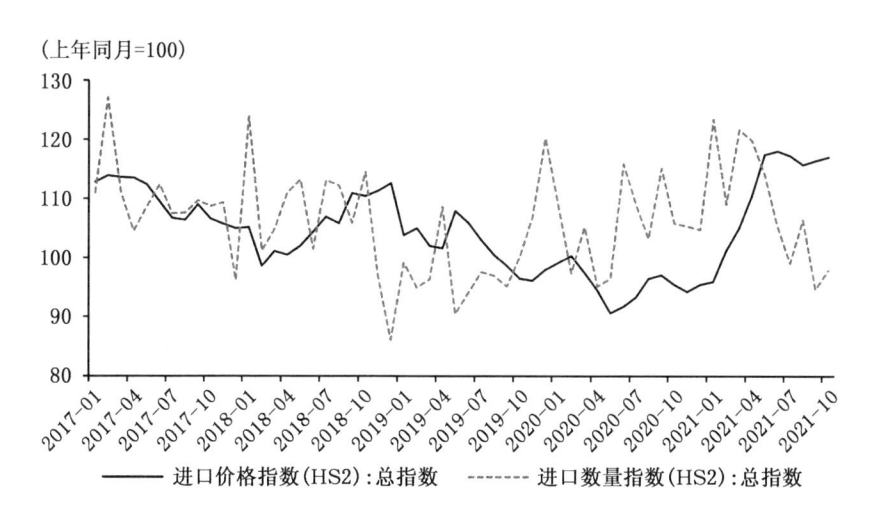

数据来源：海关总署。

图 26　2017 年以来中国进口价格指数和数量指数走势

(上年同月=100)

数据来源：海关总署。

图 27　2017 年以来中国进口价格指数及其主要分项走势

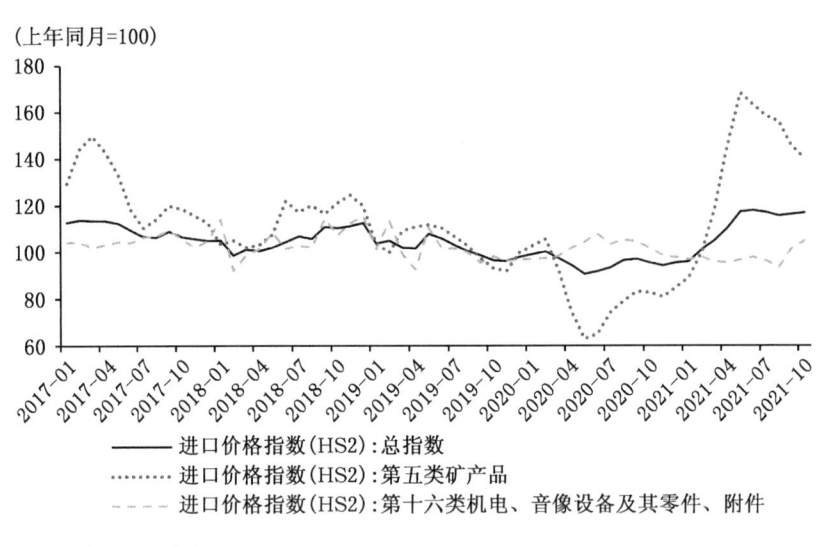

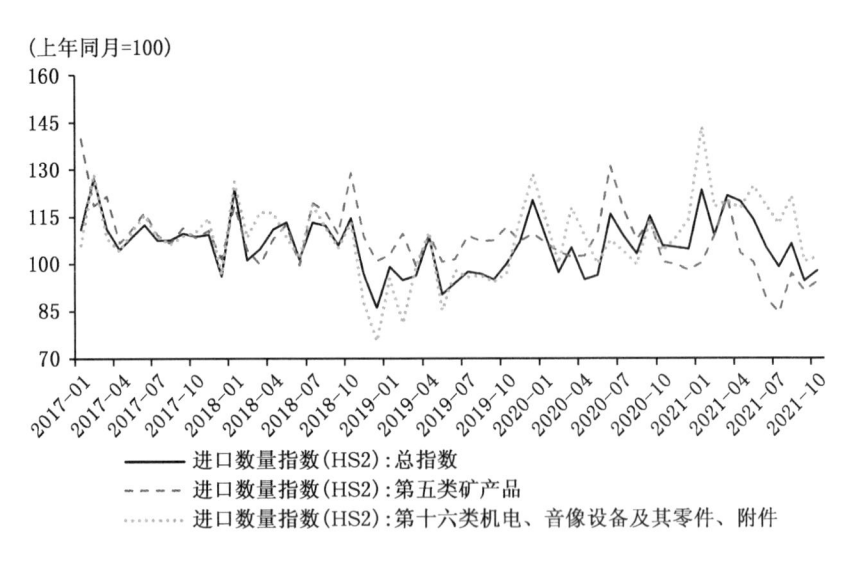

(上年同月=100)

数据来源：海关总署。

图 28　2017 年以来中国进口数量指数及其主要分项走势

分贸易方式来看，2018 年以来，加工贸易增速和一般贸易增速开始分化，加工贸易增速显著低于一般贸易增速，全球新冠疫情大流行进一步加剧了这种分化。2021 年 1—10 月，无论是出口还是进口，其一般贸易与加工贸易的增速差距均进一步扩大。主要原因在于：第一，正如课题组一直强调的,加工贸易两头在外,产业链相对一般贸易更长,产业链的更大部分暴露在疫情风险更高的欧美、东南亚等国家和地区。因此,加工贸易更高的风险暴露决定了其受到的国外疫情风险的影响也越大。第二,加工贸易以中间产品为主,相对于最终产品,中间产品对贸易成本变化的敏感性更高,更易受到外部冲击的影响。因此,在全球疫情风险持续、出口集装箱短缺导致出口成本上涨的情况下,以中间品为主的加工贸易受到的负面影响更大。第三,长期来看,中国制造业持续转型升级,一个直接的结果是加工贸易增速和所占份额都在逐步减小。第四,防疫物资和跨境电商的快速增长是支撑一般贸易持续快速增长的主要动力。

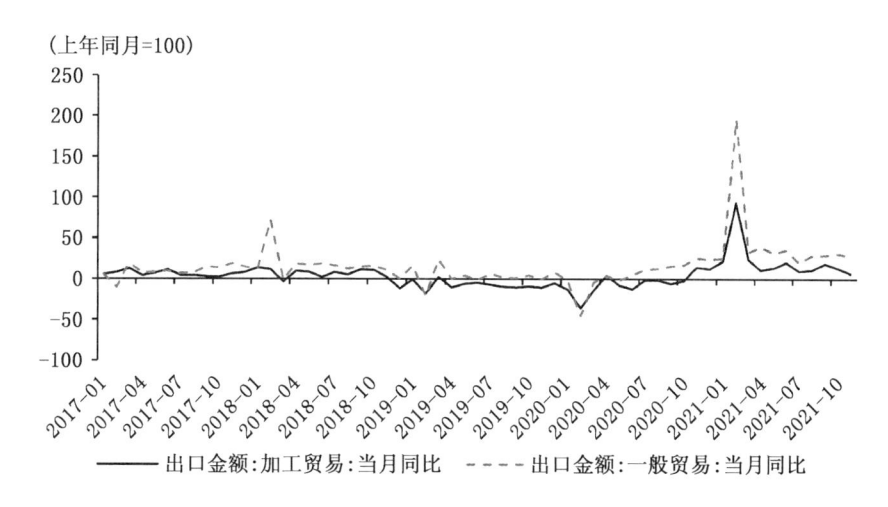

数据来源:海关总署。

图29　2017年以来不同贸易方式出口增速

受上年较低的基数效应的影响,2021年以来,中国的出口和进口均呈现出较高的增长速度,且增速在国别间的差异有所减小。出口方面,2021年1—10月,中国对主要贸易伙伴国的出口均保持较高增速,尤其是对巴西、印度、南非等发展中经济体的出口增速最高,对美国、欧盟和东盟的出口增速也维持在较高水平,出口增速相对均衡。进口方面,中国经济的持续复苏和进口价格的上涨带动了中国从各贸易伙伴国的进口增速,中国从南非、印度、美国的进口增速相对较高,从其他贸易伙伴的进口增速相对略低。其中,从南非、印度进口增速主要由矿产品等基础工业原料的进口所拉动,反映了国际大宗商品价格的上涨和国内需求的好转。

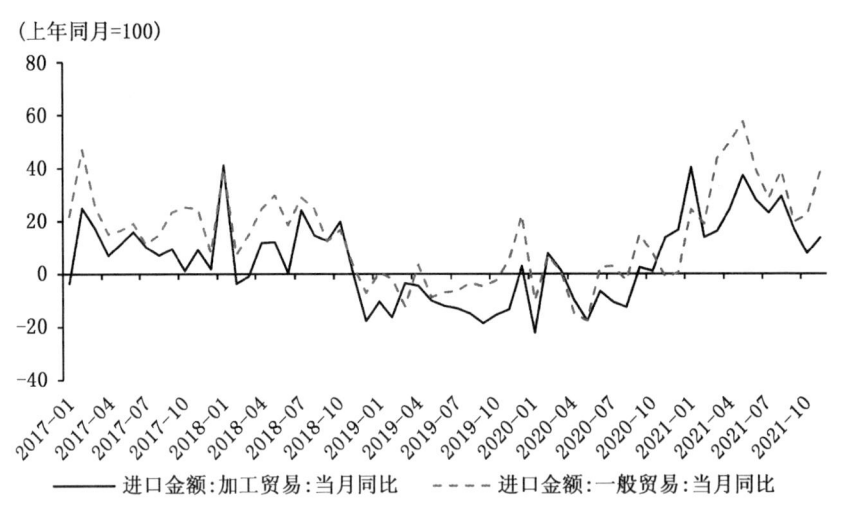

数据来源：海关总署。

图 30　2017 年以来不同贸易方式进口增速

2021 年 1—10 月，受低基数效应影响，中国服务贸易增速持续攀升，同比增速大幅上升。新冠疫情以来，服务贸易出口增速持续高于服务贸易进口增速，导致服务贸易逆差较上年同期继续大幅减小，其中服务贸易逆差主要来源于旅行、运输、知识产权使用费、保险和养老服务这 4 个行业，以旅行逆差为主。服务贸易顺差主要来源于其他商业服务，加工服务，电信、计算机和信息服务，以及建筑，尤其是其他商业服务，电信、计算

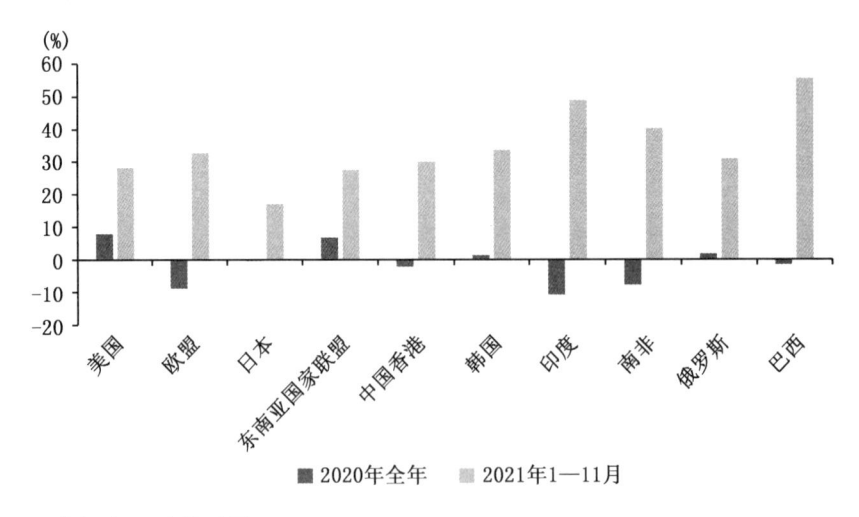

数据来源：海关总署。

图 31　中国对主要出口国（地区）贸易增速

图 32　中国对主要进口国（地区）贸易增速

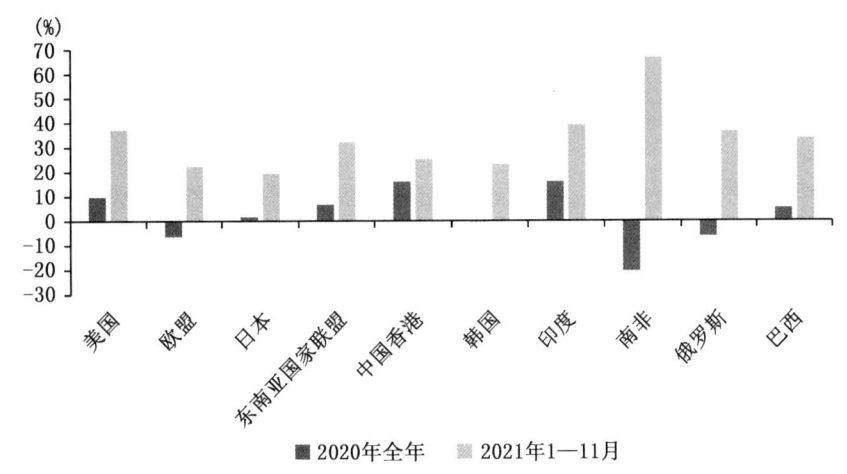

数据来源：海关总署。

机和信息服务的顺差在 1—10 月出现较大幅度上升。由于逆差行业的持续收缩和顺差行业的持续扩张，尽管旅行服务逆差持续收窄，但旅行对总服务贸易逆差的贡献仍较 2020 年全年有进一步增加，接近 100%。结构方面，由于其他商业服务，电信、计算机和信息服务的顺差的提高，服务贸易结构明显提升，服务贸易出口持续增长的潜力依然存在。

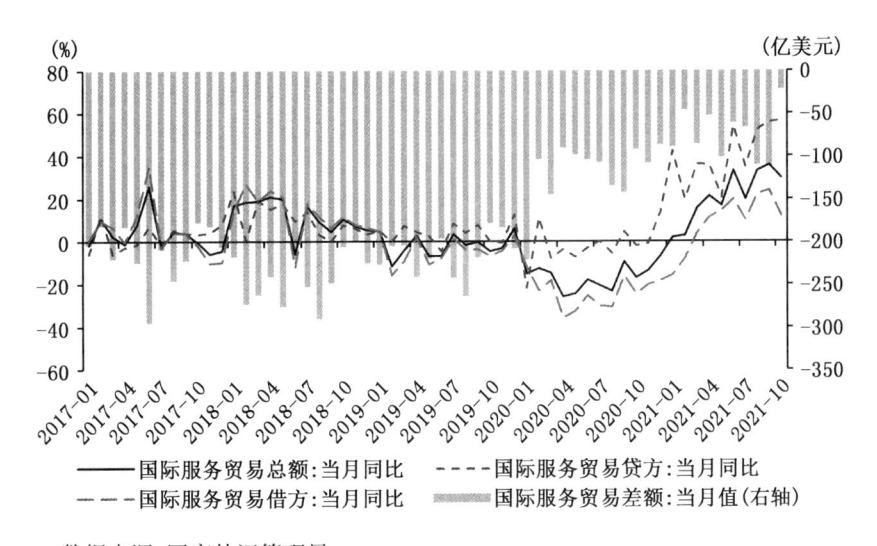

数据来源：国家外汇管理局。

图 33　2017 年以来服务贸易走势

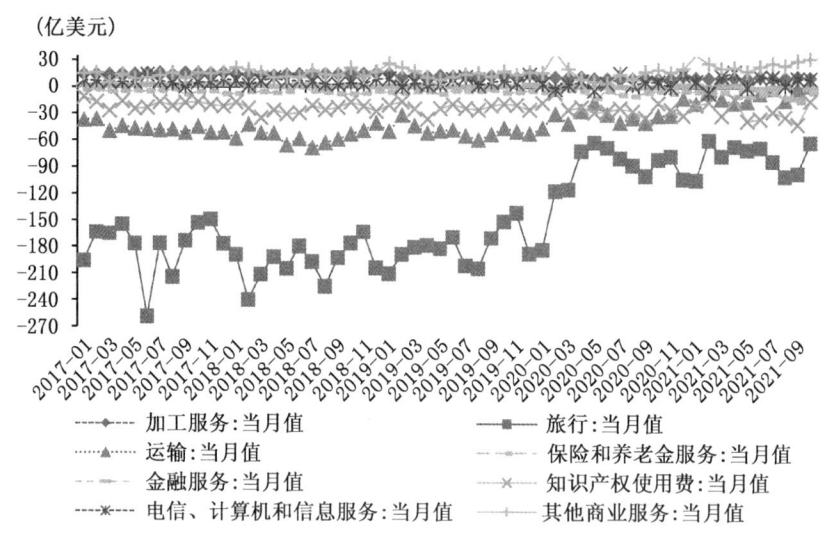

数据来源：国家外汇管理局。

图 34　2017 年以来主要行业服务贸易差额变化

(四)劳动力市场大体恢复到疫情前水平,但仍面临结构性调整趋势

2021 年全年失业率波动下降,新增就业人数同比显著上升,略低于 2019 年,求人倍率持续处于高位;农村外出务工劳动力月均收入和居民人均可支配收入两年平均增速均回到新冠疫情前区间。

数据显示,2021 年全国城镇调查失业率呈波动下降趋势,受部分地区散发疫情影响,年内失业率最高点 5.5% 出现在 2 月。随着疫情防控常态化,失业率持续下降,10 月降至 4.9%,同比下降 0.4%。截至 2021 年 10 月,新增就业人数累计 1 133 万人,提前完成全年就业新增 1 100 万人的任务目标。受上年疫情基数较低的影响,就业累计值全年同比均有显著增幅,略低于 2019 年的水平。2021 年前三季度人力资源市场需求人数和求职人数同向变化且幅度接近,求人倍率保持在较高位置,到第三季度为 1.53,面临结构性调整压力。高级技师、技师需求缺口较大,第三季度高级技师、技师、高级技能人员求人倍率分别为 3.05、2.7、2.51。

第一章　中国宏观经济发展的即期特征与主要风险

数据来源：国家统计局。

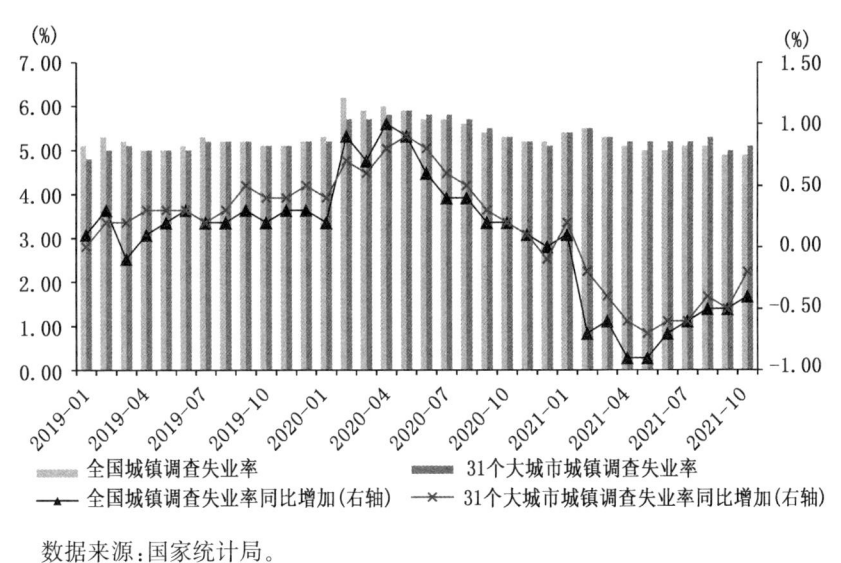

图 35　城镇调查失业率

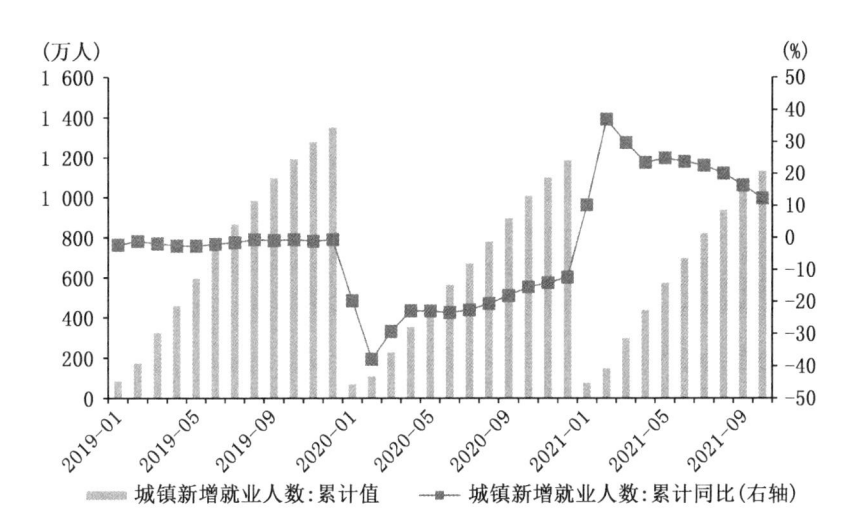

数据来源：国家统计局。

图 36　城镇新增就业情况

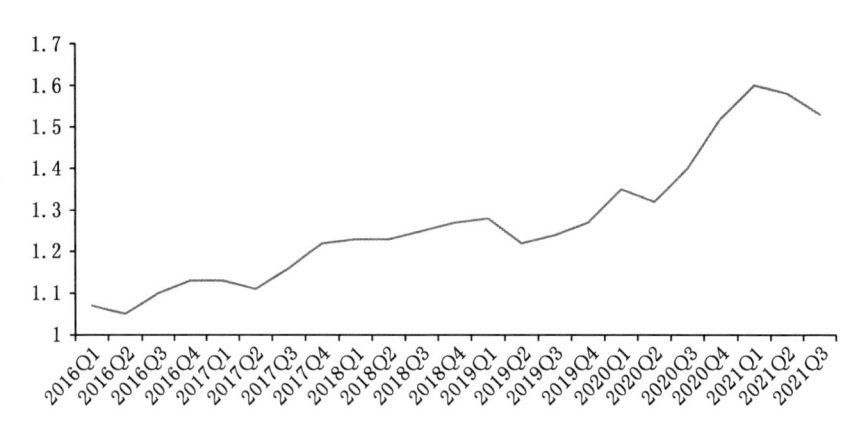

数据来源：人力资源和社会保障部。

图 37　全国整体求人倍率

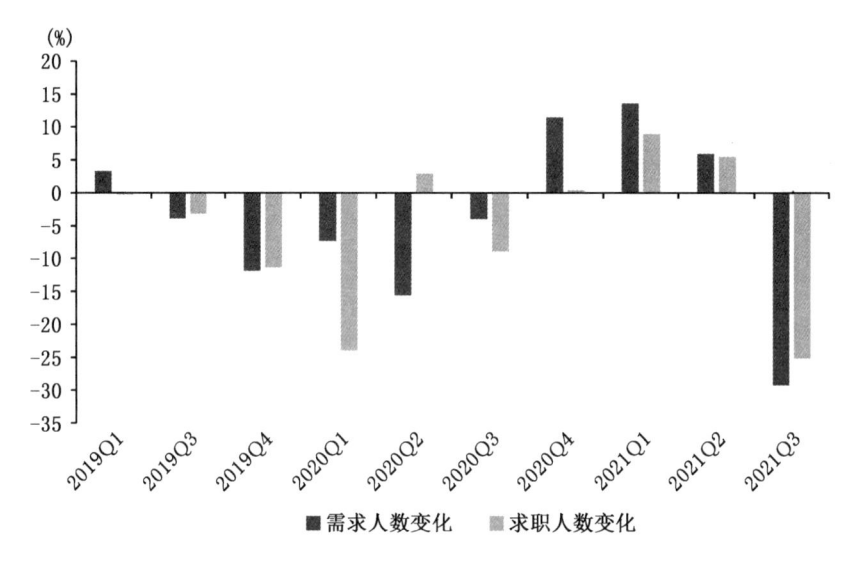

数据来源：人力资源和社会保障部。

图 38　需求人数和求职人数环比变化

PMI从业人员指数年内高点出现在2021年3月，随后制造业从业人员指数保持稳定，非制造业从业人员指数呈现波动下降趋势。10月制造业从业人员指数为48.8%，非制造业PMI从业人员指数为47.5%。其中，服务业从业人员指数为46.6%，建筑业从业人员指数为52.4%。

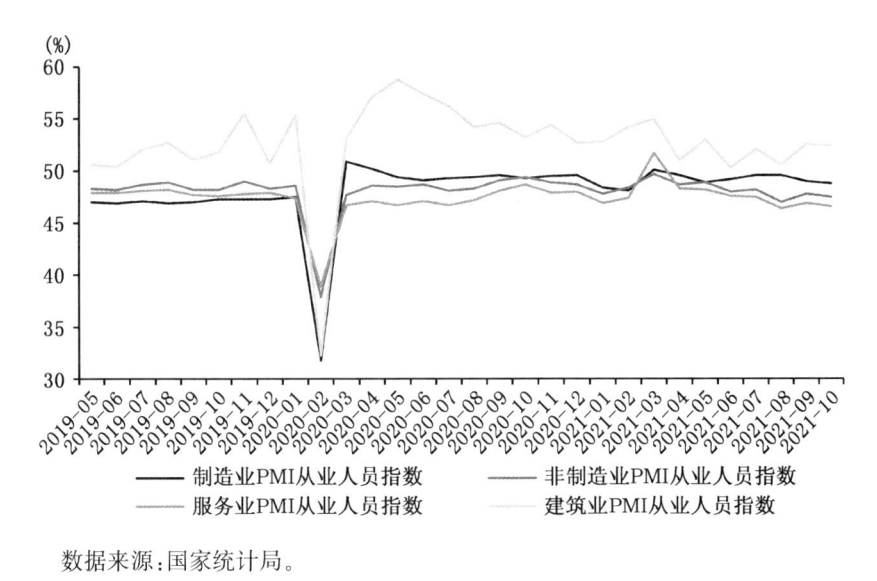

图 39 PMI 从业人员指数

数据来源：国家统计局。

全国企业就业人员周平均工作时间逐步上升,2021年10月为48.6小时,同比上升1.9小时。2021年前三季度农村外出务工劳动力人数累计18 303万人,同比上升2%,略低于2019年前三季度。农村外出劳动力月均收入为4 454元,同比上升10.4%,两年平均增速6.16%,回到新冠疫情前(2017—2019年)6%～8%的区间。

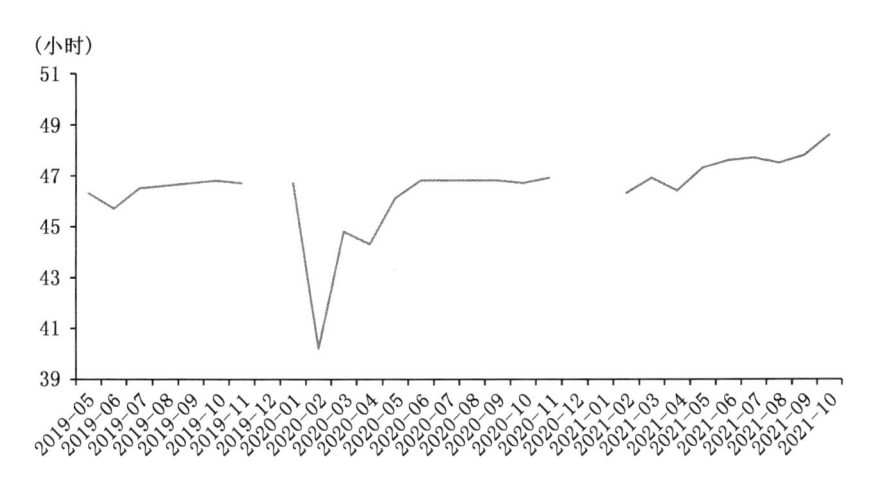

图 40 全国企业就业人员周平均工作时间

数据来源：国家统计局。

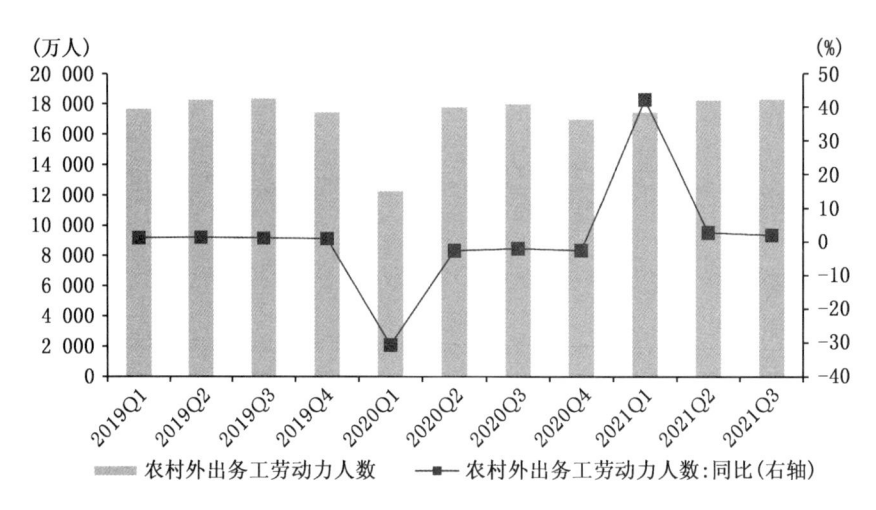

数据来源：国家统计局。

图 41　农村外出务工劳动力人数

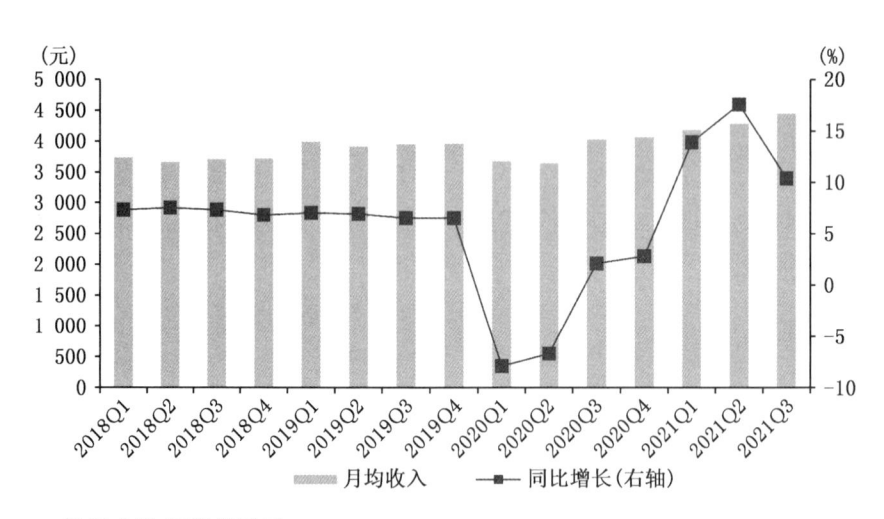

数据来源：国家统计局。

图 42　农村外出务工劳动力月均收入

居民人均可支配收入累计值相比新冠疫情期间大幅上升，到 2021 年第三季度为 26 265 元，同比增长 9.7%，两年平均增速为 7.1%，恢复至 2017—2019 年疫情前的平均水平。城镇与农村居民可支配收入累计值分别为 35 946 元和 13 726 元，同比上升 8.7% 和 11.2%，农村收入上升速度快于城市。城乡居民收入比值为 2.62，同比下降 0.05。

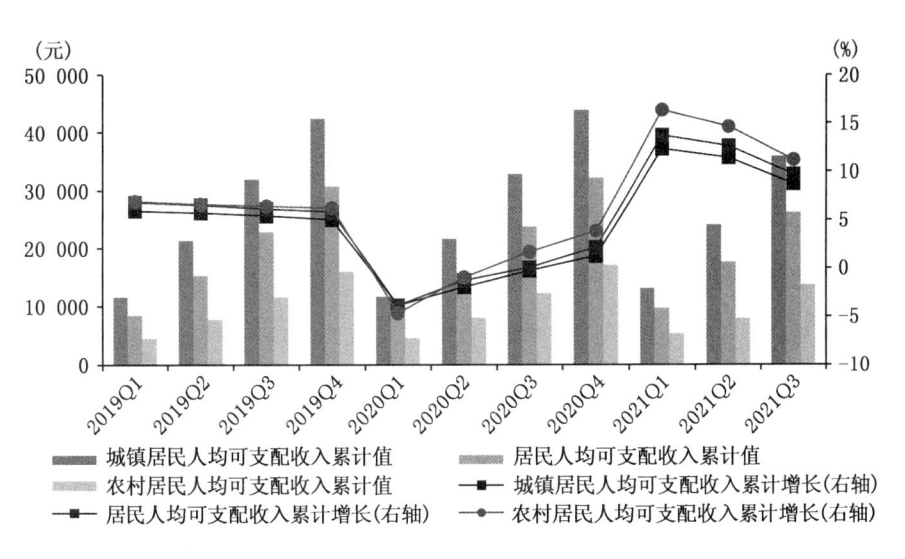

数据来源：国家统计局。

图 43 居民人均可支配收入

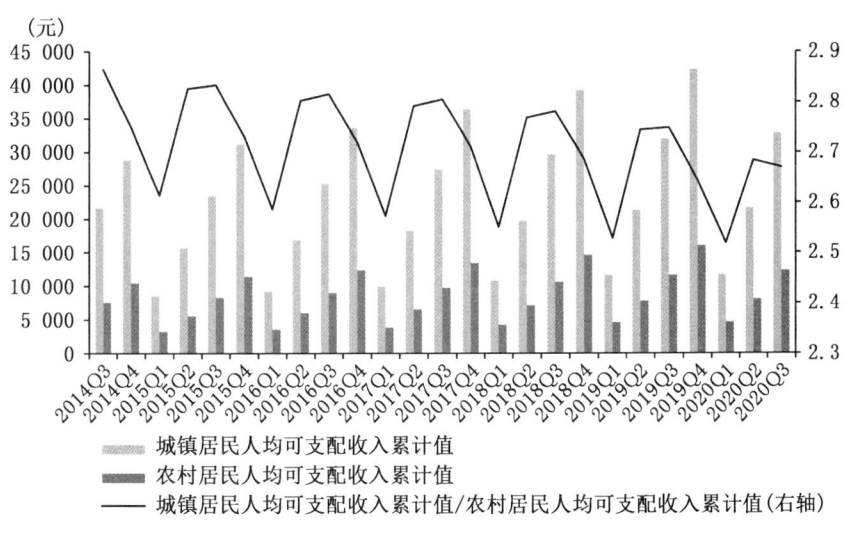

数据来源：国家统计局。

图 44 城乡居民可支配收入

（五）CPI 温和上涨，PPI 创下新高，剪刀差快速扩大

2021 年前 11 个月 CPI 同比增速（累计增速为 0.9%）较 2020 年年均

2.5%的增速明显下降,核心CPI同比增速(累计增速为0.8%)与2020年年均0.8%的增速持平。如图45所示,受疫情防控常态化和经济复苏影响,2021年前11个月内CPI和核心CPI同比增速由负转正并温和上涨,11月CPI同比增速回到"2"以上,核心CPI接近新冠疫情暴发前的水平。2021年前11个月PPI同比增速(累计增速为7.9%)较2020年年均-1.8%的增速大幅上升。2021年PPI同比增速在1月由负转正,随后受全球经济复苏和大宗商品价格上涨影响,涨幅迅速扩大,与CPI的剪刀差持续扩大。2021年10月PPI同比增速创下历史新高达13.5%,11月略有回落但仍处历史高位。课题组根据国家统计局公布的GDP名义值以及实际同比增长率构造计算得到的GDP平减指数在2021年前三季度累计同比增速约为4.2%,大幅高于2020年同期值0.7%。GDP平减指数非累计同比增长率自2017年第一季度达到高峰后呈现波动下降趋势,叠加疫情影响,2020年第二季度降至自2010年以来的最低值-0.5%,随后由于国内顺利复工复产、经济复苏和大宗商品价格上涨而快速回升,2021年第二季度创下近年来新高,达到4.8%。因此,总体而言,2021年价格增速较2020年明显上升,CPI和PPI剪刀差持续扩大。

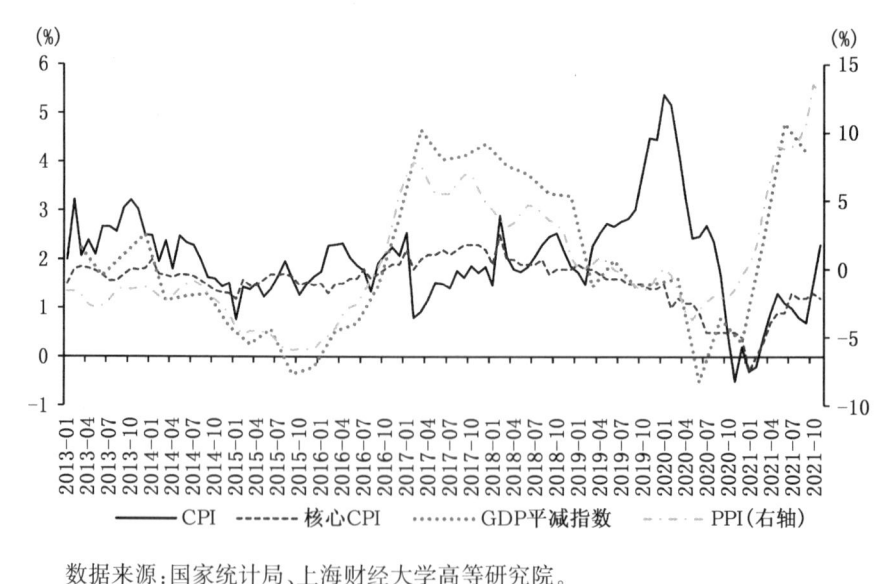

数据来源:国家统计局、上海财经大学高等研究院。

图 45　价格指数同比增速

GDP平减指数涉及全部商品和服务,反映一般物价水平走向,是对价格水平比较宏观的测量。相较而言，CPI 侧重于居民消费方面的价格变化情况，PPI 侧重于工业生产方面的价格变化情况。CPI 受食品和服务价格影响较大，PPI 受国际大宗商品价格影响较大。

根据课题组的数学模型和计量分析[①]发现，食品对 CPI 的影响约为 20%，服务业对 CPI 的影响约为 35%。国家统计局 2021 年 12 月最新发布的数据显示，2021 年前 11 个月 CPI 同比上涨 0.9%，较 2020 年同期 2.7% 的增速下降 1.8 个百分点。从食品来看，2021 年前 11 个月食品价格平均增速为 −1.4%，导致 CPI 下降约 0.28 个百分点，而 2020 年同期食品价格增速为 11.5%，拉动 CPI 上升约 2.30 个百分点。从非食品来看，2021 年前 11 个月非食品价格平均上涨 1.4%，导致 CPI 上涨约 1.12 个百分点，而 2020 年同期增速为 0.4%，拉动 CPI 上升约 0.32 个百分点。从另一个分类角度来看，2021 年前 11 个月消费品价格平均同比上升 0.9%，导致 CPI 上升约 0.58 个百分点，而 2020 年同期增速为 3.9%，拉动 CPI 上升约 2.53 个百分点；2021 年前 11 个月服务价格平均同比上升 0.9%，导致 CPI 上升约 0.32 个百分点，而 2020 年同期增速为 0.6%，拉动 CPI 上升约 0.21 个百分点。由此可见，2021 年 CPI 同比增速下降主要是由以食品为代表的消费品价格同比增速下降所导致。

进一步从食品的分项来看，食品中猪肉价格对 CPI 的影响最大，其变化如图 46 所示。2021 年前 11 个月猪肉价格累计同比增速为 −29.8%，导致 CPI 同比增速下降约 0.73 个百分点，而 2020 年同期同比上涨 56.7%，导致 CPI 同比增速上升约 1.88 个百分点，主要是因为非洲猪瘟的负面影响消失，猪肉供给完全恢复，2021 年猪肉价格大幅下跌，而上年同期猪肉价格处于历史高位。从图 47 所示的日高频猪肉批发价格可以看出，猪肉价格自 2018 年 5 月下旬从下降周期转为上升周期，2018 年下半年出现的非洲猪瘟疫情引发了超级猪周期，使得猪肉价格于 2019 年 10 月底达到历史最高价，随后在历史高位震荡并持续至 2021 年初，2021 年 2 月以来由于猪肉供给逐渐恢复导致猪肉价格快速下跌，10 月跌至历史低位后有所反弹。由于当前的猪肉价格已经回到历史正常水平，课题组预计，2022 年猪肉价格将稳中有升，同时考虑到基数下降，2022 年

[①] 课题组用不同方法（如解方程和回归分析）的结果都是稳健的，而且与国家统计局的家庭消费支出的微观调查数据基本一致，说明课题组研究分析的结果是合理的。

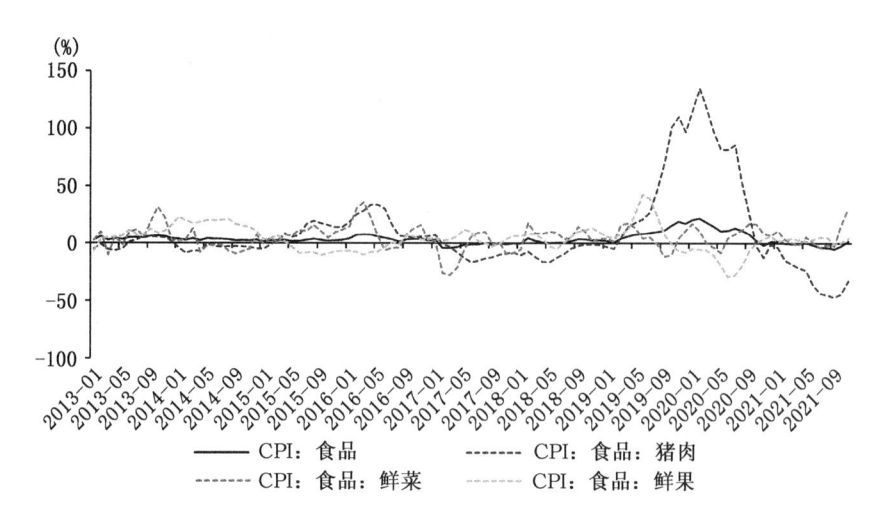

数据来源：国家统计局。

图46 猪肉、鲜菜和鲜果价格同比增速

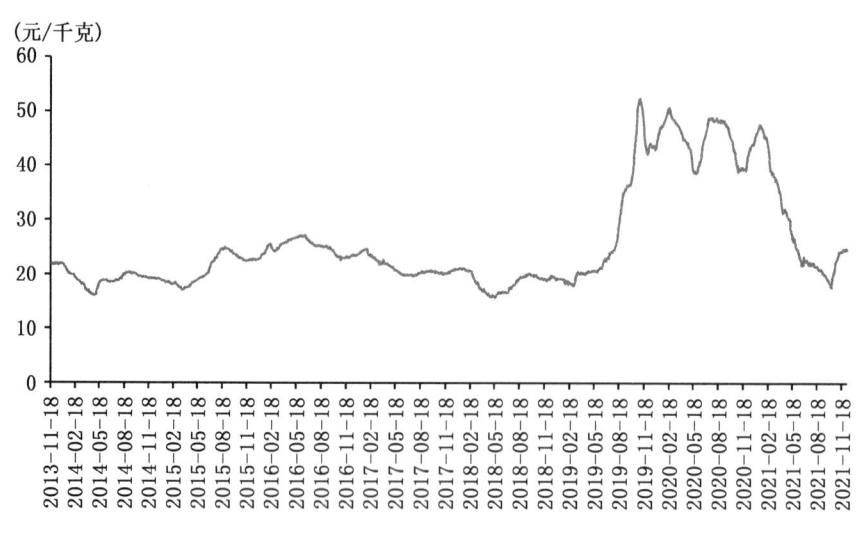

数据来源：农业农村部。

图47 猪肉平均批发价格

猪肉价格同比增速将大幅上升并由负转正。除猪肉外，鲜菜、鲜果价格对CPI也有重要的影响。2021年前11个月鲜菜价格累计同比上升5.1%，导致CPI同比增速上升约0.13个百分点，而2020年同期同比增速为7.2%，导致CPI同比增速上升约0.17个百分点。值得注意的是，受降雨天气、夏秋换茬、局部地区疫情散发及生产运输成本增加等因素叠加影响,10月、11月鲜菜价格同比大幅上涨。2021年前11个月鲜果价格累计同比上涨2.7%,导致CPI同比增速上升约0.05个百分点,而2020年同期同比增速为−12.4%,导致CPI下降约0.22个百分点。猪肉、鲜菜和鲜果加在一起共拉低CPI约0.55个百分点,而2020年同期这三项共拉高CPI约1.83个百分点,因此2021年前11个月猪肉、鲜菜和鲜果价格合计对CPI的贡献较2020年同期下降约2.38个百分点。基于以上分析,考虑到基数效应和疫情防控以及猪肉价格变化趋势等因素的影响,课题组预计,2022年食品价格对CPI的拉动作用将较2021年有明显上升。

如前文所说,2021年前11个月非食品价格累计同比增速较2020年同期明显上升。如图48所示,2021年非食品价格同比增速快速上升,1月同比增速为自2010年以来最低值−0.8%,随后快速上升,11月同比增速达到历史高位。从分类来看,2021年前11个月内交通通信类价格同比增速大幅上升,主要是因为受国际油价影响,汽油和柴油价格大幅上升;教育文化娱乐类、居住类价格同比增速上升也较为明显,主要是因为经济恢复基本正常以及上年同期因疫情防控导致的低基数效应。与2020年同期相比,2021年前11个月价格累计同比增速明显上升的是交通通信类价格(同比上涨4.1%),增幅为7.6个百分点;明显下降的是医

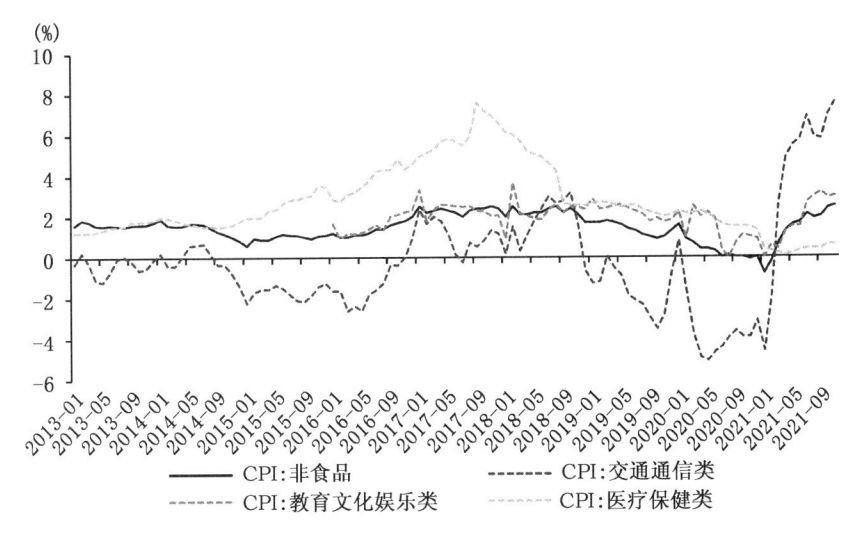

数据来源:国家统计局。

图 48 交通通信类、教育文化娱乐类、医疗保健类价格同比增速

疗保健类(同比上涨0.4%),降幅为1.5个百分点。值得一提的是,医疗保健类价格同比增速从2018年9月起一直保持相对平稳的趋势,2020年新冠疫情发生以后开始下降,直到2021年4月达到自2006年以来的最低值,这主要是因为国家调低了西药特别是进口西药的价格。总体而言,2021年前11个月非食品价格同比增速较上年同期明显上升,考虑到国内外经济恢复和国际原油价格波动,课题组预计,2022年非食品价格同比增速将较2021年略有上升。

总体来看,2021年CPI同比增速受经济复苏、疫情防控常态化和猪肉价格下跌等因素影响温和上涨,11月回到"2"以上;核心CPI同比增速同样温和上涨至"1"以上。考虑到基数效应、疫情反复和大宗商品价格波动等因素的综合影响,课题组预计,2022年CPI平均同比增速将较2020年有明显上升。

下面分析PPI的走势。如前文所述,2021年前11个月PPI同比增速大幅上升,10月同比增速创下历史新高达13.5%,11月略有回落但仍处历史高位。2021年前11个月PPI累计同比增速为7.9%,其中生产资料同比增速为10.4%,生活资料同比增速为0.3%。根据课题组的分析,生产资料出厂价格对PPI的影响(即生产资料的权重)约占74%,生活资料出厂价格对PPI的影响(即生活资料的权重)约占26%,这与之前一段时间生产资料与生活资料产出分别占整个工业产出的比例基本一致。由于生产资料占比较大,且其本身价格波动亦较大,因此PPI同比增速的变化与生产资料价格同比增速的变化几乎完全一致。事实上,2021年前11个月生产资料的价格变化影响PPI同比上涨约7.7个百分点。

进一步的分析显示,2021年前11个月PPI同比增速大幅上升(相较于2020年同期−2.0%的增速上升9.9个百分点),一方面是由于国际油价的大幅上升,另一方面是由于刺激政策和全球经济加速恢复以及全球"能源危机"等导致其他大宗商品价格亦大幅上涨。PPI定基价格指数(2016—2020年数据基期为2015年,2021年数据基期调整为2020年)2018—2019年在高位小幅波动,2020年受新冠疫情和国际油价影响先降后升,2021年基期调整后继续上升,见图49。下面看一下国际原油价格变化趋势,如图50所示,石油输出国组织(OPEC+)于2016年11月30日正式达成了此前8年来首份减产协议,该减产协议随后又被多次延长,

(2010年=100)

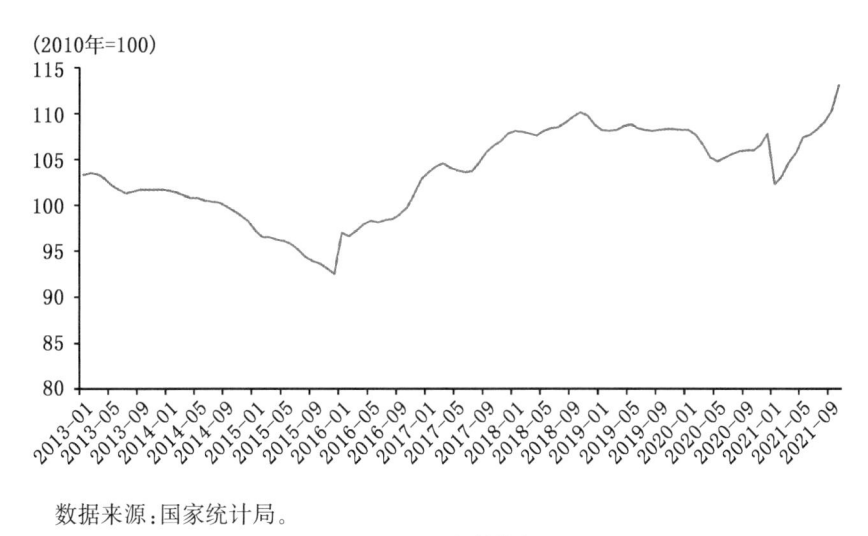

数据来源:国家统计局。

图 49　PPI 定基指数

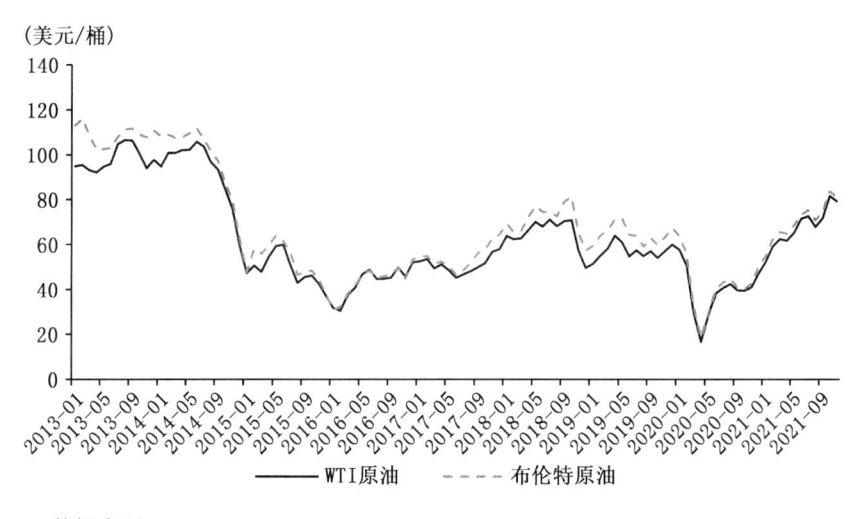

(美元/桶)

——WTI原油　----布伦特原油

数据来源:EIA。

图 50　国际原油价格

因此国际原油价格从 2017 年起震荡上行。2018 年 10 月,叠加美国制裁伊朗的影响,创下近年来的最高价。2019 年高位震荡。2020 年 3 月,沙特与俄罗斯进行石油战,双方大幅增产导致国际原油价格疯狂下跌,甚至原油期货合约出现价格为负的历史奇观;5 月,OPEC＋新的减产协议使得国际原油价格迅速反弹,然而全球新冠疫情蔓延降低了石油相关产品的需求,国际原油价格仅反弹至一个较低的水平。随着疫情逐渐好转以及全球经济逐渐复苏并扩张,国际原油价格从2020年12月起开始攀升,2021年4月、7月、10月OPEC+都达成温和增产协议,但不断扩大的供需缺口使得10月国际原油价格超过2018年的最高价,11月受美国释放战略石油储备的影响,国际原油价格有所下降。由此,2021年前11个月WTI原油和布伦特原油价格平均同比增速分别为93.4%和89.2%,如图51所示。考虑到基数效应、疫情反复、OPEC+温和增产与美国释放战略石油储备的博弈,以及全球经济扩张对石油相关产品需求等因素的影响,课题组预计,2022年原油价格将保持高位震荡,受基数影响,同比增速将有所下降。

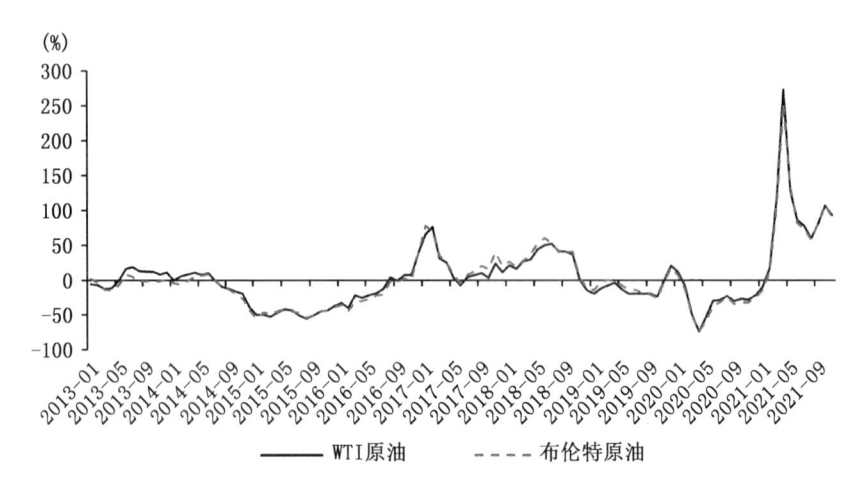

数据来源:上海财经大学高等研究院。

图51 国际原油价格同比增速

2020年新冠疫情在全球暴发以后,多个国家都推出了积极的经济刺激政策来应对疫情冲击,助力经济恢复。以美国为例,其先是在2020年3月推出了无限量化宽松政策,然后又在2021年3月通过了1.9万亿美元的财政刺激法案。此外,尽管主要经济体都已经大规模接种了新冠疫苗,但不断出现的变异毒株使得全球新冠疫情不断反复,导致世界经济恢复缓慢。经济政策的滞后影响、新冠疫情对全球供应链的冲击,以及世界经济复苏,使得以能源、钢铁、矿产为代表的大宗商品价格从2020年下半年以来快速上涨,如图52所示。尽管矿产类价格在2021年下半年大幅回落,但能源类、钢铁类价格依然波动上涨,推动中国大宗商品价格指数波动上涨。综合考虑基数效应、全球新冠疫情反复、刺激政策的滞后影响、国内外经济扩张等各种因素对大宗商品价格进而PPI的影响,课题组预计,2022年PPI同比增速将见顶后回落,震荡下行。

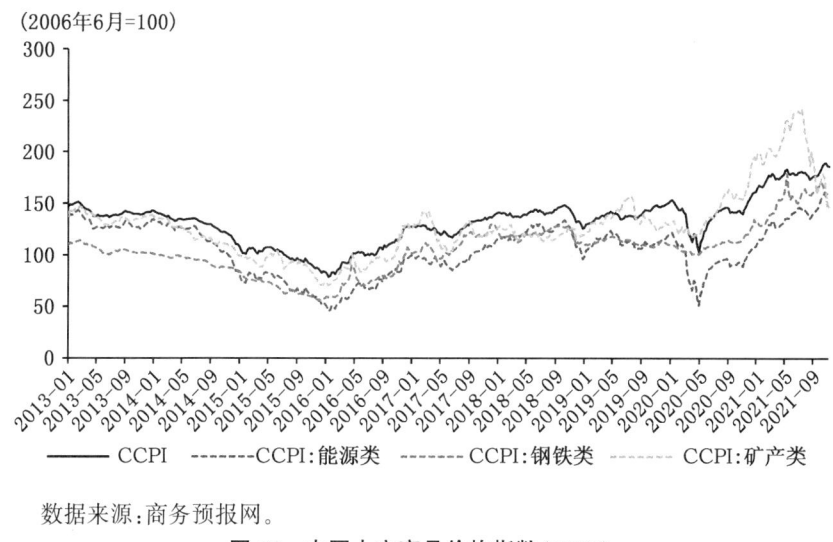

图 52 中国大宗商品价格指数(CPPI)

数据来源:商务预报网。

因此,综合考虑基数效应、全球新冠疫情反复、猪肉价格等对食品价格的影响、刺激政策的滞后影响、国内外经济复苏以及原油等大宗商品价格的变化趋势等各种因素,课题组认为,2022年CPI年均增速将较2021年有明显上升;PPI同比增速将见顶回落,震荡下行,较2021年大幅下降;相应地,GDP平减指数同比增速也将有所下降。

值得注意的是,CPI和PPI的剪刀差本质上反映了工业中处于上中下游的企业利润结构性差异。一般来说,出厂价格上升,企业盈利可能提高。尽管国家统计局工业企业利润数据的确表现良好,然而经过深入分析不难看出其中存在明显的结构性差异。根据国家统计局最新数据,2021年前10个月工业企业利润总额累计同比上升42.2%,其中大中型工业企业[①]利润总额累计同比上升49.8%,而其他小型工业企业利润总

---

① 大中型工业企业是指从业人员大于等于300人、营业收入大于等于2 000万元的企业。

额累计同比仅上升约27%①,受基数影响,增速总体呈现下降趋势。就近几个月来说,8月受疫情影响,利润有所下降,随着疫情控制得当,9月、10月无论是大中型工业企业还是其他小型工业企业利润都有好转,其中8月、9月、10月大中型工业企业利润当月同比增速分别为16%、17.5%和27.3%,而其他小型工业企业利润当月同比增速分别为-1.7%、3.8%和26.7%,明显低于大中型工业企业,特别是8月和9月,利润波动大且不稳定。进一步分析可以看出,在2021年10月纳入工业企业统计的406 300家单位中,大中型工业企业占比11.6%,而其他小型工业企业占比高达88.4%,而占比11.6%的大中型工业企业产生约74%的利润。由此可见,占绝大多数的小型工业企业面临着利润空间小、生存压力大的问题。

从上面分析可以看出,尽管整个工业企业利润似乎较高,但存在显著的结构性差异,特别是小工业企业利润波动大且不稳定,值得关注。课题组认为主要有以下几方面的原因:首先,从供给端来看,大宗商品价格的快速上涨给上游企业带来利润增长的同时,也提高了下游企业的生产成本;其次,人工成本也在逐渐上升,进一步加重了企业的负担。值得注意的是,许多小企业从事的是下游产业,而且是劳动密集程度相对较高的行业,原材料和劳动力成本的叠加增长将使得中小企业的负担加重。CPI中的消费品处于产业链的下游,除了受供给影响外,很大程度上还受需求的影响。从需求端来看,国内的消费比较疲软,有效需求不足。根据国家统计局的最新数据,2021年8月社会消费品零售总额实际同比增速仅为0.9%,9月得益于疫情控制得当,实际同比增速上升到2.5%,但依然较低,10月又略微下降到1.9%。尽管2021年年出口增速较高,前11个月出口累计增速为31.1%②,但这主要是因为一些东南亚国家受新冠疫情影响,其订单流回到国内,而且出口价格也有一定程度的上升,其中10月相较于上年同期出口价格增长8.1%,出口数量增长11.3%。然而,展望未来,随着疫苗接种率逐渐提高,疫情的影响也越来越小,加上复杂的国

---

① 其中,工业企业和大中型工业企业数据来自Wind(原始数据来源于国家统计局),其他小型工业企业由课题组根据Wind的利润数据计算得到,下同。

② 这是以美元计价的出口额增速。受汇率影响,相应的以人民币计价的出口累计增速为21.8%。数据来源于Wind、海关总署。

际政治经济形势,一些订单很可能重新流回东南亚,这样一些小企业将面临严峻的生存压力(高成本、低需求)。为此,需要密切关注企业成本上升压力加大的问题,尤其需要关注下游中小企业利润率和生产经营情况,通过"放管服"和精准施策,助力企业纾困解难,推动工业经济持续稳定发展。

(六)坚持实施正常的货币政策,金融市场整体平稳运行

2021年以来,我国坚持实施正常的货币政策,货币供应增速基本回归至新冠疫情前的水平。货币供应方面,截至2021年11月,M2余额为235.6万亿元,同比增长8.5%,较10月回落0.2个百分点,比上年同期下降2.2个百分点,M2增长中枢自4月以来回归至疫情前8.5%的水平;M1余额为63.75万亿元,同比增长3%,较10月上升0.2个百分点,比上年同期下降7个百分点;M0余额为8.74万亿元,同比增长7%,较9月上升1个百分点,比上年同期下降3.1%。需要注意的是,当前M1的增速较M0的增速低4.2个百分点,这主要是企业活期存款增速持续下降的结果,由于我国企业活期存款主要用于企业转账结算,因此持续下降的企业活期存款增速则是当前企业经营活力下降的反映。

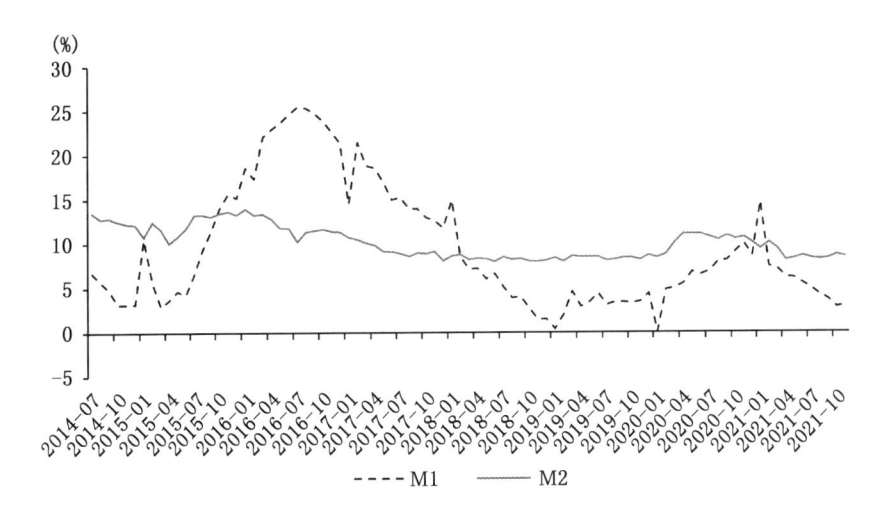

数据来源:中国人民银行。

图53 货币供应各项增速

从M2的分布来看,2021年1—11月人民币存款累计新增18.51万

亿元,同比少增 1.34 万亿元;外币存款累计新增 1 287 亿美元,同比少增 44 亿美元。受企业经营活力下降、居民收入增速放缓叠加房地产行业景气度下降的影响,企业和居民有效融资需求下降,进而导致派生的存款增幅下降。具体地,居民户存款累计新增 8.01 万亿元,同比少增 1.62 万亿元;非金融企业存款累计新增 2.39 万亿元,同比少增 3.08 万亿元。而财政存款方面,2021 年前 10 个月由于可投项目不足,财政资金使用效率下降,财政存款增幅较上年进一步扩大,而进入 11 月财政资金使用效率明显提升,财政存款增幅明显缩小。具体地,财政存款累计新增 1.59 万亿元,同比多增 2 448 亿元,较 10 月末同比增幅下降 5 424 亿元。与新冠疫情前不同的是,非银行金融机构存款呈现爆炸式增长,1—11 月非银行业金融机构存款累计新增 4.39 万亿元,同比多增 2.77 万亿元,为 2016 年以来同期最高水平。虽然从 M2 的各来源结构来看,如图 54 所示,截至 2021 年 11 月,存款性公司对其他金融部门的债权同比仅增加 0.87%,而对非金融部门的债权同比增加 10.03%。但前者已回升至上年第二季度货币政策最宽松时的水平,而后者则下降至 2018 年以来的最低水平。这使得金融系统杠杆率上升明显,实体部门获得的金融资源比例则相对下降。

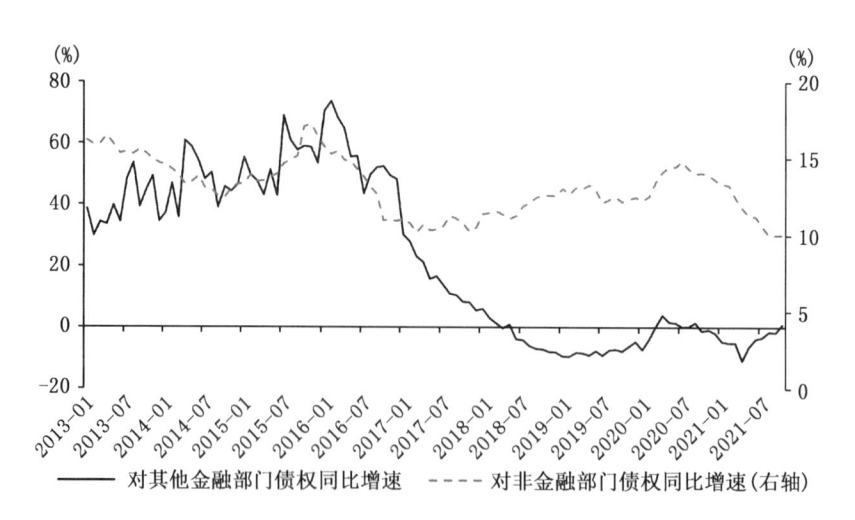

数据来源:中国人民银行。

图 54　存款性公司概况(部分)

社会融资方面,从社会融资规模存量的增速来看,截至 2021 年 11 月,社会融资规模存量为 311.9 万亿元,同比增加 10.11%,较 10 月上升

0.08个百分点,比上年同期下降3.49个百分点,较M2增速高1.61个百分点。社会融资增速的下降与M2增速中枢回归至新冠疫情前水平相辅相成。随着M2增速回归至围绕增长中枢波动的区间,预计社会融资规模存量的增速也将逐渐进入小幅波动的区间。其中,人民币贷款、企业债券净融资和政府债券融资占比较高,同比增速分别为11.76%、7.72%和14.44%。

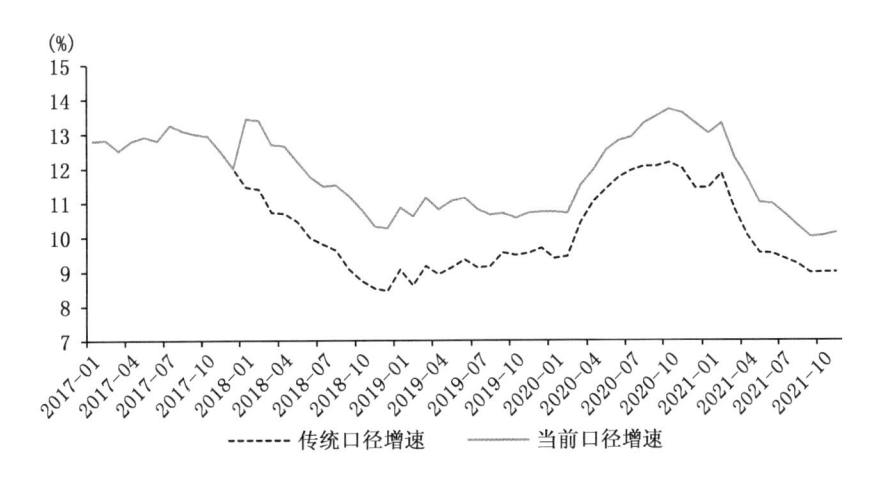

数据来源:中国人民银行。

图55　社会融资规模存量同比增速

从社会融资规模的增量来看,2021年1—11月社会融资累计新增28.96万亿元,同比少增4.18万亿元。其中,1—11月人民币贷款累计增加18.91万亿元,同比多增201亿元,约占社会融资总量的65.27%,较上年同期水平上升8.29%。中长期贷款累计新增14.61万亿元,同比多增8 541亿元,短期贷款以及票据融资累计新增3.97万亿元,同比少增9 425亿元。从新增人民币贷款的投向来看,增量信贷主要投入到中长期贷款中。非金融企业贷款方面,2021年1—11月非金融企业及机关团体的贷款累计新增11.36万亿元,同比少增2 167亿元。其中,非金融企业的中长期贷款累计同比多增6 407亿元,非金融企业的短期贷款累计同比少增1.65万亿元,非金融企业的票据融资累计同比多增6 865亿元。居民贷款方面,2021年1—11月居民户的贷款累计新增7.55万亿元,同比多增2 419亿元。其中,居民户的中长期贷款累计同比多增2 134亿元,居民户的短期贷款累计同比多增 185 亿元。在房地产行业不景气以及坚持"房住不炒"的背景下,累计新增居民户贷款增速已回归至新冠疫情前水平。

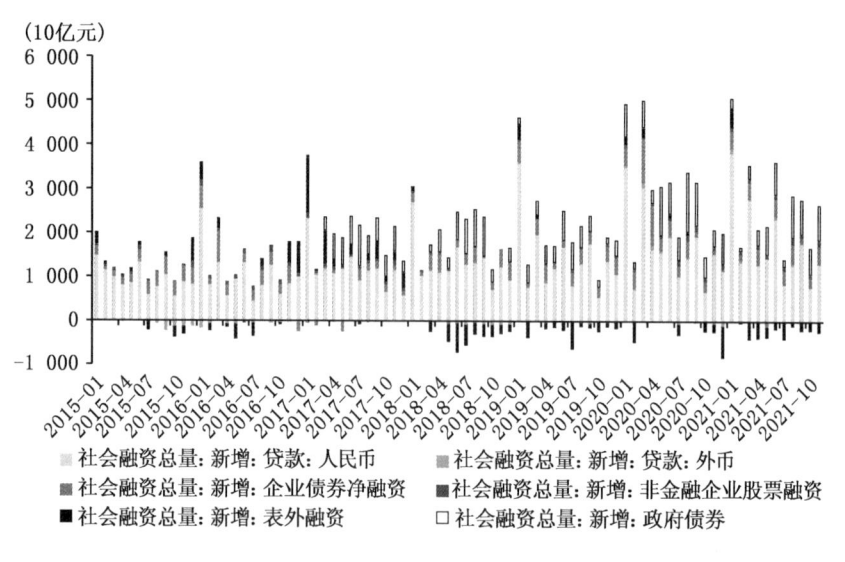

数据来源:中国人民银行。

图 56　社会融资结构

其他间接融资方面,截至 2021 年 11 月,对实体经济发放的外币贷款折合人民币累计增加 23 648 亿元,同比少增 66 亿元。而表外融资方面,信托贷款、委托贷款以及未贴现银行承兑汇票规模延续下降趋势,2021 年前 11 个月表外融资累计减少 2.03 万亿元,同比多减 1.45 万亿元。分项来看,截至 2021 年 11 月,未贴现的银行承兑汇票累计减少 3 497 亿元,同比少增 7 460 亿元;委托贷款累计减少 1 280 亿元,同比少减 2 115 亿元;信托贷款累计减少 1.56 万亿元,同比多减 9 152 亿元。

直接融资方面,2021 年前 11 个月企业债券净融资累计增加 3.04 万亿元,同比少增 1.36 万亿元,约占社会融资总量的 10.51%。政府债券融资累计增加 5.85 万亿元,同比少增 1.77 万亿元,约占社会融资总量的 20.21%。股票融资方面,2021 年前 11 个月非金融企业股票融资累计增加 1.03 万亿元,同比多增 2 484 亿元,约占社会融资总量的 1.2%。

综上所述,2021 年前 11 个月,M2 增速中枢回归至新冠疫情前水平,社会融资总额存量增速持续下降,在人民银行坚持正常货币政策的背景下,关键数量型指标基本回归至正常水平。在流动性投放方面,7月15日人民银行全面下调存款准备金率0.5个百分点,共计约释放长期流动性1万亿元。1—11月,SLF余额同比减少80.67亿元,MLF余额同比增加2 000亿元,公开市场操作净回笼6 000亿元。截至2021年11月末,银行间市场存款类机构7天期回购(DR007)加权平均利率为2.4%,较10月末上升0.06个百分点,同比上升0.09个百分点。进入2021年第二季度以来,DR007和7天期公开市场操作利率之差始终维持在40个基点以内。此外,人民银行还将在2021年12月15日全面下调存款准备金率0.5个百分点。总体而言,市场整体流动性保持稳定。基于此,11月LPR报价一年期利率和五年期利率分别为3.85%和4.65%,同比不变。

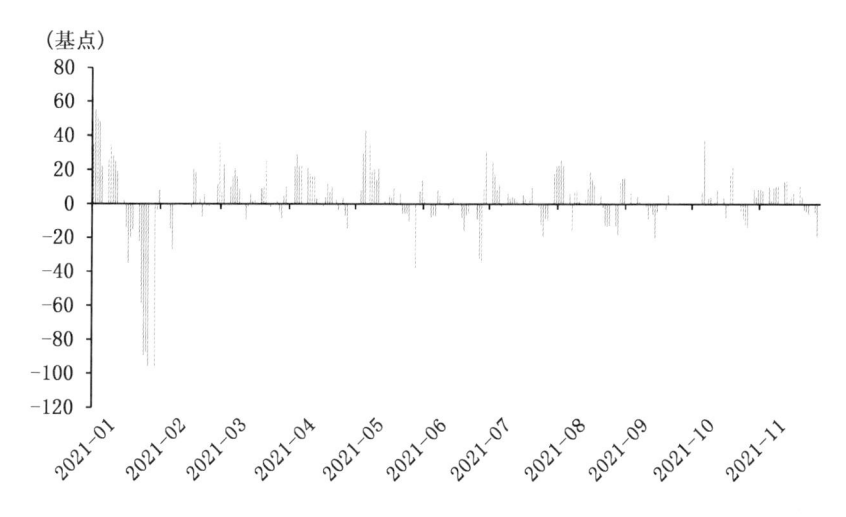

数据来源:中国人民银行、上海财经大学高等研究院。

图57　DR007与7天期公开市场操作利率之差

从贷款的利率水平看,如图58所示,票据融资的加权平均利率自2021年第一季度以来持续下降,一般贷款利率保持平稳,个人住房贷款利率稳中有升。截至2021年9月,各类贷款的加权平均利率为5.0%,同比下降0.12个百分点,环比上升0.07个百分点。其中,一般贷款的加权平均利率为5.3%,同比下降0.01个百分点,环比上升0.1个百分点;票据融资的加权平均利率为2.65%,同比下降0.58个百分点,环比下降0.29个百分点;个人住房贷款的加权平均利率为5.54%,同比上升0.18

个百分点,环比上升 0.12 个百分点。① 除个人住房贷款外,实体部门的融资成本稳中有降,虽然其中主要贡献来自票据利率的持续下降,但更能代表实体部门融资需求的一般贷款利率也下降至 7 年来的最低水平。

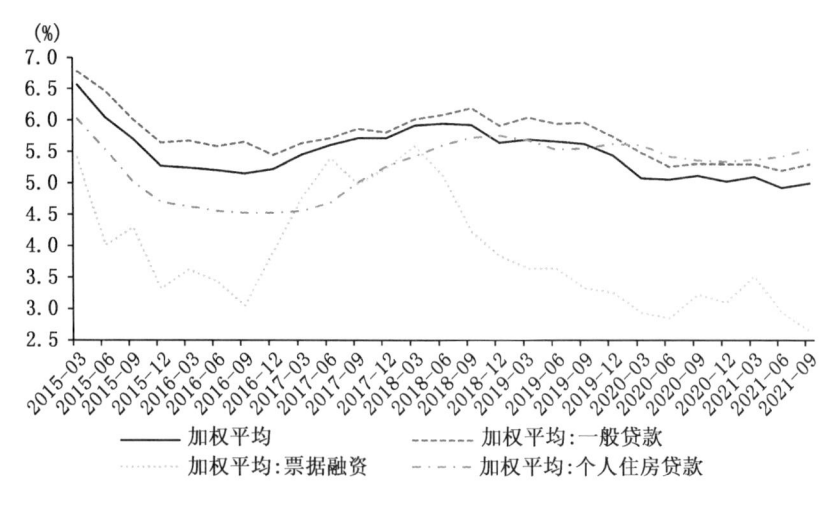

数据来源:中国人民银行。

图 58　贷款加权平均利率

实体经济的融资成本总体稳中有降,企业付息压力似乎有所缓解,如图 59 所示,2021 年 1—11 月发生违约的债券共计 160 只,较 2020 年减少 29 只。其中,涉及中央国有非金融企业的违约债券数为 16 只,较 2020 年减少 14 只;涉及地方国有非金融企业的违约债券数为 35 只,较 2020 年减少 3 只;涉及民营非金融企业的违约债券数为 97 只,较 2020 年增加 1 只。从涉及资金的规模来看,如图 60 所示,2021 年 1—11 月非金融企业债券违约涉及资金规模为 1 846.9 亿元,虽然中央国有企业的占比较上年有所下降,但地方国有企业的占比较上年显著上升。其中,中央国有非金融企业债券违约涉及资金规模为 285 亿元,地方国有非金融企业债券违约涉及资金规模为 469.8 亿元,较 2020 年全年涉及的规模分别减少 204.5 亿元和增加 272.2 亿元。

---

① 根据融 360 大数据研究院的数据,6 月末首套房和二套房贷款平均利率分别为 5.4% 和 5.67%,同比分别上涨 0.12 和 0.17 个百分点,较年初分别上涨 0.18 和 0.14 个百分点。

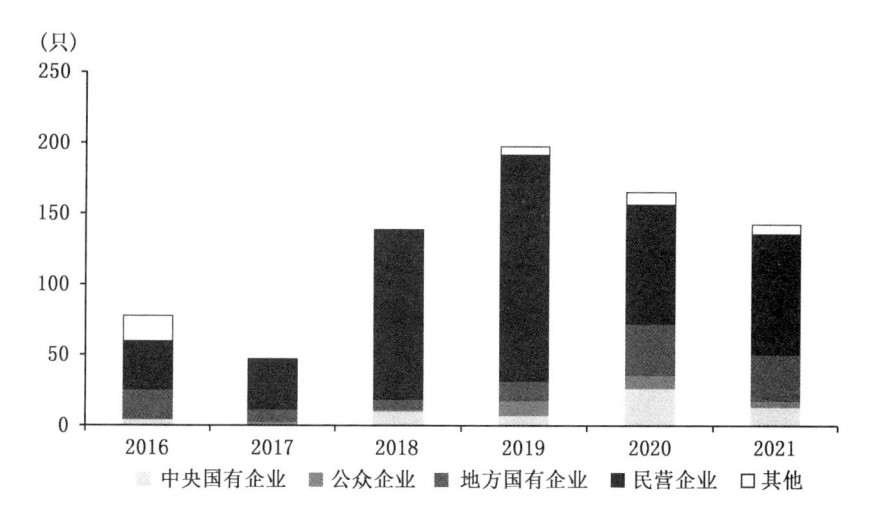

数据来源：上海财经大学高等研究院。

图59 违约债券数：按企业类型分

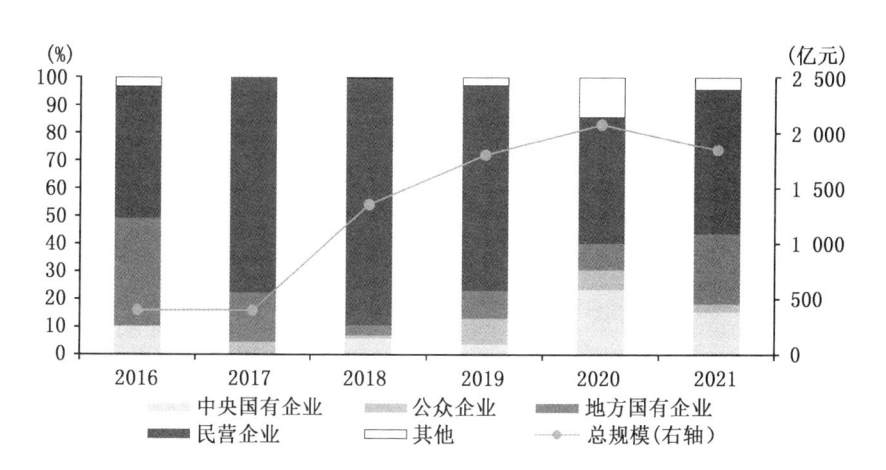

数据来源：上海财经大学高等研究院。

图60 违约债券资金占比和规模：按企业类型分

从违约率来看，如图61所示，虽然民营企业的违约率在2020年不升反降，但进入2021年以来，民营企业违约率持续上升，11月末民营企业的违约率为7.1%，较上年末上升0.73个百分点，这主要与2021年前三季度信用环境较上年有所收紧且经济运行面临新的下行压力有关。同民营企业类似的是，中央国有企业的违约率也再次上升。与之形成对比的是，地方国有企业的违约率在2021年第一季度末达到峰值之后开始逐渐下降,11月末地方国有企业的违约率为1.67%,较第三季度末下降0.68个百分点。从2022年将要到期的非金融企业债券来看,2022年企业债券的到期量约为8万亿元,较2021年少3.3万亿元。2022年的兑付压力将小于2021年,未来企业的违约风险主要来自新的下行压力:2022年海外金融条件收紧、生产成本上升、全球经济复苏不确定性加大、供应链摩擦加剧、国内经济结构调整深化等。

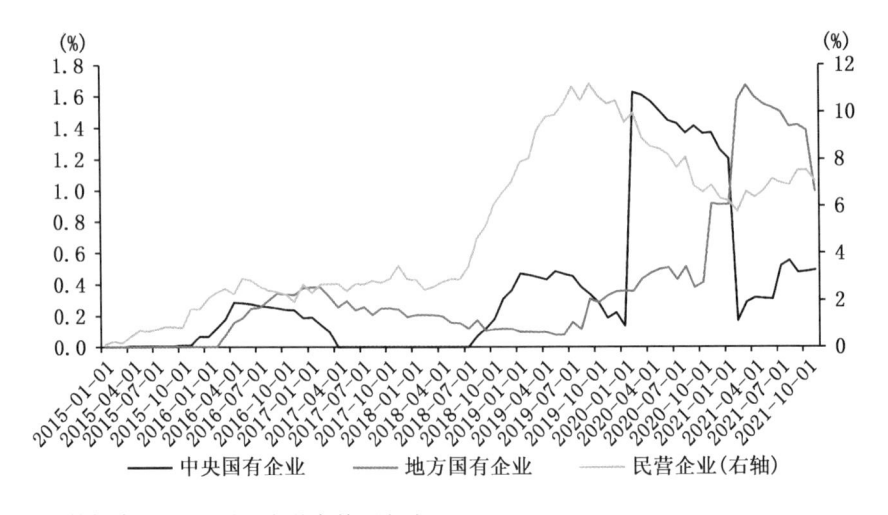

数据来源:上海财经大学高等研究院。

图61 非金融企业债券违约率

具体地,虽然当前我国经济,尤其是工业领域稳步复苏,但我国经济复苏的基础仍有待巩固。其中,2021年前三季度GDP累计同比增长9.8%,前11个月累计工业增加值的两年平均增速为10.9%,高出2019年的同期水平约1个百分点。但2021年前三季度GDP的两年平均增速为5.2%,较工业增加值增速低1.1个百分点,居民收入的两年平均增速距2019年同期水平还有一定差距,使得消费的复苏程度及其可持续性均有一定的不确定性。而通胀方面,虽然大宗商品价格上涨迅速,但不论是CPI和核心CPI还是生活资料PPI,均不足1%。

更重要的是,当前企业一方面受到由大宗商品价格迅速上涨带来的成本冲击,另一方面产能还受"双碳"目标的制约,叠加复苏缓慢的终端需求,这些可能在2021年第四季度甚至2022年年初对企业经营产生较大压力,企业信用利差上升的压力短期内难以大幅缓解,企业经营风险存在短期内快速上升的可能性。此外,相关文献还发现,快速上升的经营风险会通过违约、破坏投资信心、收缩劳动力需求等渠道放大经济下行压力,造成更大的经济衰退。[①] 由于2020年国内宏观杠杆率大幅上升,前三季度我国货币政策总体保持稳健,关键货币政策中间目标已基本回归至新冠疫情前水平,宏观杠杆率和企业杠杆率下降趋势已经显现[②],课题组认为,货币政策在2022年仍有一定降准的空间。

(七)外汇储备规模总体稳定,人民币汇率双向波动增强

2021年下半年,我国外汇储备规模总体稳定,人民币汇率在合理区间内双向波动。2021年第三季度,外汇储备规模在经历了7月的小幅上涨之后,9月回落至3.2万亿美元,10月小幅上涨,外汇储备规模总体稳定在3.2万亿美元,略高于年初水平。

由于我国疫情防控成效显著,2020年我国经济在全球率先复苏。2021年年初至2月上旬,延续2020年外汇市场形势,人民币表现出强劲的升值趋势,2月10日升至6.43。之后,随着欧美等主要经济体疫苗接种计划的推进,人民币4月初贬至6.57左右水平。第二季度,美元走弱,人民币震荡升值,5月28日升破6.37。美国对通胀预期的调整是美元贬值的原因之一。进入第三季度,人民币7—8月在6.50左右双向波动,之后逐渐升值,10月下旬升破6.40。3月6日,美国参议院通过了1.9万亿美元经济刺激计划,短期内有利于维持受疫情打击的美国普通家庭的生活,刺激美国经济,这带动美元指数上涨,人民币承压。美国总统拜登在3月31日宣布一项总额约2.25万亿美元的基础设施建设一揽子计划,以升级美国现有基础设施,刺激经济复苏和创造就业。4月28日,美国总统拜登在国会联席会议上发表其针对儿童、学生和家庭的总计金额为1.8万亿美元的"美国家庭计划"。10月14日,拜登签署短期提高债务上

---

① 相关文献参见:(1)Chodorow-Reich, Gabriel, The Employment Effects of Credit Market Disruptions: Firm-Level Evidence from the 2008—2009 Financial Crisis. *The Quarterly Journal of Economics*, 2014, 129(1), pp.1—59. (2) Guntin, Rafael, Firms' Rollover Risk and Macroeconomic Dynamics. Working Paper, 2021。

② 国家资产负债表研究中心(CNBS)的数据显示,我国实体经济部门的杠杆率水平从2020年末的270.1%下降至2021年第二季度末的265.4%,两个季度的降幅约为5个百分点,同期非金融企业部门的杠杆率水平约下降3.5个百分点。

限法案,将政府举债能力提高4 800亿美元,以避免美国违约。但在不到两个月后还会再次面临围绕债务和支出的纷争。11月19日,美国众议院通过了拜登力推的规模2万亿美元税收和支出法案,该法案移交参议院后可能面临更多调整。

人民币汇率2021年的走势主要由以下几点原因所导致。从内部环境看,我国经济的持续恢复是人民币升值的关键因素,这对人民币的稳定形成支撑。5月31日下午,中国人民银行决定上调金融机构外汇存款准备金率,为加强金融机构外汇流动性管理。中国人民银行决定,自2021年6月15日起,上调金融机构外汇存款准备金率2个百分点,即外汇存款准备金率由现行的5%提高到7%,这会抑制人民币的过度升值,有助于维持人民币汇率的稳定。人民银行自2021年12月15日起,再次上调外汇存款准备金率,由现行的7%提高到9%,通过调节外汇市场美元流动性,缓解人民币短期超调升值的压力。在金融对外开放方面,7月21日,中国人民银行副行长陈雨露表示,国务院常务会议要求优化外资银行保险等金融机构准入门槛的要求,完善金融机构母子公司跨境往来的规则,优化外资参与境内金融市场的方式和制度,这是我们努力的方向。9月4日,证监会副主席方星海表示,证监会将坚定不移推进高水平的对外开放,推出更多务实性开放举措,包括:深化境内外资本市场互联互通,完善拓展沪伦通机制;健全境外主体境内发行制度,完善企业境外上市监管制度等。

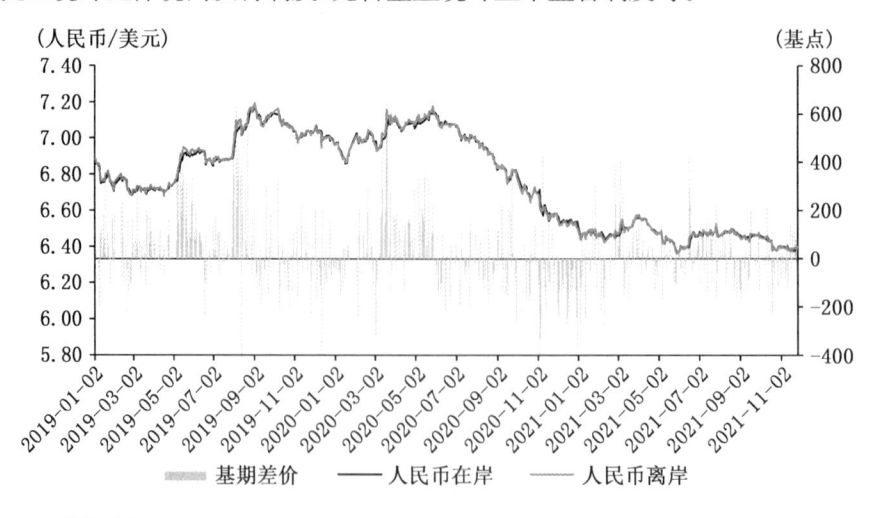

数据来源:Wind。

图62 人民币在岸(USD-CNY)与离岸(USD-CNH)走势

从外部环境看,国外新冠疫情形势和国际军事政治的不确定性是促使人民币升值的主要原因。全球范围内主要经济体疫苗接种计划的推进和经济复苏,提振了我国外需,中国出口全年保持高速增长。2021年前5个月,通胀预期持续存在,美债收益率持续上行。2021年6月9日,美债收益率向下突破1.5%,按收盘价创3月以来最低点,5月下旬以来,美债收益率已经累计下行约20基点。此外,6月的FOMC会议点阵图预示2023年或将加息两次,表明了联储货币政策正常化的决心。9月22日,美联储9月FOMC会议释放偏鹰的政策信号,市场预期美联储提前在2022年年中结束缩减债券购买,加息时点可能提前至2022年年底之前。这进一步推动美债收益率下行。美债收益率的下行将再次增大中美利差,使得人民币面临进一步升值压力。此外,经历了第一季度的调整后,中国证券资产性价比凸显,海外机构加大对中国金融资产的购买,北向资金出现大幅流入,这对人民币升值也起到一定的推动作用。

课题组使用标准化的外汇储备变动幅度除以标准化的汇率变动幅度建构的外汇干预指数(见图63),指标越接近"1",表明外汇干预程度越大。从上海财经大学高等研究院构建的指数可以看出,2021年年初央行干预程度较小,但3月以来,随着人民币升值压力逐渐加大,外汇干预指数有所升高,央行干预汇市的力度有所增强,反映出央行维持人民币汇率在合理区间波动的决心。第三季度以来,央行干预汇市的力度与第二季度基本持平,尤其是7月突然大幅上升。这显示出因为疫情和国际政治经济局势导致的内外部环境不确定性较大,人民币面临贬值压力时,央行及时加大政策力度,稳定市场情绪和预期,使人民币汇率在合理的区间内波动。

结合美联储货币政策、美元指数变动、人民币升的预期以及跨境资本流动管理等几方面因素,课题组预估人民币兑美元汇率2022年或将在6.4附近宽幅双向波动;若国内外疫情得到有效控制、中美关系向好,2022年人民币汇率可能会小幅升值;若发生重大"黑天鹅"事件,例如新冠疫情再次暴发、中美贸易摩擦突然严重升级,预计人民币汇率将跌落至6.8左右。课题组对人民币汇率2022年走势判断主要基于如下理由:

第一,人民币汇率度量了人民币相对于美元的地位强弱,因此人民币汇率未来的走势在很大程度上取决于美元指数的走势,以及美联储货币

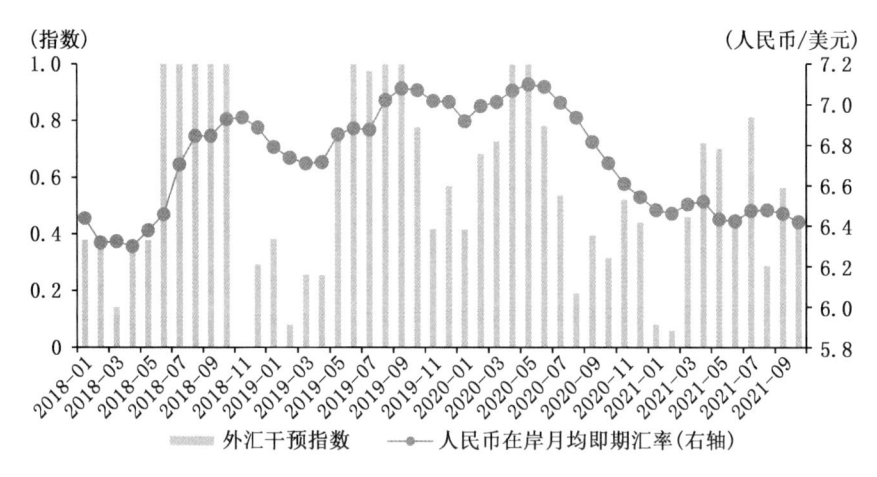

数据来源：Wind、上海财经大学高等研究院。

图 63　外汇干预指数（上海财经大学构建）

政策相应的路径选择。2021年以来，美元指数在疫苗接种、疫情控制和财政刺激等因素共同作用下震荡走高，通胀预期攀升使美国国债收益率上行，促使美元指数有所上升，进入3月底重新升破92。全球经济复苏预期使得产业链上游的大宗商品价格持续走高，美元指数下行。欧洲疫苗接种提速，欧洲经济呈现复苏韧性，非美货币集体反弹再次压低美元指数，美元指数在2021年第二季度明显承压。6月份美元指数跌破90。6月底的FOMC会议中，美联储表态中性偏鹰，美元指数应声上涨。9月22日，美联储9月FOMC会议释放偏鹰的政策信号，市场预期美联储将提前在2022年年中结束缩减债券购买，加息时点可能提前至2022年底以前，美元震荡走强。美元一直是全球最重要的避险货币，每当全球经济波动性加剧或者全球金融市场动荡加剧之时，美元通常会受到投资者的青睐，未来疫情仍存在较大的不确定性，预计2022年美元指数可能将在99左右呈现宽幅震荡（见图64）。

第二，外汇储备规模总体稳定。2020年以来，突发的新冠疫情、内外需疲软、国际金融市场剧烈震荡等一系列内外部不确定性因素，使外储波动增大。但2021年以来，外汇储备总体上规模比较稳定。国际金融市场上，受疫情和疫苗进展、主要国家货币政策及通胀预期、宏观经济数据等因素影响，2021年第一季度，外汇储备规模从年初的3.21万亿美元下降至3.17万亿美元。之后，外汇储备规模连续两个月回升，5月升至3.22

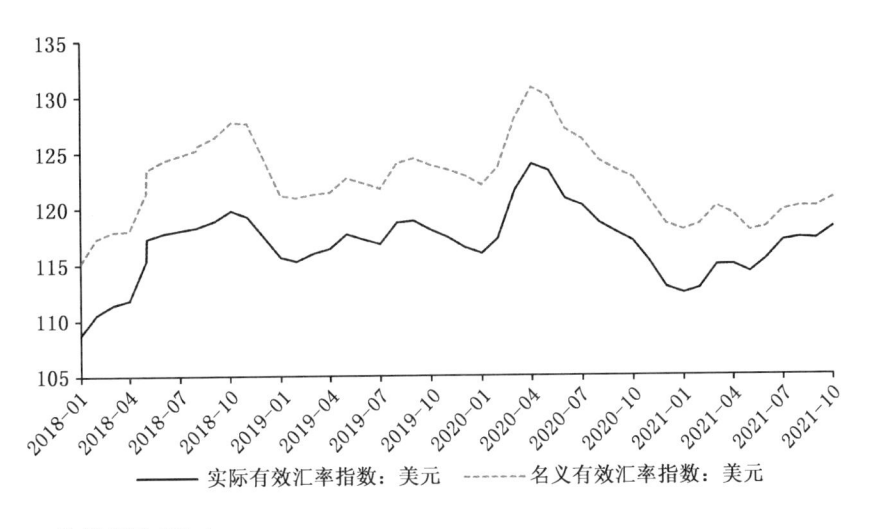

数据来源：Wind。

图 64　美元指数近期走势

万亿美元。2021年第三季度,外汇储备规模在经历了7月的小幅上涨之后,9月回落至3.2万亿美元,10月小幅上涨,外汇储备规模总体稳定在3.2万亿美元(见图65)。外汇储备/M2是国际货币基金组织的新标准,用来衡量外汇储备够不够用,近来呈现下降趋势,2020年末已经下降至10%以下,远低于IMF建议资本账户开放国家所该具备的20%(或是比

数据来源：Wind。

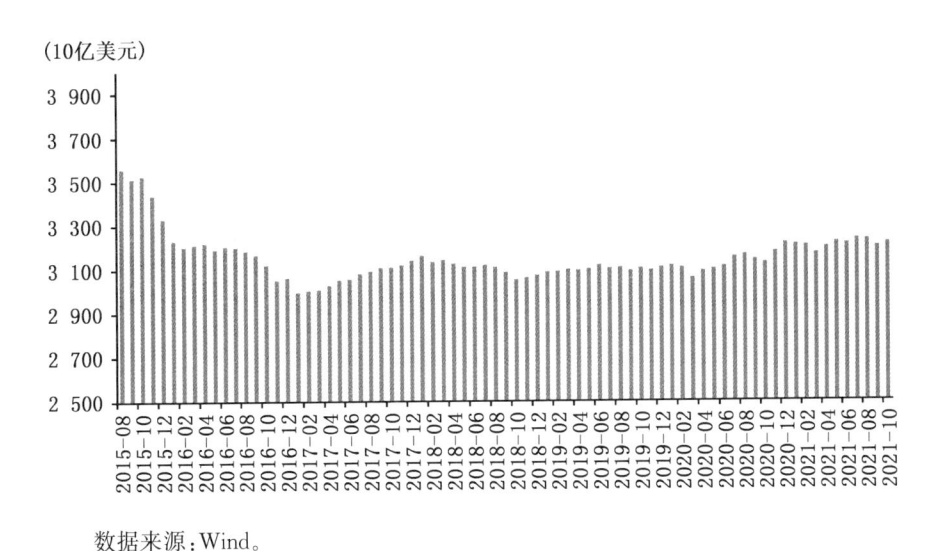

图 65　外汇储备近期走势

对亚洲国家平均约有25%)。2021年以来,外汇储备/M2比例继续下降,10月降至约8.84%的水平(见图66)。

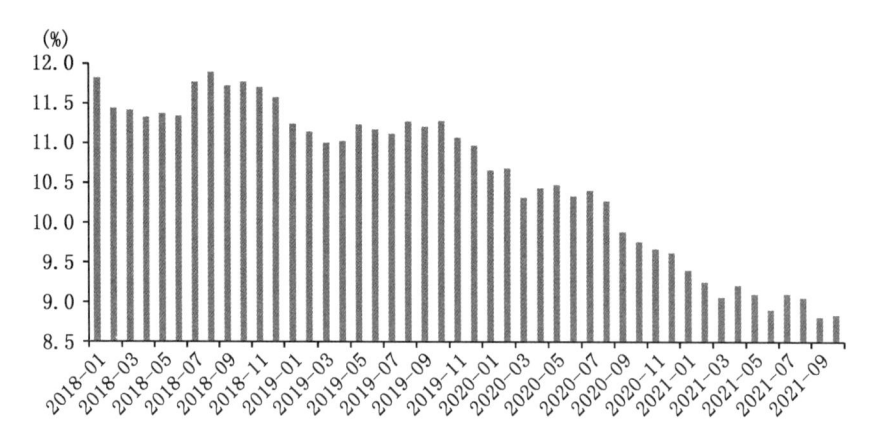

数据来源:Wind、上海财经大学高等研究院。
图66 外汇储备/M2比例

第三,人民币汇率的走势若使用人民币无本金交割远期外汇交易衡量(见图67)可知,2021年,一年期、两年期与三年期远期外汇交易价格均揭示较高的人民币贬值预期,且三者保持较大分化(一年期NDF:2020-12,预期贬值2.13%;2021-03,预期贬值2.73%;2021-06,预期贬值2.39%;2021-11,预期贬值2.71%。两年期NDF:2020-12,预期贬值4.32%;2021-03,预期贬值5.23%;2021-06,预期贬值4.65%;2021-11,预期贬值4.71%。三年期NDF:2020-12,预期贬值6.34%;2021-03,预期贬值7.00%;2021-06,预期贬值6.61%;2021-11,预期贬值6.59%。2021年11月,三年期的远期外汇交易价格指向约6.6%的贬值幅度,高于一年期NDF和两年期NDF的贬值预期,故而长期贬值压力仍不可忽视。

第四,我们从跨国资本流动的变化看近年来央行加强资本管制的效果,以及可能对未来汇率走势的影响。

在国际收支平衡表中,非储备性质的金融账户包括直接投资、证券投资、金融衍生工具和其他投资。非储备性质的金融账户集中反映民间部门的跨境资本流动。从中国非储备性质的金融账户来看(见图68),非储备性质的金融账户在2017年扭转了自2015年"811汇改"以来的大量资

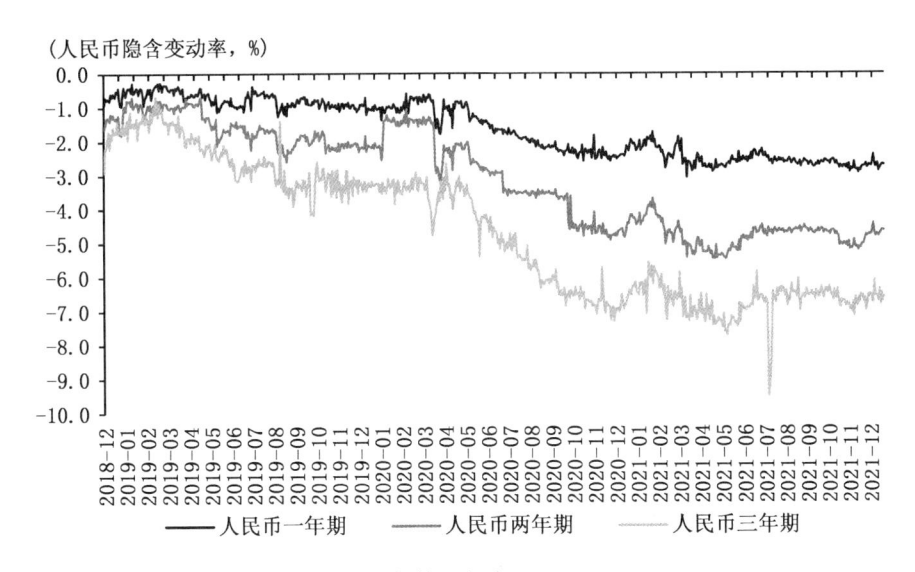

第一章　中国宏观经济发展的即期特征与主要风险

数据来源：Wind、上海财经大学高等研究院。

图 67　人民币无本金交割远期外汇交易

数据来源：Wind。

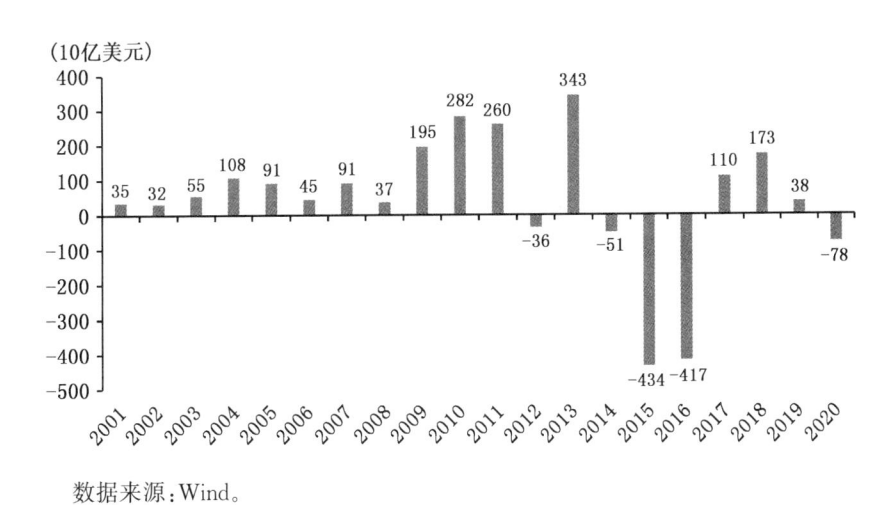

图 68　中国非储备性质的金融账户

本流出的局势,变为资本流入,这与人民币兑美元汇率在 2017 年的较大幅度升值是相对应的,同时也显示了自"811 汇改"之后资本管控政策已见成效。尽管由于中美贸易摩擦,2019 年资本流入大幅减少,但仍为净流入。不过 2020 年由于新冠疫情的冲击,这一数据由正转负。2021 年 1 月,中国人民银行、国家外汇管理局决定将境内企业境外放款的宏观审慎调节系数由0.3上调至0.5,有利于扩大人民币跨境使用,促进跨境资金双向均衡流动。3月12日,中国人民银行、国家外汇管理局决定在深圳、北京开展跨国公司本外币一体化资金池业务首批试点,进一步便利跨国公司企业集团跨境资金统筹使用。6月,国家外汇管理局更新的合格境内机构投资者(QDII)投资额度审批情况表显示,新向17家机构发放QDII额度103亿美元,涵盖基金、证券、银行、保险等各主要类型金融机构,满足各类申请主体跨境投资实际需求。6月24日,为丰富香港地区高信用等级人民币金融产品,完善香港地区人民币收益率曲线,中国人民银行在香港地区成功发行了50亿元6个月期人民币央行票据。7月21日,中国人民银行表示,优化外资银行保险等金融机构准入门槛的要求,完善金融机构母子公司跨境往来的规则,优化外资参与境内金融市场的方式和制度。9月4日,证监会表示,将坚定不移地推进高水平的对外开放,推出更多务实性开放举措。综上,我国金融市场双向开放的稳步推进,国际资金聚焦中国市场。

然而,影响我国跨境资本流动的不稳定不确定因素依然存在。新冠疫情在国内外的发展、中美两国的货币政策、中美贸易摩擦、国际地缘政治风险、国内经济金融领域风险等因素,可能对国际金融市场和国际资本流动造成一定影响,加大跨境资本波动。从净误差与遗漏项来看,短期内不容乐观(见图69)。自2015年"811汇改"以来,尽管我国实行了严格的资本管制,净误差与遗漏项所隐含的资本流出已经接连3年呈现2 000多亿美元的规模。这显示跨境资本出现净流出压力,反映出在人民币贬值预期下,市场的避险情绪持续强烈。尽管2018年有所减缓,但仍呈现了1 790多亿美元的规模,2019年升至1 980亿美元,2020年降低至1 680亿美元。从这个意义上讲,央行有必要实施一定程度的资本管制。

此外,2021年第一季度美债收益率快速上行,中美利差收窄,外资流入减速。但4月以来,中美利差收窄速度明显放缓,4—5月外资对人民币债券已恢复净增持。随着美联储收紧货币政策的预期不断升温,预计2022年中美利差可能缩小,这将有可能造成资金流出的风险。如果有资金大量流出,就会引起人民币贬值的压力。项目组首席顾问盛松成表示,当前我国应一方面保持货币正常化,另一方面要加快推进落实积极的财政政策。

(10亿美元)

图 69 中国净误差与遗漏项

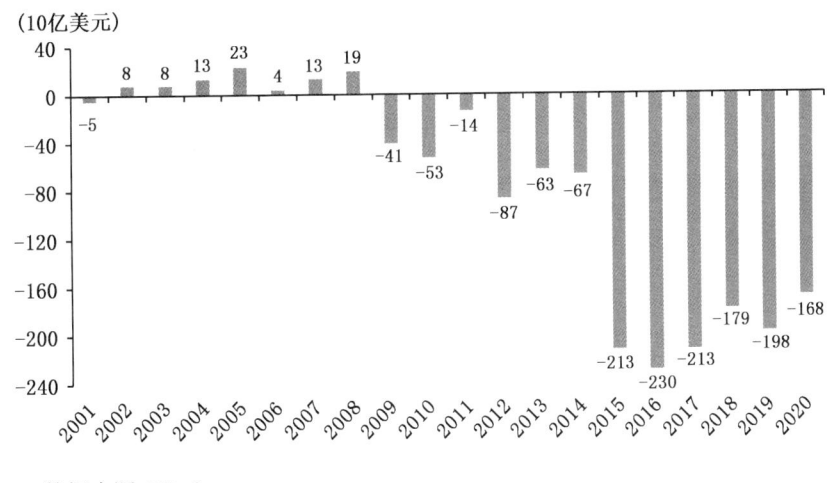

数据来源：Wind。

综上所述，从人民币汇率的短期波动看，国内外新冠疫情的发展、美元走势、中美货币政策、中美关系以及中国经济形势都会对汇率走势产生直接影响。第一，新冠疫情直接影响各国的经济生产。经济复苏不均衡，并且发达经济体的生活水平也将远远低于疫情暴发前的预期水平。虽然美国、中国等主要经济体的复苏较快，但许多国家，特别是依赖旅游业的国家，经济发展水平将远低于疫情前。第二，美元指数的强弱表现是人民币汇率调整的外部压力来源。美元指数在 2022 年很可能延续当前的上升趋势。第三，面临高通胀，美联储收紧货币政策预期不断升温，中美利差很可能缩小，中国可能面临资金流出的压力。第四，中美关系仍有很大的不确定性。中美紧张局势可能在 2022 年中期选举前再次升级，这可能再次给人民币带来贬值压力。但是，也要注意到，随着我国金融开放程度的加深，国际资金将更加积极地参与中国金融市场，仍然会对人民币汇率构成支撑。第五，短期来看，国内疫情防控已取得显著成果，疫苗接种进程不断加快，经济基本面的改善为人民币稳定提供了有力支撑。在人民币汇率的浮动更趋向于市场化的形势下，我国的货币政策会更加具有自主性，会对调节我国的内部平衡起到更有效的作用。因此，课题组认为，货币当局有充足的外汇储备、积累的丰富的经验和足够的政策工具，为人民币汇率提供实时性支撑，2022 年外汇储备会在波动中保持稳定，人民币汇率将在合理区间内双向宽幅波动。

（八）数字人民币和数字金融资产

中国数字人民币及多边央行数字货币桥的测试正稳步有序进行，速度保持在世界前列，对深化金融普惠、增加人民币国际竞争力起到重要作用。美国第一只比特币期货 ETF 获得 SEC 批准，加密货币金融工具的合规化向前迈进一大步。相较之下，中国数字金融资产的发展则较为缓慢。如何合理监管数字金融资产，在防范金融风险的同时鼓励私营部门自主创新，是中国当下面临的一个挑战。

1. 数字人民币和金融普惠

由中国人民银行主导，六大行及网商银行助力的 DC/EP 系统测试，仍在如火如荼地进行中。数字人民币钱包以智能手机 App 的形式存在。申请时需提供经实名认证的手机号、个人真实身份信息等。钱包 App 会在登录及大额转账时，使用人脸识别等安全措施。在数字人民币钱包内，用户还可以自主选择开通六大行及网商银行承载的一个或多个子钱包。在子钱包内，用户可以选择将其关联到何种使用场景。例如，在选择开通中国工商银行的子钱包后，用户可以自由线上线下充值、提现，并将其关联到美团骑车和滴滴出行等使用场景。综合来说，个人用户的使用体验与现有支付宝、微信支付和云闪付等常用零售支付 App 差异不大。

2021 年 7 月 16 日，中国人民银行发布《中国数字人民币的研发进展白皮书》，从研发背景、定义和目标愿景、设计框架、央行数字货币的可能影响与数字人民币体系的应对策略、工作进展五个方面对中国数字人民币的研发进展做了概括。这是中国首次面向国内和全球披露数字人民币具有研发情况，明确了数字人民币具有不计付利息、可控匿名等特点。

国际方面，世界各主要经济体均加快对央行数字货币的研发和讨论。7 月 14 日，欧洲中央银行宣布启动数字欧元项目并展开相关调查研究。调查研究为期两年，是数字欧元项目的初始阶段，旨在解决数字欧元的设计和发行等关键问题。紧随其后，美国方面鲍威尔表示，美联储将在"不远的将来"发表一篇关于央行数字货币的官方报告。10 月 13 日，G7 国家财长与央行行长在华盛顿举行会议。本次会议达成了关于央行数字货币的 13 项公共政策原则的共识。共识提出，在设计和提供央行数字货时，应考虑到诸如金融稳定性、运营的弹性、网络安全、能源效率、包容性、隐私和打击非法融资等一系列重要问题。11月29日，纽约联邦储备银行宣布成立纽约创新中心，以构建和测试新的金融技术，包括中央银行数字货币、稳定币和跨境支付。鲍威尔表示，"纽约创新中心将特别关注更快和成本更低的跨境支付"。可见，在央行数字货币领域，各国已正式进入多边合作与竞争阶段。

在当前的国际货币体系中，人民币的地位和作用与中国经济的基本面存在明显的不对称。中国是全球第二大经济体、第一大贸易国，而人民币仅是第五大支付货币、第六大储备货币。这与中国经济发展速度快但国际货币的使用具有路径依赖和改革成本等原因有关。作为国际货币竞争的一个新赛道，数字形式是人民币提高国际地位、打破美元垄断格局的一次重要契机。此外，即使中国人民银行多次声明数字人民币的目标不是国际化，但在迅猛发展的DC/EP系统面前，西方各国还是感受到了压力。法国央行行长维勒鲁瓦公开讲话称，数字人民币会对欧元构成关键挑战。而美联储副总裁夸尔斯则欲盖弥彰地表示，美元作为国际储备货币和国际结算主要货币的地位，并不会受到其他国家央行数字货币的威胁。种种迹象表明，西方各国已把数字人民币看作国际货币领域的有力竞争者，并计划加以反制。

从根本特性上说，央行数字货币通过加载不影响其基本功能的智能合约实现可编程性，可根据交易双方商定的条件、规则进行自动支付交易，促进业务模式创新。未来数字人民币通过加载智能合约，其灵活性可以适用于多种环境和关系，比如定向用途、定向人群、定向场景等。可以预想在未来，运营机构可以利用智能合约技术，在发放法定数字货币贷款时，为用户信息绑定指定商户可用的法定数字货币，从而实现专款专用、精准扶贫的普惠金融目的。

为进一步降低公众获得金融服务的门槛，保持对广泛群体和各种场景的法定货币供应，数字人民币兼具账户和价值特征，不依赖银行账户即可实现价值转移，并支持离线交易，具有"支付即结算"特性。且采用可变面额设计，以加密币串形式实现价值转移。没有银行账户的社会公众可通过数字人民币钱包享受基础金融服务，短期来华的境外居民可在不开立中国内地银行账户的情况下开立数字人民币钱包，以满足在华日常支付需求。

对于国内外一直关注的零售型央行数字货币可能对货币体系、货币政策、金融市场、金融稳定等方面的影响，比如可能导致金融脱媒、在危机时可能会加剧商业银行挤兑问题等，进行了相关设计以降低负面影响。第一，数字人民币坚持 M0 定位，不计付利息，以降低与银行存款的竞争，并且保证只要存在对实物人民币的需求，人民银行就不会停止实物人民币供应或以行政命令对其进行替换。第二，人民银行也适当设置制度摩擦，防范银行挤兑快速蔓延，提出了数字人民币分级分类设计，分别设置交易金额和钱包余额上限。第三，人民银行还为数字人民币建立大数据分析及风险监测预警框架，以提高数字人民币管理的预见性、精准性和有效性。

目前，在支付领域还存在着"数字鸿沟"。在有些偏远山区、宽带网络基础设施较弱的地方，一些人群难以享受到数字金融技术带来的好处。智能终端的使用门槛造成不同群体从数字金融服务中获益的能力有所分化，对于有障碍人群，单纯依赖数字技术的普惠服务难以实现便利和高效。因此，一些中小银行、微型金融机构由于自身的科技实力较弱，数字化转型困难，难以与大型机构竞争，被迫退出市场。而数字人民币是中国人民银行为国内零售支付市场提供的公共产品，其初心就是推动金融普惠的发展。在数字人民币的试点过程中，一直努力落实金融普惠的理念。

举例来说，针对当前中国经济面临的中小微企业资金紧张、贷款难等问题，数字人民币给出了一个很好的解决思路。它建立了一种可能的渠道，绕过金融中介，在经济衰退的时候给个人和急需贷款的企业提供资助。这种新的数字化技术可以帮助央行和政府调节经济，将货币投放转化为实际投资。除此之外，数字人民币还可以提供固定用途贷款，如扶贫贷款。按照政策规定，扶贫小额信贷要坚持户借、户用、户还，精准用于贫困户发展生产、经营，不得用于非生产性支出。但目前多数资金用途的事后追踪是由人员进行现场调查，没有系统性的方法实现固定用途贷款的资金用途限制。而数字人民币即为解决这一问题提供了思路，具体可参考中钞区块链技术研究院的一项名为"数字货币贷款发放的方法、装置、设备及存储介质"的专利。相信数字人民币的推广和背后智能合约技术的发展，将是继北京证券交易所（简称北交所）之后又一实现金融服务实体、技术引导创新的重大举措。

2. 多边央行数字货币桥项目

地区间数字货币支付系统是否会产生竞争？未来可能的主权数字货币如何进行跨境交互？这些都是当下各国央行最关心的问题。国际清算银行(BIS)将央行数字货币未来可能的跨境模式归结为三类：一是存在某种强势央行数字货币，这种央行数字货币可以在其他国家通用；二是设计一种交易中间产品的桥梁网络；三是各国各自发展央行数字货币，并在央行之间进行某种特定的安排。当下中国正在积极地为实现后两种情形做出努力。

2021年2月，香港金融管理局、泰国中央银行、阿拉伯联合酋长国中央银行以及中国人民银行数字货币研究所联合发起"多边央行数字货币桥"(mBridge)项目。mBridge的前身是香港金融管理局和泰国中央银行合作的Inthanon-LionRock项目。该项目通过测试交易隐私、外汇匹配、监控和合规等关键功能，首次证明了两个司法管辖区之间通用央行数字货币平台的可行性。

mBridge旨在搭建一个可跨越不同央行数字货币系统、兼容性强的实时跨境支付系统，即一个可兼容不同性质、不同设计的央行数字货币的"多边桥"。其基本思路是，将不同货币系统内的央行数字货币，甚至是传统法定货币，"映射"到同一个基于分布式账本技术搭建的支付网络中。参与该网络的国家央行，基于本国法定货币的销毁或创造，在走廊网络上向本国金融机构发行或回收相应的"存托凭证"。参与该网络的金融机构，则可以在网络上自由、实时地进行不同存托凭证之间的兑换。同时，一国金融机构有权与本国央行进行法定货币和存托凭证的自由兑换，在正常情况下兑换比例应为1∶1。这就使得同一分布式账本技术支付网络可以支持多国央行数字货币，并且不与某一国家本身的央行数字货币系统直接对接。

2021年9月28日，国际清算银行(香港)创新中心联合中国人民银行数字货币研究所、香港金融管理局、泰国中央银行以及阿拉伯联合酋长国中央银行，联合发布了mBridge项目第一阶段报告。报告表示，应用央行数字货币和分布式账本技术的多边央行数字货币模式，有助于实现更快速、更便宜和更安全的跨境支付和结算。在mBridge的公共平台中，多种官方数字货币结算的通用原型平台能够在几秒钟内完成国际转账和外汇操作，而不是使用现有的 SWIFT 商业银行网络。由此将节约近一半成本，与传统代理行模式相比，实现了跨越式改进。

报告还表示，mBridge 未来将继续探索现有平台的局限性，涉及流动性管理和分布式账本技术处理大交易量时的可伸缩性和性能等。此外，项目传导还将包含政策需求和措施，以确保对特定于管辖权的法规的遵从，以及测试和调查适当的治理模型。预计下一阶段，该项目将在安全可控的环境下鼓励商业银行和其他市场参与者进行试验。

报告中特别指出，mBridge 是香港金融管理局"金融科技 2025"策略中的一项重要措施，目的是加强央行数字货币的研究，令香港能就央行数字货币的未来发展做好充分准备。中国人民银行表示，mBridge 项目将进一步构建有利环境，让更多亚洲及其他地区的央行共同研究提升金融基础设施的跨境支付能力，以解决跨境支付中的效率低、成本高及透明度低等难题。根据研究成果，各参与方将评估 mBridge 在跨境资金调拨、国际贸易结算及外汇交易中应用的可行性。

11 月 3 日，mBridge 项目发布用例手册，进一步介绍其应用场景及测试进展。该手册共展示了国际贸易结算、跨境电商、供应链金融等 15 个货币桥潜在应用场景，测试验证了货币桥测试平台在国际贸易结算场景下提升跨境支付效率的可行性。测试还实现了货币桥与中国人民银行贸易金融区块链平台、香港贸易联动平台的业务联动，完成了订单融资业务和货币桥跨境支付能力的共同验证。共有 22 家境内外金融机构及组织参与测试。交易涵盖 4 个司法管辖域和 11 个行业场景，交易总额超过 20 亿元人民币。

总而言之，中国人民银行利用自身在数字货币领域的先发优势，不断加大跨境合作、获取国际认可，为未来人民币国际化做好充分准备，这与项目组在之前报告中的大力倡议不谋而合。国际方面，美联储近期成立了纽约创新中心，以构建和测试新的金融技术，包括中央银行数字货币、稳定币和跨境支付，并将"特别关注更快和成本更低的跨境支付"。之前备受关注的由 Meta（原 Facebook）主导搭建的 Diem 项目推进受阻，项目负责人离职，导致上线时间未知、前途未卜。

3. 比特币期货 ETF

美国第一只比特币期货 ETF 获得美国证券交易委员会（SEC）批准，

向更广泛的投资者开放加密货币,加密货币金融工具的合规化向前迈进一大步。该 ETF 于 2021 年 10 月 19 日 9 时 30 分在美国纽约证券交易所正式开盘交易,证券代码为 BITO,发行价 40.88 美元,截至收盘,成交额达到 10.07 亿美元。BITO 是全球第一只比特币期货 ETF,也是比特币历史上一个非常重要的里程碑。它代表着合规的比特币金融衍生品历时 8 年,终于正式走入美国资本市场。BITO 对标的是芝加哥商品交易所(CME)的比特币期货合约,因此其涨跌幅并不完全与比特币联动。

BITO 的出现使得更广泛的人群,更方便地接触到了比特币。过去很多个人投资者,因为操作技术难度或者加密交易所的合规性,无法参与比特币交易,而现在则直接可以在证券交易所开户购买其相应的 ETF。对于一些机构投资者来说,也可以更方便地进行比特币的投资,比如传统的投资基金现在可以合规地配置比特币衍生金融资产。这也从侧面说明,比特币已经从当初的不被主流认可的小众投资品逐渐发展成为被主流慢慢开始拥抱的重要投资标的。

加密货币相关 ETF 之前屡被 SEC 拒绝,根本原因是其被诟病充斥欺诈、洗钱等滥用行为。加密货币没有任何人为其注册,无法披露或是直接进行市场监管。而加密货币的交易平台则在是否操纵价格、故意宕机等问题上,一直受到投资者的诟病和质疑。普通用户无法得知数据,而这些信息也不会向监管机构公布,投资者在这种环境中显得十分脆弱。为了创建更公平的交易环境,比特币 ETF 上线后,市面上大多数加密货币交易平台都将处于 SEC 的监管范围内。

与之呼应,欧洲议会于 2021 年 11 月 24 日晚间宣布,就数字货币背后的技术的特殊监管规则达成一致。例如,区块链等数据库技术在短期内将不受严格的欧盟金融服务规则约束,并允许传统金融部门尝试新技术。

相较之下,在数字金融资产领域,中国的发展是受抑制且缓慢的。当下国内监管机构,不鼓励私营部门个体参与数字货币和数字金融资产的相关活动。中国对区块链技术和加密数字货币的研究,大多集中在公共部门,如清华区块链研究中心、北大数字金融研究中心等。公共部门的研究可以保证中国在技术层面不落后与他国。但考虑到数字化助力人民币国际化的长期目标,将此类研究集中在公共部门的风险较大。根据普林斯顿大学的"数字货币区"理论,未来决定数字货币支付网络边界的关键因素并非技术,而是各国监管层面的巨大差异。因此,在推广由中国主导设计的数字货币支付系统,或是由中国主导建立的数字货币规则时,若缺少私营部门的助力,无疑会大大增加推广难度。

现阶段,国际形势复杂,意识形态层面的冲突开始死灰复燃。中国在建立和推广自主设计的跨境数字支付系统时,必须面对其他国家对系统背后国家主权的顾虑,以及一些别有用心者的无端阻挠。此时,私营部门的"代理人"就可以发挥作用,增加跨国合作的可能性。课题组认为,从"国家参与"到"国家指导",再到"国家背书",是未来"中国链"对外推广的必经之路,也是人民币国际化过程中的一项重要策略。

总而言之,中国当下在数字货币和数字金融资产领域面临的一大挑战是,如何从零开始合理设计监管,既保证金融系统稳定性,又鼓励私营部门的自主金融创新。其中,央行数字货币作为一种特殊的数字货币,应当由公共部门负责开发和管理。但在搭建一个适用范围更广、跨国跨币种的数字货币系统时,应当实现公共部门和私营部门的共同发展、互相促进。适时出台政策,鼓励私营部门参与数字货币和数字金融资产的设计开发。

(九)双碳目标下的挑战、应对与机遇

1. 双碳目标:挑战

为了应对全球气候变化和环境污染带来的挑战,实现我国经济的可持续发展,2020年9月,中国首次向全球宣布,二氧化碳排放要力争于2030年前达到峰值,努力争取在2060年前实现碳中和。碳达峰是指在某一个时点,二氧化碳的排放不再增长,达到峰值之后逐步回落。碳中和是指在一定时间内,通过植树造林、节能减排等途径,抵消自身产生的二氧化碳排放,实现二氧化碳"零排放"。碳达峰与碳中和,是我国基于推动构建人类命运共同体的责任担当和实现可持续发展的内在要求而作出的重大战略决策,也是我国向世界作出的庄严承诺。

作为发展中国家,我国目前仍处于工业化发展阶段,一次能源消费仍处于上升趋势中,因而碳排放量仍处于增长阶段。而西方发达国家已经处于后工业化时期,经济增长与能源需求基本脱钩,碳排放量已经逐步下

降,欧盟、美国分别于 1987 年和 2007 年实现碳达峰。另外,从碳达峰到碳中和,欧盟有 71 年的过渡期,美国有 43 年的过渡期,而我国力争到 2030 年实现碳达峰,再到 2060 年实现碳中和,中间的过渡期只有 30 年。当前我国距离实现碳达峰目标已不足 10 年,从碳达峰到实现碳中和目标仅剩 30 年的时间。与发达国家相比,我国要实现双碳目标,时间更紧、任务更重、难度更大。图 70 为我国煤炭消费占比自 2001 年以来的变化趋势。从图中可以看出,煤炭在我国能源消费中的占比达到 60% 以上,尽管近年来煤炭消费占比呈现出下降趋势,但以煤炭为主的能源结构短时间内难以改变。因此,双碳目标将有可能在短期内对经济发展带来冲击。

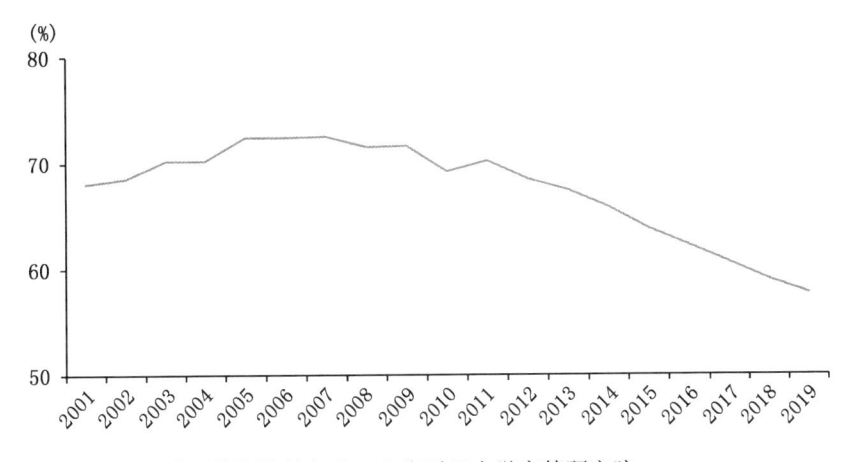

数据来源:《中国能源统计年鉴》、上海财经大学高等研究院。

图 70　煤炭消费占比变化趋势

双碳目标将增加企业生产成本。实现双碳目标需要降低碳排放较大的能源消耗,同时要倒逼企业使用更加清洁的能源和生产方式。这会导致企业所用的燃料、原材料成本上升,进而对相关行业造成较大的成本压力。部分企业需加大环保设施及工艺设备投资,升级产能,可能也会导致企业利润下滑。

对高耗能行业而言,这种冲击将更加明显。在双碳目标下,高耗能行业作为煤炭消耗的大户,短期内要找到可以替代煤炭的燃料,困难较大。高耗能行业中的落后产能将面临巨大的成本压力而被迫出清。因此,双碳目标在短期内可能会抑制部分高耗能行业、高排放行业的增长。图 71 为各行业煤炭消费占比,从图中可以看出,工业部门是煤炭消费的主要行业,其中采矿业和电力、热力、燃气及水生产和供应业又是工业部门中的高煤炭消耗行业。双碳目标在短期内可能会对上述高煤炭消耗行业的发展造成冲击。

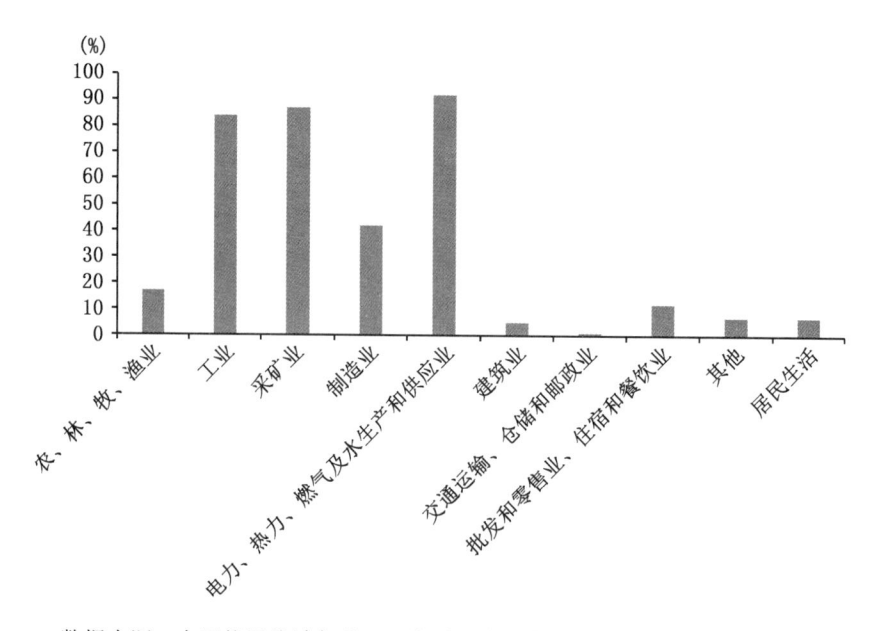

数据来源:《中国能源统计年鉴》、上海财经大学高等研究院。

图71 各行业煤炭消费占行业总能源消费比重

双碳目标会影响部分能源生产地区的地方财政。对于山西、内蒙古、陕西等一些传统能源大省,能源行业是当地的经济支柱,地方财政对能源行业的依赖程度较高。随着双碳目标相关措施的陆续实施,不可避免地会对相关区域的主导行业造成巨大影响,从而给地方财政造成一定程度的冲击。我国地区经济发展差异较大,不同地区的自然资源禀赋和产业结构都存在着显著差异。图72为各省煤炭消费占比,从图中可以看出,煤炭高消耗地区主要集中在山西、内蒙古、陕西、贵州、宁夏等中西部地区。地区间能源依赖度的差异将对双碳目标下区域间平衡发展带来挑战。

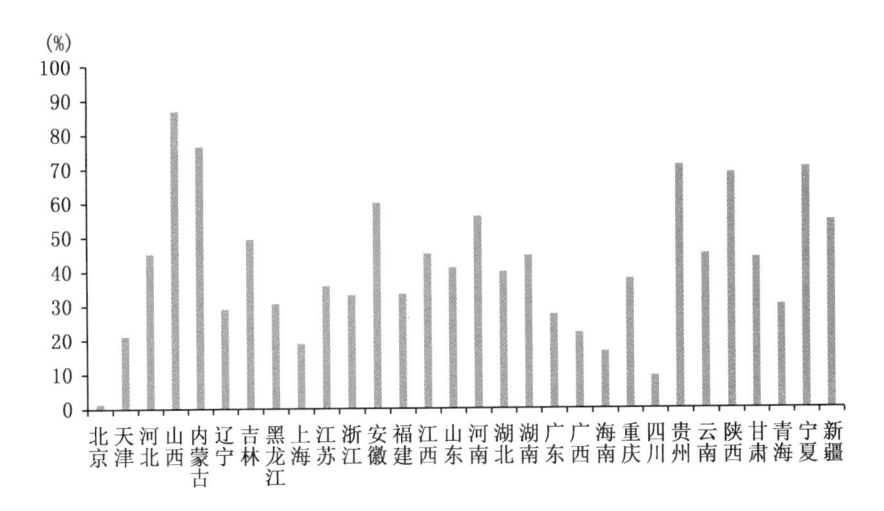

数据来源:《中国能源统计年鉴》、上海财经大学高等研究院。

图 72　各省煤炭消费占比

2. 双碳目标:机遇与应对

虽然双碳目标在短期内对经济发展的负面冲击不可忽视,但长期来看,挑战下蕴含机遇。首先,双碳目标有利于促进产业结构转型升级、加速绿色清洁能源发展。双碳目标会促进我国工业制造业尤其是初级制造业向绿色低碳转型升级。已有研究表明,对碳排放的规制能够显著提升被规制地区企业在节能减排与替代能源生产两项绿色技术上的创新[1],从而长期来看能降低经济对高污染、高排放能源的依赖,降低碳减排政策的社会成本,推动经济高质量发展。

其次,电力行业是碳排放的最主要来源。推进能源革命进程、加快发展可再生能源是实现双碳目标的重要途径之一。如图 73 所示,我国以风能和太阳能为代表的新能源发电总量与新能源发电占比逐年攀升,已连续多年保持较高增长率。

事实上,在新能源领域,我国已走在世界前列。其中,截至 2020 年底,我国光伏新增装机和累计装机分别连续 8 年和 6 年位居全球第一,生产技术全球领先。同时,与高速增长的新能源装机容量相匹配的是我国

---

[1] 徐佳、崔静波:《低碳城市和企业绿色技术创新》,《中国工业经济》2020 年第 12 期,第 178—196 页。

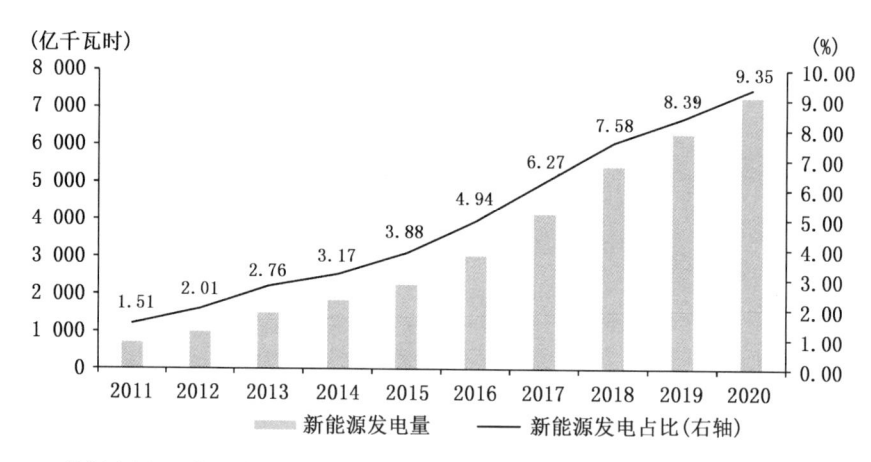

数据来源:国家统计局、国家能源局、中国电力企业联合会。

图 73 2011—2020 年中国新能源(风能太阳能)发电量与发电占比

在特高压输电领域一直保持国际领先地位。持续多年的特高压输电量的持续增长(见图 74),有效缓解了可再生能源发电消纳困难的问题,"弃风率"由 2016 年的 17% 下降至 2019 年的 4%,弃光率降至 2%。在双碳目标的大背景下,降低化石能源的比重成为必然,巨大的绿色能源产业发展空间将进一步打开。课题组估算,于 2013 年开始运行的碳排放试点政策使得试点地区新能源企业的投资增加了约 5%。借双碳契机,进一步发展节能环保、清洁能源等绿色行业,是巩固我国在新能源行业的领先地位的重要一环。

再者,碳中和的最终实现与金融系统密不可分。英国央行前行长马克·卡尼(Mark Carney)与诺贝尔经济学奖得主约瑟夫·斯蒂格利茨(Joseph Stiglitz)都曾指出,在十分严格的碳排放规制政策下,银行持有的与碳密集型产业相关的资产有可能迎来大幅缩水,使经济系统向绿色经济转型的过程中面临"转型风险"。对此,美国国家经济研究局(NBER)工作论文[1]指出,将气候变化政策与宏观审慎政策相结合,对银行所持清洁资产与碳密集型产业分别给予适度补贴与征税,引导银行逐渐完成资产"清洁化",有助于减轻"转型风险",实现向绿色经济的平稳过渡。

---

[1] Carattini, S., Heutel, G. and Melkadze, G., Climate Policy, Financial Frictions, and Transition Risk(No. w28525). National Bureau of Economic Research, 2021.

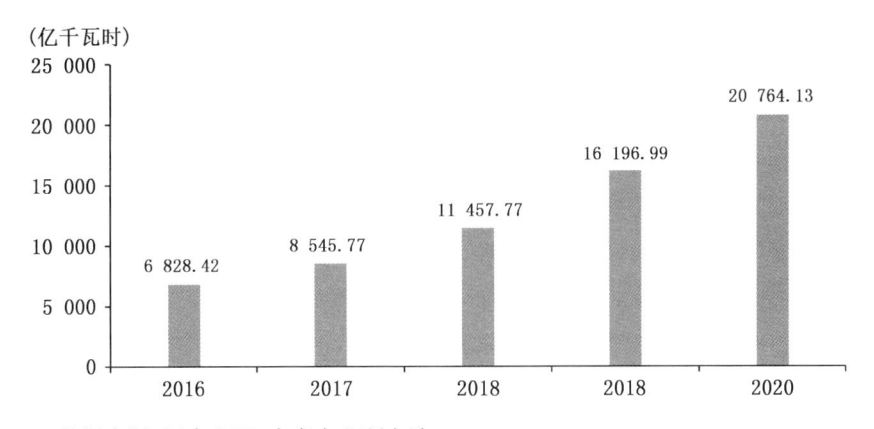

第一章　中国宏观经济发展的即期特征与主要风险

(亿千瓦时)

年份	数值
2016	6 828.42
2017	8 545.77
2018	11 457.77
2018	16 196.99
2020	20 764.13

数据来源:国家电网、中商产业研究院。

图 74　2016—2020 年中国特高压累计输电量

事实上,央行在《中国金融稳定报告(2021)》中已明确提出将研究气候变化对金融系统稳定性的影响,逐步将气候变化相关风险纳入宏观审慎政策框架。在这一背景下,我国积极推动绿色金融工具的创新,助力双碳目标下产业结构与能源结构转型。2021年11月,央行推出碳减排支持工具,重点支持清洁能源、节能环保和碳减排技术这三个领域。央行通过"先贷后借"的模式,对全国范围内金融机构向碳减排重点领域相关企业发放的符合条件的碳减排贷款,利率为1.75%,以较低的贷款利率水平(参照LPR)支持新能源行业发展,为能源结构与产业结构转型提供信贷支持,拉动社会投资。在政策引领下,2021年度我国绿色债券迅速扩容,中国银行间市场交易商协会于年初推出碳中和债作为绿色债券的子品类。相较一般绿色债券,碳中和债更加聚焦于如清洁能源与碳汇林业等具有碳减排效益的绿色项目。2021年仅前三季度的绿色债券发行规模已累计3 500亿元,超过2020年全年之和,其中半数为碳中和债券。[①]相比于一般绿色债券,碳中和债也符合国际资本市场协会的要求,有助于吸引国际资本投资,促进国内债券市场国际化。

需要注意的是,除了各个省份间能源依赖度差异化显著(见图72),我国银行信贷市场也呈现地理分割的特征。[②] 因此,在我国宏观审慎政

[①] 财新网:《2021年中国ESG政策发展盘点及2022年展望》。

[②] Huang, Y., Pagano, M. and Panizza, U., Local crowding-out in China. *The Journal of Finance*, 2020, 75(6), pp.2855—2898.

策不仅应对银行持有的清洁资产与碳密集型产业资产进行差异化补贴/税收,也应对不同地区的税收与补贴政策实行差异化管理。

最后,顺利实现双碳目标,离不开市场机制的介入。我国自 2021 年 7 月起,已在发电行业正式推行全国碳排放权交易市场,覆盖约 45 亿吨碳排放,规模为世界之最。随着碳市场制度的进一步完善与碳排放监管体系的逐渐成熟,预计有更多行业将被纳入该市场。一方面,碳交易市场的开放,是我国市场化体系改革取得可喜进展的缩影;另一方面,碳交易市场在未来的建设与扩张,也将为推动市场在我国资源配置中发挥决定性作用积累宝贵经验,反哺市场化体系改革。此外,我国当前碳排放配额交易市场中对碳排放配额实行免费发放。在市场条件成熟后,我国将会在配额分配中进一步引入市场机制,通过拍卖与企业竞价的形式分配排放配额,从而产生政府收入。若能妥善分配碳市场中产生的政府收入,将部分收入用于降低个人与企业所得税,将缓解劳动力市场与产品市场中的税收扭曲,产生除减排外的第二重"降扭曲"红利,促进长期经济增长。[①]《经济学家》杂志 2021 年发文表示,碳排放规制将在多大程度上造成"转型风险",取决于政府是否制定了明确的碳减排路径,以及是否为银行与企业留下了足够的准备时间。我国双碳目标的提出,已表明我国碳减排的决心。同时,碳排放市场的分步扩张与逐渐完善,又为金融系统与工业企业迎接绿色转型留下了充足的预备时间与试错空间,有助于缓解可能出现的"转型风险"。

3. 历史经验:环境政策下地方政府的挑战、应对及机遇

双碳目标下的经济增长压力是各级政府执行双碳政策时必须面对的主要风险。中国承诺实现从碳达峰到碳中和的时间,远远短于发达国家所用时间,需要付出艰苦努力。从历史经验看,严格的环境规制带来的经济压力不可忽视。2014—2017 年间执行的大气污染防治行动计划显著抑制了受规制地区 GDP 增长。在政策期内治污难度最高的地级市,年均 GDP 增速相对于治污难度中等的地级市下降了约 1.3%。平均而言,每单位 GDP 排污量每下降 1%,GDP 增速下降约 0.02%。如图 75 所示,这一经济压力在政策实施后第一年即开始显现,并在政策期内持续作用。

---

① Bovenberg, A. L. and Goulder, L. H. ,Optimal Environmental Taxation in the Presence of Other Taxes:Teneral-Equilibrium Analyses,1996.

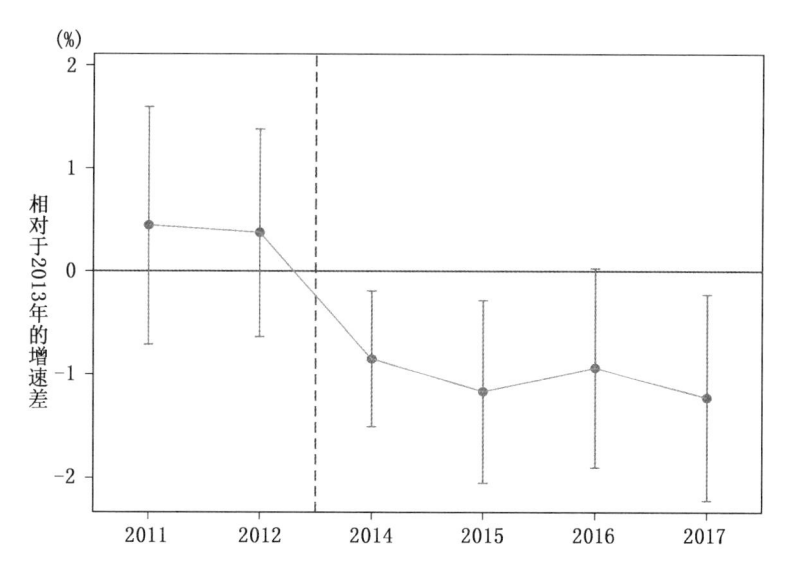

数据来源：上海财经大学高等研究院。

图 75　大气污染防治行动计划对受规制地区 GDP 增速的影响

作为环境政策的执行主体，地方政府如何平衡短期经济压力与长期增长，在挑战中寻求机遇，是维系经济高质量发展的关键。大气污染防治行动计划在短期内带来的企业生产成本的增加造成了工业生产部门营收（见图76A）与缴纳税收额度（见图76B）的降低，使受规制地区政府财政收入受到冲击。财政收入的下降直接影响政府投资，从而进一步加剧GDP下滑风险。

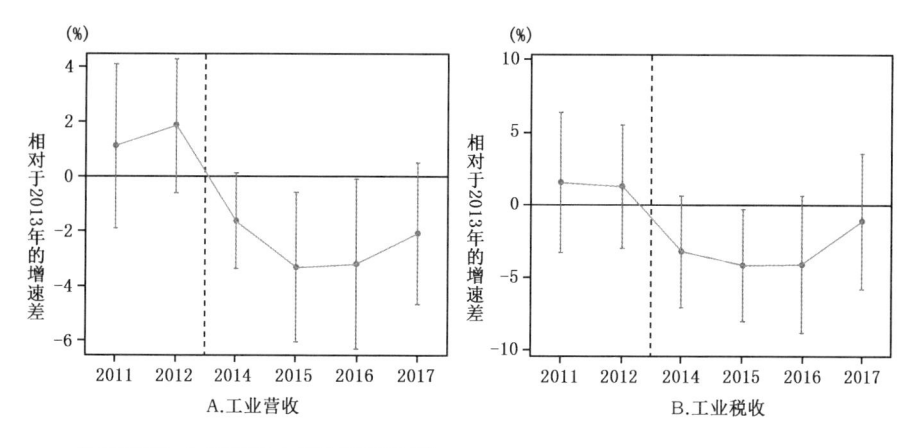

数据来源：上海财经大学高等研究院。

图 76　大气污染防治行动计划对受规制地区工业营收与工业税收的影响

在短期,为缓解环境政策对经济的冲击,地方政府有动力通过其他渠道筹措财政收入,维持财政支出、稳定地方经济。一方面,在2014—2017年大气污染防治行动计划执行期间,受到更严格环境规制的地级市显著提高了第三产业税率,以弥补工业税收下降带来的财政收入损失(见图77)。虽然通过税收结构调整取得的财政收入将在一定程度上缓解短期内环境政策对GDP的下行压力,但在短期中第三产业税率的上调加剧了市场扭曲,阻碍了二、三产业间产业结构的调整。另一方面,地方政府的土地出让收入并未出现显著增加。由于环境政策引致短期收入下降,居民与企业对房产需求降低,带动房地产企业对住宅用地需求降低,因此地方政府无法通过土地财政补充财政收入。

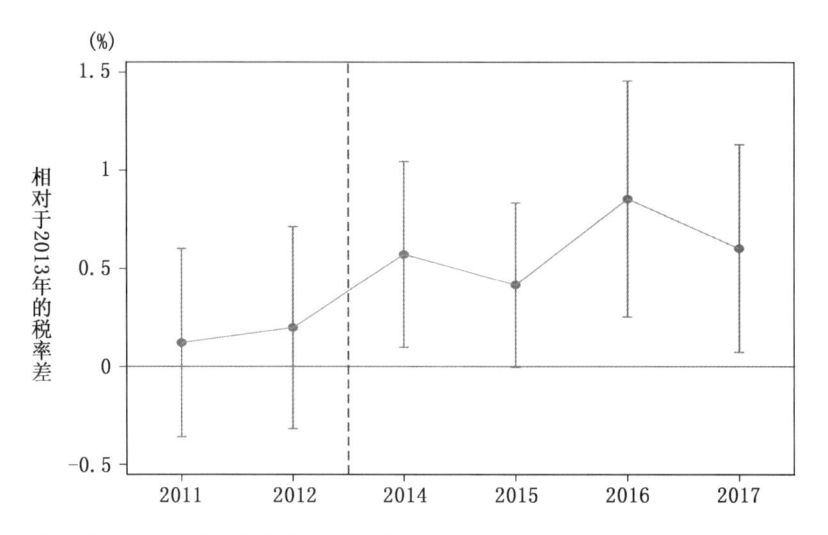

数据来源:上海财经大学高等研究院。

图77 大气污染防治行动计划对受规制地区第三产业税率的影响

事实上,环境政策并非仅为对经济系统的短期冲击。大气污染防治行动计划中明确指出,调整优化产业结构与能源结构,推动企业技术改造、健全法律体系、加强监督管理,充分发挥市场机制的调节作用等长期政策工具是确保空气质量改善目标妥善实现的有力武器。因此,如何权衡短期与长期环境治理目标,使用多种政策工具对冲环境规制目标下蕴含的经济风险,是各级政府环境保护工作的重心之一。如图76所示,大气污染防治行动计划对工业营收与缴纳税收的负向影响呈现先增后减的趋势。这种变化部分归因于受规制地区进行的产业结构调整。非污染行业的成长,也在一定程度上对冲了由地方政府在短期内调整征税结构带来的短期风险。

值得注意的是,在产业结构调整过程中,金融机构也发挥了重要作用。已有研究表明,在大气污染防治行动计划实施期间,商业银行显著提高了对低污染行业的贷款比率,肯定了金融机构在环境政策实施中的重要作用,为碳中和下金融工具的介入提供了经验支撑。

历史经验表明,环境规制下挑战与机遇并存。电力、工业和交通为碳排放的三大来源,其中工业又是财政收入的主要来源。探讨大气污染防治行动计划对工业企业营收、税收乃至GDP的影响对研究双碳政策对经济系统的冲击具有重要的借鉴意义。相对于我国近年来的其他环境规制政策,双碳目标下环保任务更加艰巨。迄今为止,温室气体的减排缺乏有效的减排技术。然而,从长期而言,碳减排的实现路径主要为:(1)现有企业提高能源利用效率,减少单位产出能耗;(2)现有企业通过能源替代提高清洁能源在总体能源消费中的比重;(3)进一步优化产业结构,大力发展高附加值、低排放行业。在采取税收政策缓解双碳目标对经济短期冲击的同时,各级政府应妥善利用诸如绿色金融信贷、有倾向性的产业政策与土地政策、劳动力跨部门转移培训等多样化政策工具,长期合理规划,妥善布局产业转型,鼓励创新,对冲经济风险,实现经济的高质量发展。

二、中国宏观经济下一步发展面临的内部主要不确定性

(一)劳动力人口素质仍需进一步提升,教育错配现象严重

根据第七次人口普查数据,我国目前具有大学文化程度的人口为21 836万。15岁及以上人口的平均受教育年限由2000年的7.11年提高至2020年的9.91年,人口素质提升显著,但是与发达国家相比还有显著差距。此外,伴随高等教育扩招和劳动力就业难问题,教育错配(尤其是过度教育)日渐成为中国劳动力市场的重要就业现象。过度教育对劳动力个体收入产生了惩罚效应,并且该效应在我国劳动力市场长期存在。据此,课题组认为,我国劳动力市场的人才配置效率亟须提高。

1. 我国劳动力素质水平仍需稳步提升

根据第七次人口普查数据，我国劳动力人口素质明显上升。人均受教育水平明显提高，劳动力市场人均受教育年限已从2000年的7.11年提高至9.91年。16～59岁劳动年龄人口平均受教育年限从2010年的9.67年提高至10.75年；文盲率从2010年的4.08%下降到2.67%。2019年，我国高考录取率已经达到80%，新增劳动人口平均受教育年限已达13.7年。尽管我国的教育事业发展取得了显著成效，但是与发达国家相比仍有较大差距。课题组综合2000年以来的人口普查数据和全国人口变动情况抽样调查样本数据，计算我国劳动力市场人均受教育年限[①]，并进行国际比较。图78显示了我国劳动力素质水平的确处于稳步上升的状态，但是对比美国以及部分OECD国家，还存在明显差距。目前，我国劳动力市场的人均受教育年限还处于10年以下的水准，但是部分OECD国家以及美国在2010年以后，劳动力市场人均受教育年限就较稳定地处于12年以上的水准。因此，需要继续坚持"建设教育强国是中华民族伟大复兴的基础工程"[②]的思路，稳步提升我国劳动力市场的人口素质水平。

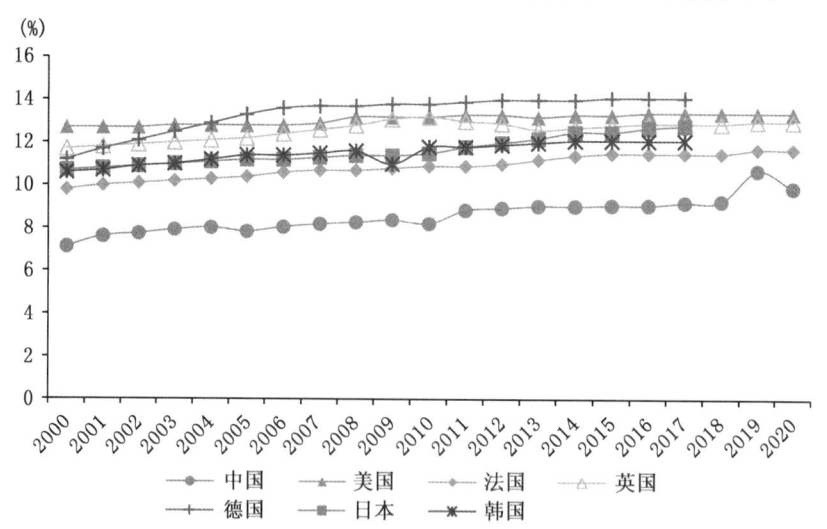

数据来源：中国人口普查数据、全国人口变动情况抽样调查、Penn World Table。

图78 劳动力市场平均受教育年限的国际比较

---

① 计算公式为：人均受教育年限 $=\sum_{\text{不同受教育程度群体}}$ 人数×该教育程度对应受教育年限/劳动人口数。

② 习近平：《决胜全面建成小康社会 夺取新时代中国特色社会主义的伟大胜利——在中国共产党第十九次全国代表大会上的报告（2017年10月18日）》，人民出版社2017年版，第45页。

2. 劳动力市场存在的教育错配问题不容忽视

教育事业的发展为我国经济高质量发展提供了人才储备，形成人才供给；而伴随国民经济发展、产业结构升级，国民经济各个部门的职业结构升级驱动着劳动力市场的人才需求。经济学理论认为，劳动力的教育配置效率取决于劳动力市场对人才供给和需求的调配效率。而我国劳动力市场存在较为严重的错配现象：在供给层面，劳动力素质的整体水平还有待提升；在市场配置方面，教育错配尤其是过度教育逐渐成为我国劳动力市场的典型就业现象。过度教育是指个体实际教育程度高于所处职业（行业）所需的教育水平或技能（主要是指学校的正规学历教育），教育不足则与之相反。两种教育不匹配都意味着资源的低效率配置。在此现实背景下，评估个体教育程度与劳动力市场岗位的匹配现状，检验教育错配对个体收入的影响效应，对我国建设教育强国、实现国民经济高质量发展、为全面建成社会主义现代化强国培育人才基础，具有重大的实践参考意义。

课题组综合使用中国家庭追踪调查（CFPS 2014—2018）数据和中国综合社会调查（CGSS 2005—2017）数据，来测量我国劳动力市场技能错配情况及其教育错配对个体收入的影响。

目前，对于教育匹配的测量主要采用现实匹配法（realized matches），即研究者基于观测数据，采用众数或标准差来界定不同职业所需要的恰好匹配的受教育程度，再结合个体的实际受教育程度界定是否发生过度教育（教育不足）。虽然现实匹配法是当前教育匹配领域认可度最高、使用范围最广的一种测量方法，但是近年来，有学者对现实匹配法提出两个方面的批评：一方面是采用标准差界定职业所需的恰好匹配受教育程度，隐含了教育分布满足对称性的假设，而这一假设被一些实证研究质疑[1]，同时也有不少研究支持了众数法的稳健性[2]；另一方面的批评则是关于现实匹配法在中国（或转型国家）的运用，有研究指出该方法忽略了经济

---

[1] M. Goos and A. Manning, Lousy and Lovely Jobs: The Rising Polarizaiton of Work in Britain. *The Review of Economics and Statistics*, 2007, 89(1), pp. 118－133.

[2] Groot W., Van Den Brink H. M., Overeducation in the Labor Market: A Meta-Analysis. *Economics of Education Review*, 2000, 31(2), pp. 101－122; Wu N., Wang Q., Wage Penalty of Overeducation? New Evidence from China. *China Economic Review*, 50(2), pp. 206－217.

转型过程中的结构变迁和制度变迁[1],可能造成测量的不稳健。基于上述原因,课题组采用众数法对我国劳动力市场的匹配现状进行测量,并且结合我国经济体制转轨和教育制度变革,对不同世代出生的个体进行区分:划分1960年以前、1961—1979年和1980年以后出生这三类不同世代,增加众数法测算的稳健性。基于中国家庭追踪调查(CFPS 2014—2018)数据和中国综合社会调查(CGSS 2005—2017)数据,课题组根据国际标准职业分类(ISCO-88)的三位数职业编码,在不同世代群体中计算每种职业内部的教育程度众数,确立恰好匹配的教育程度,进一步度量各个调查年份下劳动力市场的匹配状况。

图79展示了我国近年来劳动力市场的教育匹配状况。测算结果显示,我国近年来劳动力市场的过度教育发生率长期处于30%附近,部分时间处于35%以上的水平;恰好匹配发生率长期低于50%,意味着整个劳动力市场有超过半数的个体处于一种技能—岗位错配的状态。相对于OECD国家平均10%以下的教育错配率[2],以及美国长期处于25%以下

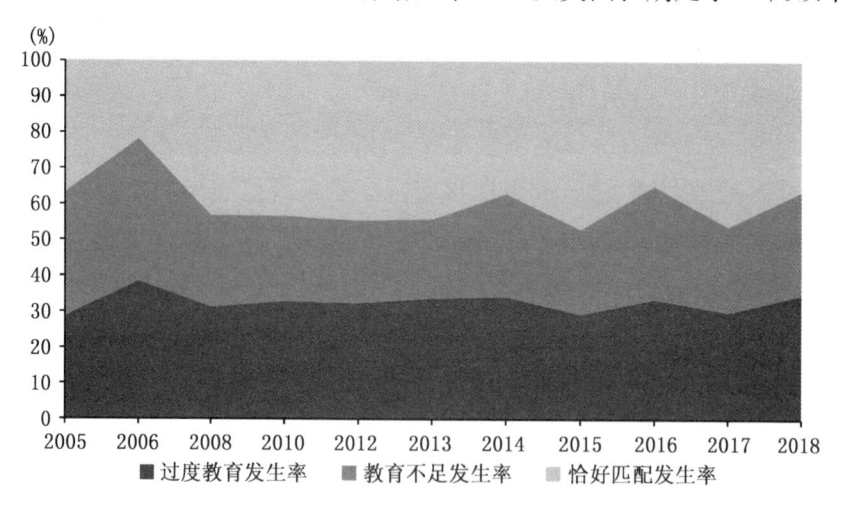

数据来源:中国家庭追踪调查(CFPS)、中国综合社会调查(CGSS)。

图79 2005—2018年我国劳动力市场教育匹配状况

---

[1] 吴晓刚、李晓光:《中国城市劳动力市场中教育匹配的变迁趋势——基于年龄、时期和世代效应的动态分析》,《中国社会科学》2021年第2期,第102—122、206—207页。

[2] Carla Varona Cervantes, Russell Cooper, Labor Market Implications of Education Mismatch. NBER Working Paper 28169, 2002.

的平均过度教育发生率[①],我国劳动力市场教育错配发生率较高,错配程度突出。

3. 教育错配现象对个体收入的影响效应

关于教育错配(尤其是过度教育)对个体收入产生的影响,课题组采用回归分析对其进行定量刻画,从而评估教育错配对劳动者收入的影响。理论认为,劳动力市场具有实现工人技能和市场岗位之间匹配的功能。因此,教育的收入回报不仅取决于个体的受教育程度,同时取决于个体教育程度与职业岗位之间的匹配程度。如果发生过度教育,个体生产效率的发挥将会受到限制,或者在较低职业岗位上无法完全发挥潜在的生产效率。课题组综合 CGSS 2005—2017 的数据,对 Mincer 方程进行如下扩展:

$$\ln(y_i) = \beta_1 DRE_i + \beta_2 DOE_i + \beta_3 DUE_i + \gamma X_i + \varepsilon_i$$

其中,$\ln(y_i)$ 为实际工资对数,虚拟变量 DRE_i、DOE_i、DUE_i 为个体处于不同教育匹配状态下的虚拟变量(如过度教育匹配个体 $DOE_i = 1$),在估计时选择恰好匹配作为参照组。X_i 包含其他可能影响收入的协变量,包括个体受教育年限、父母受教育程度、年龄、工作经验、户口、城乡虚拟变量、性别、婚姻状况、政治身份、企业所有制以及地域。该回归框架通过引入教育匹配状态的虚拟变量,对个体处于教育错配状态下的收入效应进行识别。

表3　　　　　　　　对数工资对教育错配的总体回归结果

	(1)	(2)	(3)
过度教育(=1)	−0.369 8***	−0.297 1***	−0.251 7***
	(0.076 1)	(0.062 6)	(0.061 1)
教育不足(=1)	0.273 8**	0.235 7**	0.202 1**
	(0.082 3)	(0.075 5)	(0.072 5)
受教育年限	0.187 7***	0.150 5***	0.123 9***
	(0.019 4)	(0.013 8)	(0.011 9)
年龄	0.090 1	0.090 7**	0.091 5**
	(0.049 1)	(0.037 4)	(0.036 8)

---

① Brian Clark et al., The Career Prospects of Overeducated Americans. *The IZA Journal of Labor Economics*, 2017, 6(3), pp.1−29.

续表

	(1)	(2)	(3)
年龄平方	−0.001 0 (0.000 6)	−0.001 1* (0.000 5)	−0.001 1* (0.000 5)
经验	0.000 2** (0.000 1)	0.000 1** (0.000 1)	0.000 1* (0.000 0)
经验平方	0.000 0** (0.000 0)	0.000 0* (0.000 0)	0.000 0 (0.000 0)
性别(女=0)	0.001 6 (0.007 8)	0.005 6 (0.009 0)	0.005 9 (0.008 8)
民族(汉=1)		0.188 1*** (0.042 3)	0.108 8* (0.048 7)
父母教育程度		0.000 1*** (0.000 0)	0.000 1*** (0.000 0)
单位所有制		0.389 3 (0.263 0)	0.394 8 (0.270 7)
婚姻状况(未婚=0)		0.115 7 (0.072 6)	0.129 7* (0.062 8)
户口(居民=1)		0.037 1 (0.078 2)	0.055 6 (0.089 2)
城乡(城=1)		0.201 5*** (0.053 8)	0.153 9** (0.051 1)
政治面貌(党员=1)			0.326 9*** (0.036 3)
中部地区 (参照西部地区)			−0.064 4 (0.058 6)
东部地区 (参照西部地区)			0.417 6*** (0.087 9)
常数项	2.514 3** (0.740 1)	2.239 1*** (0.583 8)	2.413 5*** (0.581 2)
时期固定效应	Yes	Yes	Yes
观测值	38 671	36 620	36 620
拟合优度	0.082	0.094	0.102
拟合优度(调整)	0.082	0.094	0.102

注:括号内为对应估计系数的聚类稳健标准误。* 表示在10%的水平下显著,** 表示在5%的水平下显著,*** 表示在1%的水平下显著。

数据来源:2005—2017年中国综合社会调查(CGSS)。

上述回归结果显示,β_2显著为负,β_3显著为正,意味着受教育程度相同的个体,如果处于过度教育状态,则会承受收入上的"惩罚"效应;如果处于教育不足状态,则会获得收入上的"奖励"效应。收入上的"惩罚"效应意味着个体生产效率受到职业匹配状况的制约,未能充分发挥潜在劳动生产效率,也反映了个体的教育回报下降,在劳动力市场上的激励不足。

课题组进一步将上述回归框架扩展为年龄—时期—世代(Age-Period-Cohort,APC)模型,用以考察过度教育对收入影响所具有的时期效应。在表3的模型中纳入时期变量(CGSS 调查时期)和世代变量(依据个体的出生年份,以5年为一个间隔划分世代),并将过度教育与时期变量进行交互,该交互项的系数代表过度教育对收入影响的时期效应。[①]对该交互项系数进行可视化展示。通过图 80 可以发现,我国的教育回报持续上升,过度教育状态相比恰好匹配状态,收入效应持续更低,说明过度教育对个体的惩罚效应在我国劳动力市场长期存在。

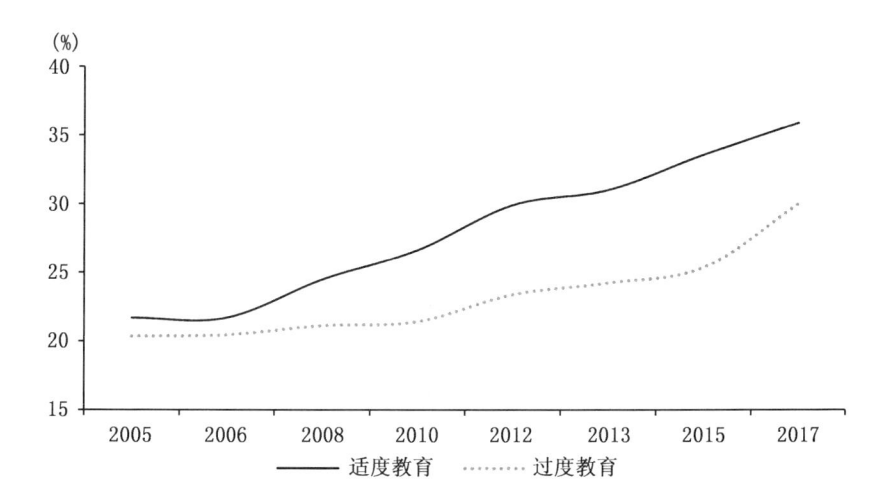

数据来源:中国综合社会调查(CGSS)。

图 80 过度教育影响收入水平的时期效应

课题组强调的收入"惩罚"效应,揭示了当下劳动力市场配置人才过程中的效率损失,说明当前劳动力市场的配置效率仍需提高。结合劳动力素质的国际比较,课题组认为,我国 21 世纪以来的教育发展,在劳动

---

① 估计 APC 模型的关键是解决年龄、世代和时期变量之间的共线性问题,课题组采用多层随机系数模型进行估计,该方法估计结果较为冗长,因此在报告中省略。

市场积累了大量的人力资本,但仍需提升以适应新时代的社会主义经济建设任务。为了进一步考察我国劳动力市场的过度教育现象,课题组将过度教育是否发生处理为个体选择,采用离散选择(Probit 和 Logit)模型进行估计。

表4　　　　　　　　　个体过度教育发生率的离散选择估计

	(1) Logit	(2) Probit
受教育年限	0.476 5***	0.286 9***
	(0.043 8)	(0.023 8)
父母受教育程度	0.000 0	0.000 0
	(0.000 1)	(0.000 0)
年龄	0.050 5*	0.028 6*
	(0.028 8)	(0.016 4)
年龄平方	−0.000 4	−0.000 2
	(0.000 4)	(0.000 2)
经验	−0.000 4	−0.000 2
	(0.000 4)	(0.000 2)
经验平方	−0.000 0	−0.000 0
	(0.000 0)	(0.000 0)
性别(女=0)	−0.013 3**	−0.008 1**
	(0.006 6)	(0.004 0)
民族	−0.113 5	−0.067 4
	(0.086 2)	(0.050 3)
婚姻状况(未婚=0)	−0.017 5	−0.004 6
	(0.072 9)	(0.043 2)
户口(居民=1)	−1.373 1***	−0.797 0***
	(0.272 2)	(0.152 9)
政治面貌(党员=1)	−0.819 0***	−0.472 2***
	(0.054 0)	(0.029 5)
东部地区(参照西部地区)	0.406 5***	0.237 2***
	(0.061 4)	(0.037 1)
中部地区(参照西部地区)	0.262 5***	0.153 5***
	(0.061 2)	(0.036 5)
常数项	−6.291 4***	−3.788 9***
	(0.886 8)	(0.497 7)

续表

	（1）	（2）
	Logit	Probit
时期固定效应	Yes	Yes
观测值	36 620	36 620
拟合优度	0.208 2	0.212 2

注：括号内为对应估计系数的聚类稳健标准误。* 表示在10%的水平下显著，** 表示在5%的水平下显著，*** 表示在1%的水平下显著。

数据来源：2005—2017年中国综合社会调查（CGSS）。

回归结果说明个体的特征变量对个体处于过度教育状态的概率存在显著影响。在人口学变量层面，性别虚拟变量显著为负，意味着相比男性而言，女性发生过度教育的概率显著更高，意味着我国劳动力市场在匹配层面上，存在一定的性别歧视；在个体特征变量层面，户籍状况对个体的过度教育发生概率有显著影响，城镇居民户口相比农业户口，发生的过度教育的概率会更低；在宏观区域层次，相比西部地区，中部和东部地区发生的过度教育的概率显著更高，意味着我国过度教育的发生概率还具有一定的区域特征。

通过对当前劳动力市场所存在的错配现象进行分析，课题组认为，教育系统的进一步改革与发展，需要在稳步推进教育扩张的同时，兼顾教育与劳动力市场之间的制度联结设计。应当从人才供给和劳动力市场人才—职业岗位匹配两个方面考虑教育系统与就业市场的制度联结设计，以解决当下的教育错配现象。在人才供给方面，首先应当加快建设现代化职业教育体系，满足劳动力市场对高端技术人才的需求。习近平总书记在对职业教育工作做出的重要指示中，强调发展高质量的职业教育尤为重要，包括着力发展中职、高职、本科职业教育培养一体化。其次，在高等教育发展方面，高校的专业设置要紧跟产业升级的进程，做到人才培育与高端服务业、高端制造业相对接，在高校教育发展上进一步提升引领性；同时要注重提升学生的就业质量，通过进一步强化基础课程和综合技能的培训，加强职业生涯规划方面的指导，促进高学历劳动者的教育—职业匹配。在劳动力市场人才—职业岗位匹配方面，要进一步完善劳动力市场的就业制度环境。习近平总书记在中央人才工作会议上明确指出要

"坚持营造识才爱才敬才用才的环境"。首先要改善目前仍然存在于我国劳动力市场的歧视现象。课题组通过对过度教育发生概率的计量分析,发现目前在性别、户籍等方面还存在着统计性歧视现象,导致部分群体面临较高的过度教育发生的概率,因此消除就业市场的搜寻摩擦、营造"人尽其才"的制度环境十分紧迫。其次,政府应该加强劳动力市场的就业指导和信息传递效率。有研究表明,劳动力市场的相关就业咨询、职业搜寻顾问服务对劳动力市场的资源有效配置有一定的改善效果。[①] 政府应鼓励发展劳动力市场的相关就业咨询、职业规划等服务,考虑针对高学历毕业生开办公益性就业指导项目等。

(二)"双减"实施合理、时机正确,但实施效果值得商榷,实施手段有所讲究

由教育导致的收入差距或教育回报的快速增长,极大地提高了中国家庭对教育特别是高等教育的需求。虽然九年义务教育的普及已基本完成,但公立(尤其是高中和大学)教育资源的分布不均以及竞争激烈的升学招生制度——中考和高考,加强了中国父母对子女教育的"焦虑",进一步促使父母提高子女从义务教育阶段乃至学前阶段开始的私人教育投资。正是在此背景下,校外培训需求在中国扩张迅速,包括家教、课外补习班以及近些年兴起的网络学习等各种形式的校外培训服务市场规模越来越大。校外培训支出在中国家庭支出中所占比重逐年攀升,成为中国家庭"鸡娃"现象产生的重要原因,也是家庭育儿成本的重要组成部分。目前,我国中小学生面临较大的学业压力,整体健康水平不佳,户外活动时间不足;校外培训的存在加大了低消费水平家庭与高消费水平家庭间教育不平等的同时,给前者造成了经济负担。如果教育的收入回报继续保持较高水平,那么可以预见的是,通过家庭校外培训投资的途径,子女的教育水平将与家庭背景更紧密地联系在一起,从而可能加剧我国教育不平等与收入不平等的趋势,降低代际流动性,有悖于"共同富裕"的长远目标。对此,课题组认为,"双减"政策实施确有必要。该政策实施以来基本实现全国覆盖,并取得初步成效,学生课业负担得到有效缓解。但"双

---

① Card, David, Jochen Kluve, and Andrea Weber, Active Labour Market Policy Evaluations: A Meta-Analysis. *Economic Journal*, 2010(120), F452-F477.

减"实施以来,家庭的课外培训需求依旧强烈,"地下补课"现象已初现端倪,学生背负的校外培训负担并没有得到有效缓解,故对校外培训"一刀切"的做法值得商榷。因此,结合韩国对校外培训治理失败的经验教训,课题组认为,对校外培训的治理应当是让社会各部门都参与其中的综合治理,"双减"政策实施的核心手段不应是单纯地封禁校外培训,而应是通过全方位提升学校的教育质量,以强化学校教育的主阵地作用,将补课机构提供的教育资源内化到学校的教育中,保证所有家庭都有机会获得高质量的、平等的教育资源。

1. 学生学业负担沉重,身心发展状况不佳

青少年心理健康水平有待改善。根据《中国国民心理健康发展报告(2019—2020)》的调查,2020年我国青少年的平均抑郁检出率为24.6%,与2009年相当,大幅高于美国抑郁检出率最高的俄勒冈州的14.6%。[①] 受检者中,患有轻度抑郁的占比为17.2%,重度抑郁的占比为7.4%。且学生抑郁水平随着年级升高而提高,初中阶段为发病高峰。可见,我国青少年心理健康状况不容乐观。

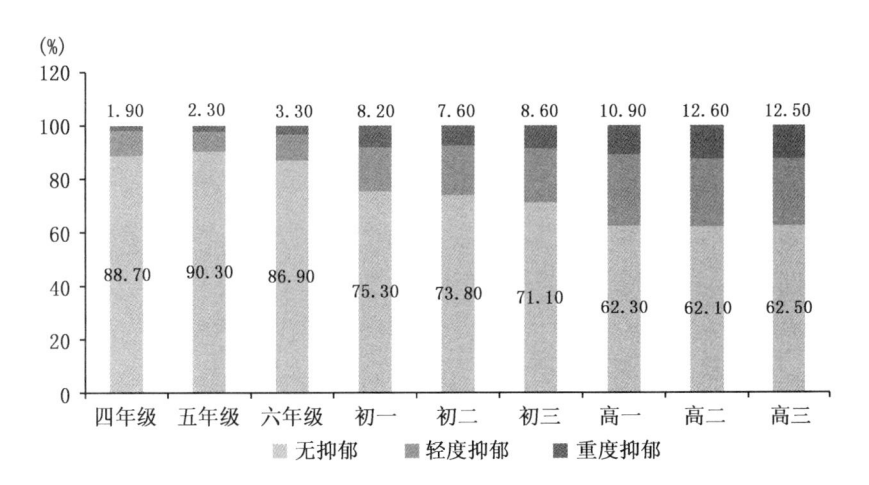

数据来源:《中国国民心理健康发展报告(2019—2020)》。

图81　2020年我国各年级学生抑郁检出率

青少年健康状况正在恶化。我国中小学生的睡眠时长与10年前相比大幅下滑。《中国国民心理健康发展报告(2019—2020)》显示,对比

[①] 数据来源:英国《每日邮报》2016年7月8日报道。

2009年,2020年各学段青少年的睡眠时长均有下降,小学和初中阶段青少年上学日平均睡眠时长均减少40分钟以上。同时,全体学生的近视水平也令人担忧。《中国儿童近视状况研究》显示,2018年我国儿童整体近视比例为53.6%,其中小学生近视比例为36%,初中生为71.6%,远高于美国中小学生10%的近视率。

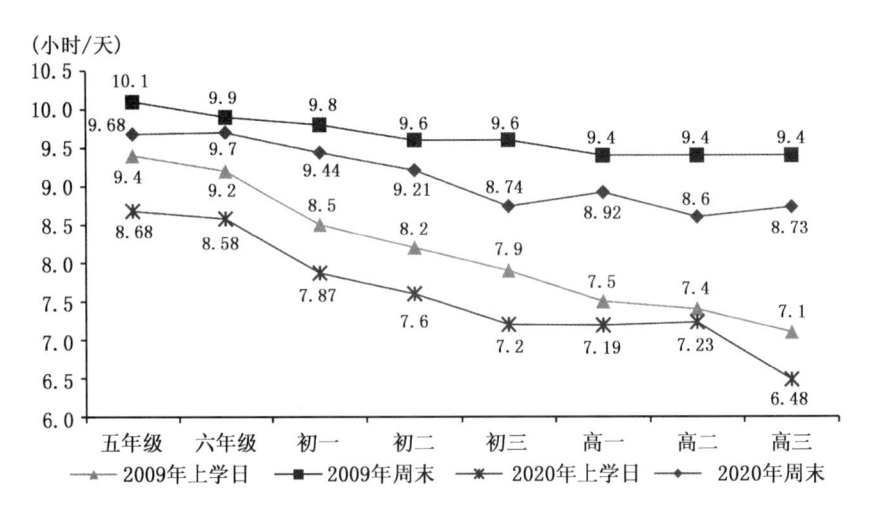

数据来源:《中国国民心理健康发展报告(2019—2020)》。

图82　学生睡眠时间随学龄变化趋势

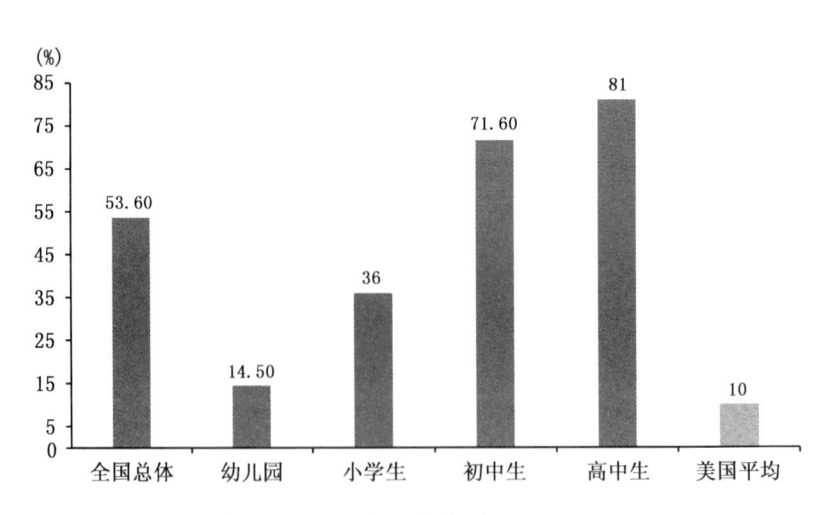

数据来源:《中国儿童近视状况研究》《光明日报》。

图83　2018年我国青少年近视比率

造成青少年健康水平恶化的原因,课题组认为可以在很大程度上归咎于学生学业负担较重、户外活动时间严重不足。《自然》杂志2015年3月18日刊登的一篇文章分析认为,导致目前近视爆发的根本原因是孩子缺乏足够的户外运动。[①] 这为我们的观点提供了理论依据。根据《中国儿童发展报告(2017)》的数据统计,我国中小学生户外活动时间严重不足,小学阶段有14.5%的学生每天作业用时在2.5小时以上,初中这一比例达到31.4%。同时,该报告还发现小学阶段有61.8%的学生每天锻炼身体用时在0.5小时以下,初中阶段这一比例为75.4%。校外培训也挤占了学生相当一部分的课外活动时间。据《中国教育新业态发展报告(2017)》统计,在上学期间,全国中小学生校外培训的平均时长为5.9小时/周,而暑假期间校外培训用时更多,平均长达15.0小时/周。

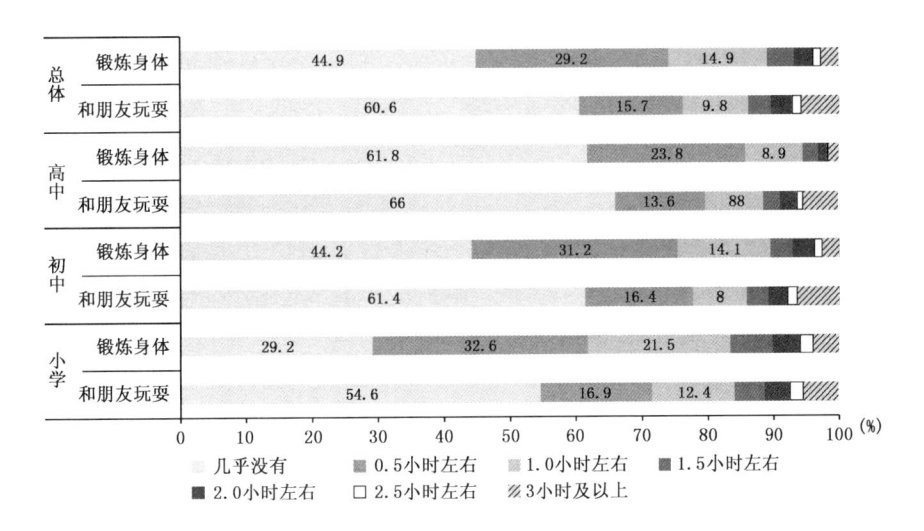

数据来源:《中国儿童发展报告(2017)》。

图84 不同学龄学生课后户外活动时间分布

2. 校外培训加重了教育不平等,并给低消费水平家庭造成经济负担

校外培训的存在使得高消费水平家庭在子女教育机会和教育资源获取过程中占据极大优势,加重了教育不平等。据《中国教育财政家庭调查报告(2019)》统计,年消费支出最高5%的家庭生均校外培训支出为

---

① Elie, Dolgin, The Myopia Boom. *Nature*, 2015, 519(7543), pp. 276–278. DOI: 10.1038/519276a.

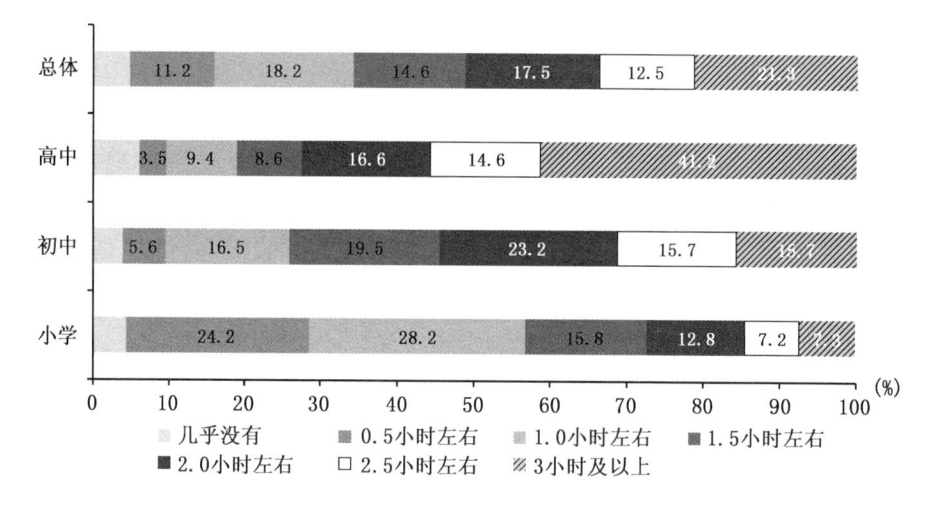

数据来源:《中国儿童发展报告(2017)》。

图85 不同学龄学生课后完成作业时间分布

14 372元/年,是最低5%家庭生均校外培训支出(710元/年)的约20倍;年消费支出前25%家庭的校外培训支出(8 824元/年)也是后25%家庭(1 520元/年)的将近6倍。整体上,校外培训在各消费水平家庭总支出中的占比均在6.7%以上,其中最低5%消费水平的家庭这一占比最高,达到了9.3%。最低5%家庭放弃了孩子的兴趣培养,但依然在学科培训上进行投入,这说明低消费水平家庭对学科培训的重视和"刚需",而这也给他们造成了经济负担。

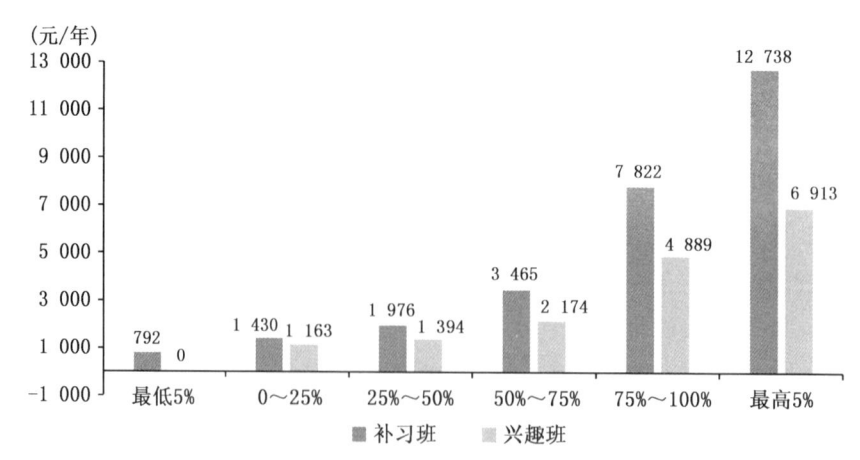

数据来源:《中国教育财政家庭调查报告(2019)》。

图86 不同消费水平家庭校外培训支出情况

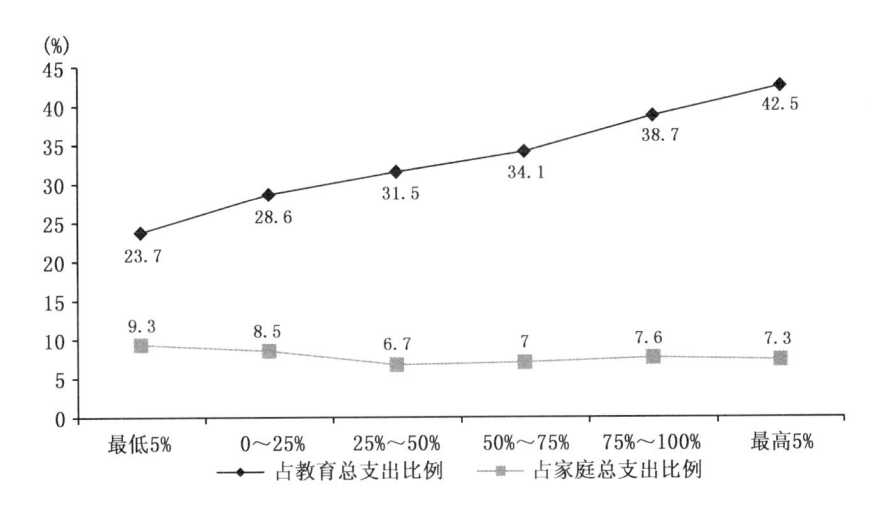

第一章 中国宏观经济发展的即期特征与主要风险

数据来源:《中国教育财政家庭调查报告(2019)》。

图87 不同消费水平家庭校外培训支出比例

利用具有全国代表性的中国家庭追踪调查数据(CFPS 2010)的研究[①]也得到了相似的结论:更为富裕的家庭、父母教育水平更高的家庭、城镇家庭或子女数量更少的家庭的子女更可能接受校外培训,且校外培训的支出更高,同时接受校外培训和校外培训支出也预测了更好的语文和数学测试成绩。这些发现指出,更多高收入高教育的城市家庭的子女获得了更多的私人教育投资,取得了更好的成绩,从而未来有更高的几率被好大学录取。与此同时,也有一些证据质疑校外培训对人力资本积累的作用。其中有相关研究认为,以提高成绩为目标的校外培训更多地是充当"信号"的作用,而并没有促进人力资本的积累和教育质量的提高,因此校外培训的社会回报可能远低于私人回报。以中国为例,前文提到的研究也指出,当在分析中控制了家庭背景的影响时,校外培训与成绩的相关性就不再显著,说明校外培训对成绩的影响可能也是微乎其微的。这些证据都指向一种观点,即校外培训或辅导对于全社会是一种低效率的教育投资,代表了资源的浪费,是一种教育上的"内卷",可能进一步影响全社会福利的改善。

[①] Zhang, Y. and Xie, Y., Family Background, Private Tutoring, and Children's Educational Performance in Contemporary China. *Chinese Sociological Review*, 2016, 48(1), pp. 64—82. https://doi.org/10.1080/21620555.2015.1096193.

综上,我国学生正面临着学业压力过大、身心健康水平堪忧以及教育不平等问题造成的严峻现状。据此,课题组认为,实施"双减"政策迫在眉睫。

3."双减"执行成效有所争议,实施手段值得商榷

教育部2021年9月23日的发布会指出,全国98.2%的学校出台了作业管理办法,92.1%的学校建立了校内作业公示制度,64.3%的学校的学生能在规定时间内完成作业。基础教育"双减"工作监测平台通过网络问卷调查发现,99.6%的学生家长反映本学期老师没有给家长布置作业或要求家长批改作业。全国有10.8万所义务教育学校(不含寄宿制学校和村小学)已填报课后服务信息,其中96.3%的学校提供了课后服务,85%的学生参加了课后服务。"双减"政策基本覆盖全国。

"双减"实施一个月以来,缓解了大部分家长的焦虑情况。据共青团中央宣传部和中国青年报社社会调查中心8月的调查,72.7%的受访家长表示教育焦虑有所缓解,其中中等收入家长的焦虑缓解程度最高,达到74.3%。

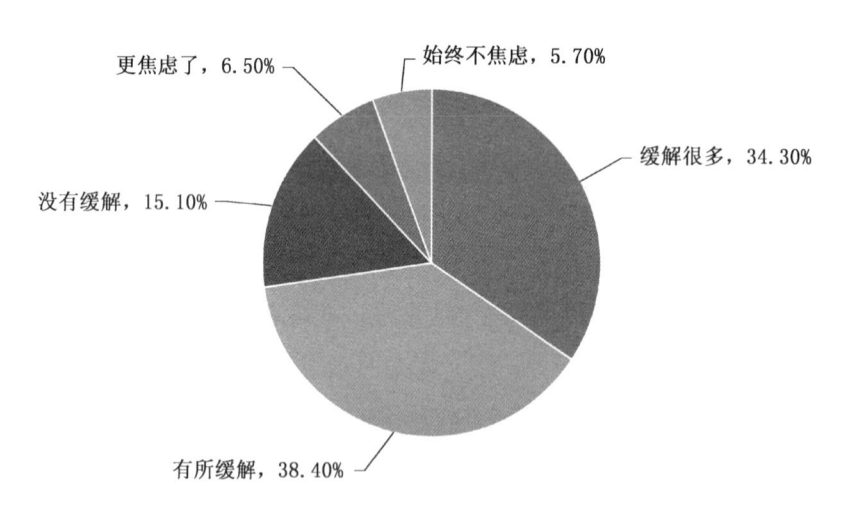

数据来源:共青团中央。

图88 因"双减"而减轻焦虑的家长分布情况

虽然"双减"在减轻学生作业负担方面已经初见成效,但未对减轻学生校外培训负担有明显帮助,因此校外培训"一刀切"的做法值得商榷。"双减"实行之后,家长对课外教育的需求依然旺盛。据国家统计局广东

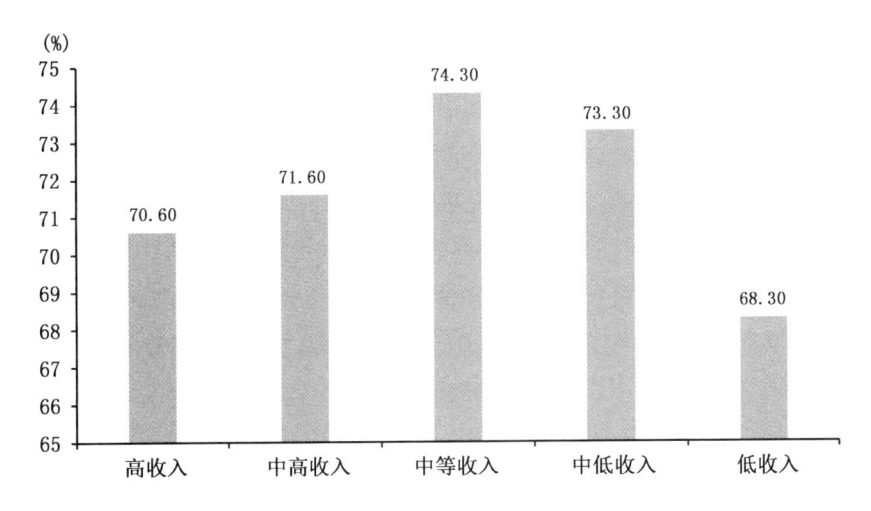

第一章 中国宏观经济发展的即期特征与主要风险

数据来源：共青团中央。

图89 "双减"对不同收入水平家长的焦虑缓解情况

调查总队8月专题调研,仍有24.0%的受访家长表示会继续参加校外学科类培训。其中51.4%的家长表示要继续参加补课是为了扩展孩子知识面,44.1%的家长希望可以通过学科培训让孩子赶上大多数同龄人。在希望继续补课的家长中,选择给孩子购买线上学科辅导课程的占44.6%;参加校外培训机构的课后学科培训的占34.7%,聘请1对1家教的占17.5%;而让孩子和同学拼班请名师辅导的也占到了16.4%。家长对私人教育的这种需求,仅在"双减"实施后的几个月内就已经滋生了相当规模的"地下补课"现象,进一步造成教育投资的低效率。"双减"本意是要减轻校外培训给家庭带来的经济负担和精神负担,但部分事实反映出,对校外机构"一刀切"的做法反而加重了这些负担。例如,在杭州,一名两个孩子的家长于9月28日向滨江区教育局投诉,培训机构的离职老师在小区租房补课,一节课收费600~900元,且保密工作非常谨慎,明确指出去补课走的是地库,学生连教师的门牌号都不知道。①

4. 韩国经验与"双减"展望

"双减"政策对家庭校外培训支出和教育公平的影响目前还难以通过数据研判。但是根据国际经验,仅依靠限制校外学科类培训的供给,可能

---

① 杭州市滨江区教育局2021年9月28日收到的投诉。

无法在长期中显著地减少家庭对校外培训的投入,也难以降低不同收入阶层的教育投入的差距和提高社会流动性。我们可以从韩国1980年的教育改革历史中预见,单纯以"一刀切"的方式来治理校外培训可能会造成"地下补课"盛行、补课费用大幅上涨、家庭教育负担反而上升等后果。而韩国21世纪以来的治理措施也告诉我们,社会各部门参与其中的综合治理才是打击和治理校外培训的有效手段。

韩国自1980年开始治理课外教育。1980年,韩国出台《730教育改革》以限制过热的课外补习。《韩国日报》报道,当时有70%的初中生参与课外补习,其中患有身体或精神疾病的学生比例达27%,初高中升学压力巨大。《730教育改革》直接否认了课外补习的合法性,禁止私人机构兴办教育。但法案最终没有取得预期的效果,课外补习在韩国依旧盛行。文献[①]显示,韩国的补习学院数量从1980年的381所增加到2000年的14 013所,参与的学生人数则从11.8万人增加到2000年的13.88万人。韩国家庭的校外培训支出占GDP的比例仍然在20年间从1977年的0.7%增长到1998年的2.9%(见表5)。特别地,有研究指出校外培训对收入的弹性在韩国高达0.5,成绩更好的、来自更富裕的、教育水平更高的家庭的青少年仍在校外培训上获得更多投入,教育的不平等依然存在。[②] 可以想象,在我国教育资源分配不均衡、公共教育缺乏个性化和残酷的中考高考选拔制度的现实背景下,私人教育投资和校外辅导需求依然是刚需。对校外辅导和培训实施"一刀切"的禁止政策可能像韩国一样并不有效,甚至可能会衍生出更严重的教育不平等现象和更多的教育焦虑。一种可能性是,受到政策激励影响,大众化的培训班淡出市场,催生出更难以监管、更具有隐蔽性、也更昂贵的个性化的1对1或者私教等教育形式。而这也意味着不同收入阶层家庭受到"双减"的影响并不相同,其子女受教育差异可能进一步拉大:富裕的家庭能够选择更昂贵的私教形式来让其子女获得更丰富、更优质的教育资源,从而缓解"双减"对其直接的影响;而对于普通家庭来说,经济能力和借贷约束则限制了其女子教育的可及性,使得社会流动性在长期中进一步恶化。

[①] 周霖、周常稳:《韩国影子教育治理政策的演变及其启示》,《外国经济研究》2017年第5期。
[②] Kim, S. and Lee, J., Private Tutoring and Demand for Education in South Korea. *Economic Development and Cultural Change*, 2010, 58(2), pp. 259—296. https://doi.org/10.1086/648186.

表5 1977—1998年韩国小学和中学教育支出(％GDP)

年份	总支出	公共支出	私人支出	私人校外培训支出
1977	4.6 (100)	2.22 (50.5)	1.60 (34.4)	0.7 (15.1)
1982	4.8 (100)	2.71 (56.5)	1.67 (34.7)	0.4 (8.8)
1985	4.9 (100)	2.59 (53.2)	1.39 (28.5)	0.9 (18.3)
1990	4.7 (100)	2.47 (52.9)	0.97 (20.9)	1.2 (26.2)
1994	5.2 (100)	2.73 (52.1)	0.74 (14.4)	1.8 (33.6)
1998	7.1 (100)	3.37 (47.3)	0.84 (11.8)	2.9 (40.9)

注：括号中数字是在总支出中的占比。

数据来源：KEDI(1999)。[①]

由此可以看出，仅取缔课外培训资本无法有效降低教育负担，而学校教育系统的发展能降低对课外教育的强烈需求。"双减"如果主要依靠以"减"为政策工具，恐怕难以治标，更难以治本。为了促进教育公平和达到"共同富裕"，我们应着力解决在长期中决定教育不公平的根本制度因素，并系统化地进行深入地教育体制的改革，因此，课题组认为：(1)坚持把教育的主阵地迁回学校，提高学校的教学质量，将补课机构提供的教育资源内化到学校的教育中，保证所有家庭都有机会获得高质量的、平等的教育资源，以降低家庭对课外培训的需求。增加公共教育投入，缩小公共教育资源的地区差异，促进义务教育阶段的教育公平。利用中国城镇家庭数据的研究表明，提高公共教育支出有助于降低家庭校外培训投入，从而缩小家庭间教育投资的差距。[②] 已有的公民同招、学区改革、教师轮岗、优质高中名额分配到校改革应当全面推进，减少由择校导致的教育差异。(2)进一步提高学校的课后服务质量和教学内容的多样性。要从根本上改善教育公平的问题，改革公立教育的内容难以回避。在实施抑制校外培训的政策的同时，韩国政府也对包括小学和中学的基础教育进行了均等化改革，减少了择校，并大大提高了公共财政对教育的支出和大学招生

[①] Korea Education Development Institute [KEDI]. 1999. Sakyoyukui Siltae Josa [Survey on Private Tutoring]. Seoul, Korea：KEDI [in Korean].

[②] Yuan, C. and Zhang, L., Public Education Spending and Private Substitution in Urban China. *Journal of Development Economics*, 2015(115), pp. 124—139. https://doi.org/10.1016/j.jdeveco.2015.02.006.

名额,但是仍然未能扭转校外培训不断增长的趋势。究其原因,有学者认为是在韩国高等教育机构的精英化和高回报的前提下,公立学校的固化而单一的教学内容,以及竞争激烈的高等院校入学考试,加剧了家庭对校外培训需求。这可能意味着,在基础教育内容的地区和学校间差异逐渐减少的大趋势下,在保证高质量和公平的校内教学之上,公共部门为学生提供差异化的教育服务也是必不可少的。因此,学校要充分利用"双减"带来的额外课后时间,提供丰富多彩的服务内容,为学生提供学习和发展空间。这样,在帮助学生身心全面健康发展的同时,也解决了家长面临的"3点半放学"问题,减轻了家长的负担。同时,学校也应当丰富教学内容,在课堂教学中融入更多社会实践和民族文化的相关知识,培养学生一定的动手能力,以激发学生的学习兴趣,让学生学得更加灵活,学有所用。(3)大力推动线上教学的发展。丰富的线上教学资源不仅可以帮助学生学习,也有助于减轻家长的经济负担,且其获取途径更加多样和公平。(4)将义务教育普及到高中阶段,减少或推迟应试激励导致的教育分层。由于我国义务教育目前只包括小学和初中,而升学到高中需要经过初中学业水平考试的选拔,这使得义务教育阶段的校外培训需求很高。随着校外培训产业的扩张,参与课外辅导的年龄逐渐降低,甚至幼儿园阶段就开始各种辅导班。因此,我们有必要将义务教育延伸到高中阶段,避免过早的教育分层,减少中考带来的儿童早期的学习压力,保证儿童身心健康发展,尽可能地缓解教育不平等。(5)积极推进教育体制改革和高考改革。更加灵活的人才选拔制度更有助于发展孩子综合素质的激励,而更加随机灵活的高考出题模式则可以避免盲目刷题、押题的错误学习方法盛行于世。(6)整合校内校外培训资源,促进教育公平。市场化的校外培训机构在调动教育资源方面具有优势,教育体系可以通过规范、整合,将校外培训机构作为补充校内教育的重要渠道。由于韩国禁止校外培训的政策并未取得成功,因此在 2000 年后逐步放开对校外培训的限制,从全面禁止走向规范和利用,自此,韩国对校外培训的改革更侧重于提升学校教育质量等方面,希望把课外教育纳入学校教育系统之中。为此采取了以下措施:构建网络学习平台;提供不同类别的补充性课程;提供课外学校服务。韩国通过优惠政策将优质的校外补习向贫困地区和家庭倾斜,尽力减少这类家庭补习教育的开支,以此促进教育公平。[①] 韩国新世纪的补偿政策对课外教育的治理达到了较好的效果。韩国统计厅 2010 年的私立教育报告显示,2007—2010 年,学生补习的总体参与率分别为 77%、75.1%、75% 和 73.6%,初步呈现下降趋势。因此,我们认为,合理的规范校外培训市场和有针对性地实行补贴政策,有益于降低教育不平等,在长期中有利于"共同富裕"。(7)继续大力发展素质教育,让学生树立"终身学习"的观念。进一步改变唯分数论的社会观念,这对于促进学生全面发展、缓解家长焦虑、改善补课需求都有不小的帮助。同时可以参考韩国成立校外培训心理咨询中心这一举措,设立一些公共咨询机构,以缓解家庭因对更好教育需求而产生的焦虑情绪。而媒体的正确报道对于引导公众意识的改变也有着重要作用。

(三)目前我国收入两极分化严重,初次分配、再分配调节收入不平等能力明显,第三次分配的调节能力需要谨慎对待

目前,我国收入不平等现象严重,基尼系数较大,两极分化严重。初次分配和再分配与收入不平等关系较为明显,我国可以从提高劳动报酬份额、完善税收再分配体系两个角度进行改革。从国外经验看,第三次分配调节收入不平等能力不明显,需要谨慎对待。

1. 我国收入不平等现状与三次分配简述

我国基尼系数高,收入两极分化严重。我国基尼系数长期高于 0.45,在 94 个国家和地区的基尼系数对比中,我国在 2000 年和 2015 年的排名分别是第 72 位与第 78 位,位于大部分欧美国家和亚洲国家之后,处于偏高的位置。2015 年,我国收入前 1% 人群与后 50% 人群收入占比分别为 0.14 与 0.143 6,两个收入人群收入比值为 0.97,在 247 个国家和地区中排名第 94,低于同期美国的 1.46,高于德国的 0.73。

劳动收入的不平等是中国收入不平等的主要来源。财产性收入虽然不平等程度较高,但是在总收入中占比较低,因此财产性收入不平等对总收入不平等贡献较小。有研究利用调查数据分解不同收入来源对收入不平等的贡献,发现工资收入是造成家庭收入不平等的主要因素,也是收入

[①] https://www.sohu.com/a/336160723_559581.

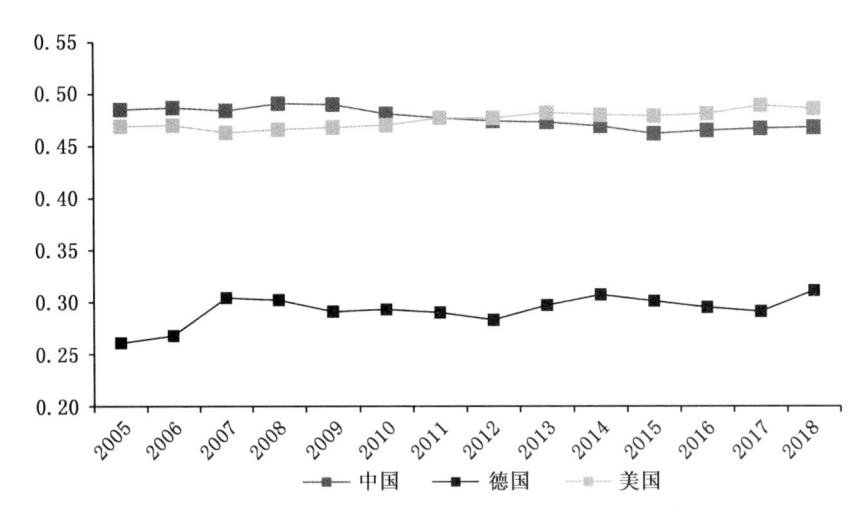

数据来源：Wind。

图 90　2005—2018 年中国、德国、美国基尼系数变化

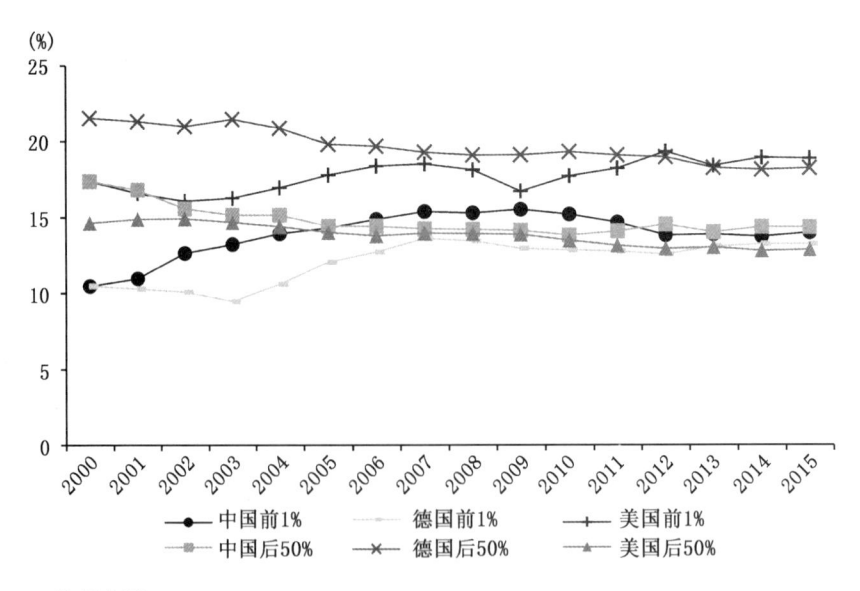

数据来源：Wind。

图 91　中国、德国、美国收入前 1% 与后 50% 人群占总收入的比率

不平等扩大的主要驱动成分。① 即使考虑到调查数据有可能低估财产性收入的比重,我们依然认为劳动收入的不平等是收入不平等问题的重要因素。需要指出的是,工资收入差异的扩大并非一定是不好的经济现象。中国工资收入变化的一个显著特征是教育回报率,尤其是高等教育回报率的上升。1996—2007年之间基本工资和教育回报率的变化,表明高等教育回报率的上升是平均工资增长的主要动力。② 劳动创造财富,劳动技能价值的提高,是市场经济发展和产业升级的体现。如果经济发展水平低下,缺乏高科技行业对高素质劳动力的需求,那么教育和技能水平较高的劳动者会面对"英雄无用武之地"的状况。在这种情况下,不同教育水平群体间的收入差异自然会较小,但这样显然不能实现共同富裕的目标。

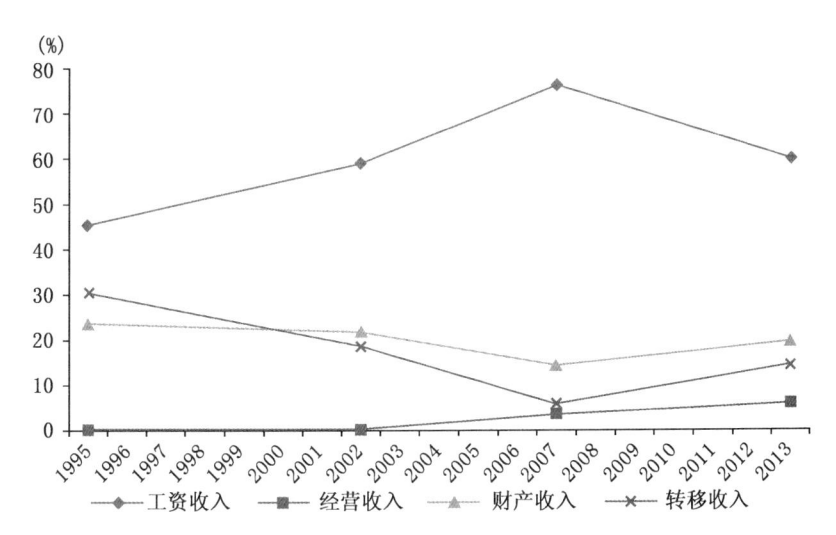

数据来源:Zhang,Junsen,A Survey on Income Inequality in China. *Journal of Economic Literature*,2021,forthcoming.

图92 1995—2013年各收入来源对城镇居民收入不平等的贡献

通过三次分配改变收入份额是我国实现共同富裕的重要路径。其中,初次分配是指市场主体通过市场提供生产要素取得的收入;再分配是指国家通过税收政策对各收入主体初次分配的收入进行再分配;第三次

---

① Zhang,J.,A Survey on Income Inequality in China. *Journal of Economic Literature*,2021,forthcoming.

② Ge,S. and Yang,D. T.,Changes in China's Wage Structure. *Journal of the European Economic Association*,2014,12(2),pp. 300—336.

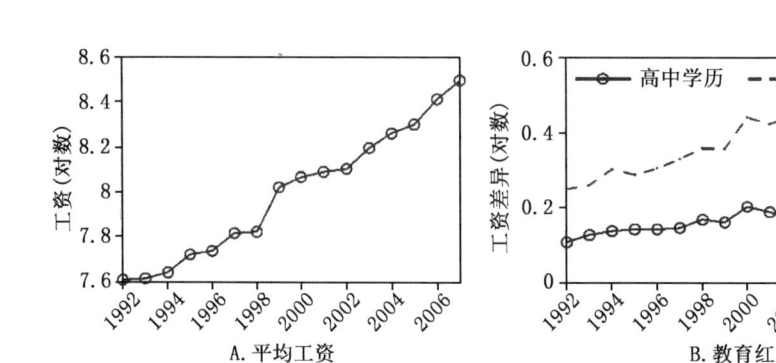

数据来源：Ge, Suqin, and Dennis Tao Yang, Changes in China's Wage Structure, *Journal of the European Economic Association*, 2014, 12（2）：300－336。

图 93　1992—2007 年平均工资和教育红利的变化

分配是指社会主体在道德、文化、习惯等影响下，通过民间捐赠、慈善事业、志愿行动等方式济困扶贫的行为。

2. 劳动报酬占比与收入不平等呈负相关关系，我国劳动报酬占比偏低

劳动报酬占比的提高能有效降低收入不平等程度。我国历史数据显示，我国基尼系数与劳动份额呈负相关。2004—2008 年，我国基尼系数随着劳动报酬占比的下降而上升；2008—2015 年，我国基尼系数随着劳动报酬占比的上升而下降。

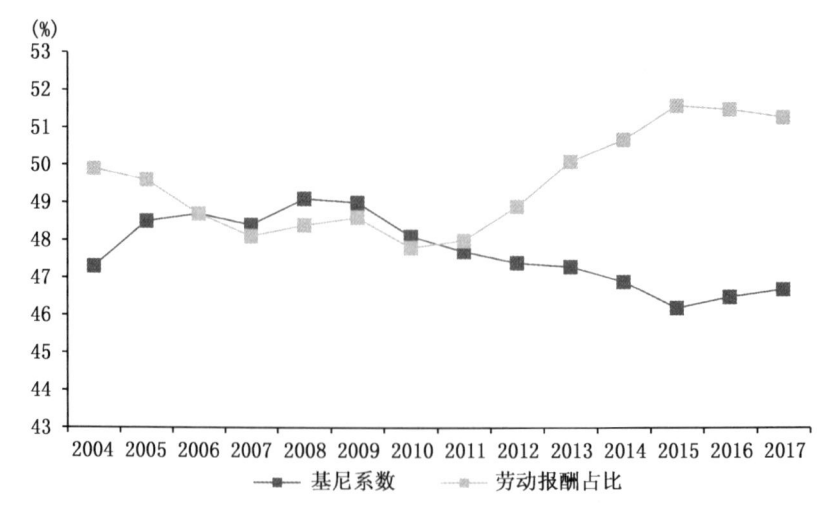

数据来源：Our World in Data、国家统计局。

图 94　我国基尼系数与劳动报酬占比情况

我国劳动报酬份额仍有待提高。纵向对比,我国劳动收入份额从2011年的48%逐渐上升至2015年的51.6%,尔后趋于稳定。横向对比,我国劳动收入份额为51.3%,排名第73,在全球范围内处于中间位置,高于非洲和部分亚洲国家,低于欧美国家。

我国财产性收入不平等状况严重。《中国民生发展报告(2014)》指出,我国家庭净资产基尼系数从1995年的0.45上升到2002年的0.55,再迅速攀升至2012年的0.73。《中国城市(镇)生活与价格年鉴》统计显示,我国2005年、2011年最高收入人群与最低收入人群总收入比分别为9.24与8.24,财产性收入比分别为28.86与34.02,财产性收入不平等程度逐渐加重,并且远高于总收入的不平等程度。

3. 再分配能有效调节收入不平等,我国税收体系有待完善

再分配能有效调节收入不平等。跨国数据显示,世界各国税前基尼系数均高于其同一时期税后基尼系数,爱尔兰改变幅度最大为26%,土耳其最小为2%。在各个国家和地区中,欧洲各国的税收调节能力最强,亚洲和北美各国的则相对较小。

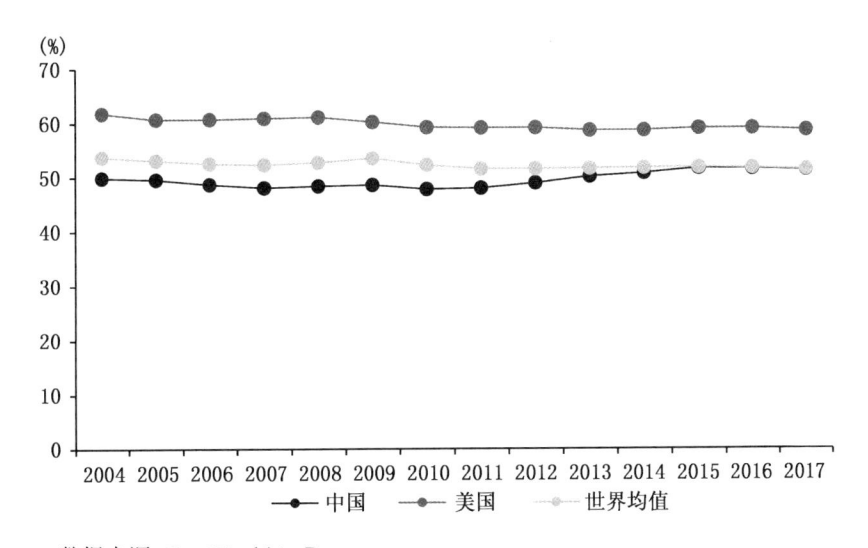

数据来源:Our World in Data。

图95 劳动报酬占比情况

针对2018年的个税改革,课题组通过建立代际交替的随机模型对专项抵扣中的大病抵扣进行了具体测算,发现目前抵扣机制对高收入群体

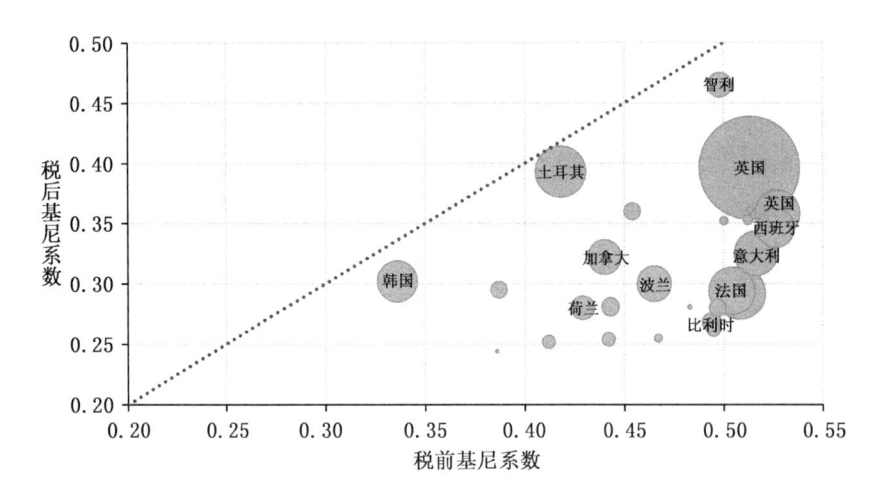

数据来源：Our World in Data。

图 96　各国税前税后基尼系数情况

的福利提升最为明显。通过对抵扣力度进行反事实实验，课题组发现抵扣下限的降低对低收入人群可支配收入的影响微乎其微，但会显著提高高收入人群的可支配收入，因此可以预期该举措将加重收入不平等程度。这一结论与学界对提高个税免征额的意见有异曲同工之处。杨沫（2019）、张玄和岳希明（2021）均指出目前我国个税有效税率偏低，2018年的个税改革虽然降低了低收入人群税负，但同时也弱化了个税的收入再分配调节能力。[1][2] 我国财产税与财产性收入税均存在不足。根据税收理论，税收的再分配能力与累进性和有效税率正相关。[3] 我国财产性收入税对利息、股息、红利所得，财产租赁所得，财产转让所得征收税率均为20%，累进性极低，调节财产性收入能力较差。同时，我国没有制定关于遗产赠予和房产持有的税收条例，财产税覆盖面窄，有效税率不高，调节财产不均的作用较弱。据此，课题组认为，我国目前税收体系仍有待完善。

---

[1]　杨沫：《新一轮个税改革的减税与收入再分配效应》，《经济学动态》2019年第7期，第37—49页。

[2]　张玄、岳希明：《新一轮个人所得税改革的收入再分配效应研究——基于CHIP 2018 的测算分析》，《财贸经济》2021年第11期，第5—19页。

[3]　Kakwani, N., On the Measurement of Tax Progressivity and Redistribution Effect of Taxes with Applications to Horizontal and Vertical Equity. *Advances in Econometrics*, 1984(3), pp. 149—168.

4. 第三次分配调节收入不平等能力不明显

国外经验显示,第三次分配调节收入不平等的能力并不明显。印度尼西亚慈善事业的发展与其收入不平等程度的改善之间没有强相关性。印度尼西亚在 CAF(国际慈善援助基金会)评测中慈善指数呈现波动上升趋势。在 2010 年第一期 CAF 慈善评测中,印度尼西亚只获得了 36% 的评分,在 153 个国家中排名第 50。在此之后,印度尼西亚的排名与得分不断上升,2018 年以 59% 的得分初次斩获第一,并在之后 2019 年、2021 年的榜单中分别位居第十与第一。[①] 同一时间,印度尼西亚的收入不平等情况并没有明显改善,其 2010 年与 2018 年前 1% 收入份额分别为 16.83% 和 18.28%,后 50% 收入份额分别为 14.84% 和 12.39%,前 1% 与后 50% 收入人群收入比例从 113.41% 上升至 147.54%,收入两极分化更为严重。据此,课题组认为,第三次分配对收入不平等的调节能力需要慎重对待。

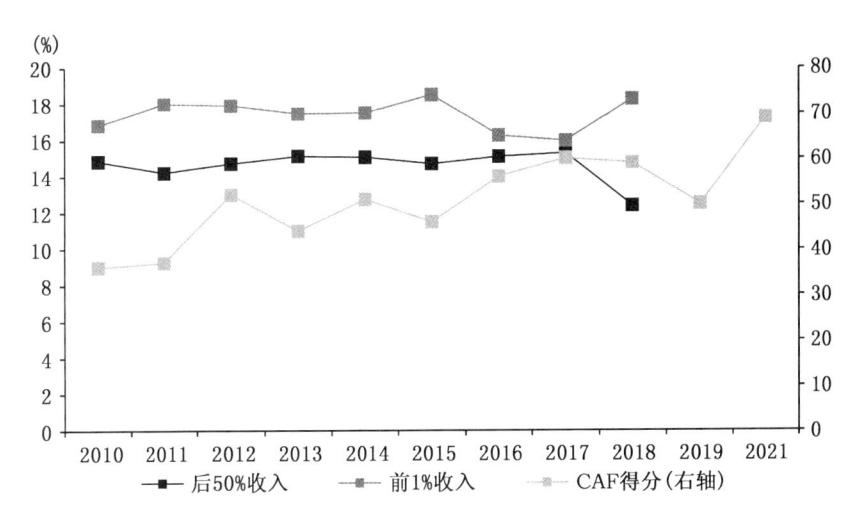

数据来源:国际慈善援助基金会、Wind。

图 97 印度尼西亚不同收入人群收入占比与 CAF 得分情况

---

① 特别的,2019 年 CAF 榜单参照各国过去 10 年的得分,因此印度尼西亚的综合分数存在下降。

(四)随着家庭信贷政策的反复,本已收缩的家庭债务重回增长轨道

家庭金融配置方面,家庭部门债务继续攀升,但增速前高后低。如图 98 所示,2021 年第一季度居民户新增中长期贷款总量达到 1.98 万亿元,创下历史新高。此后,由于房地产限制政策的不断加码,居民户新增中长期贷款数量不断降低。2021 年第二季度,居民户月均新增中长期贷款 4 833 亿元,略低于 2020 年的均值 4 958 亿元。7—10 月份居民户月均新增中长期贷款 4 280 亿元,略低于 2017—2019 年的均值 4 361 亿元。总体来看,2021 年 1—10 月份新增人民币中长期贷款 51 421 亿元,比上年同期多增 1 362 亿元,但这一数值几乎完全由 2021 年 1 月创历史新高的 9 448 亿元所引致。在 2021 年前 10 个月居民户新增中长期贷款中,有 7 个月份低于 2020 年均值,4 个月份低于 2017—2019 年均值。

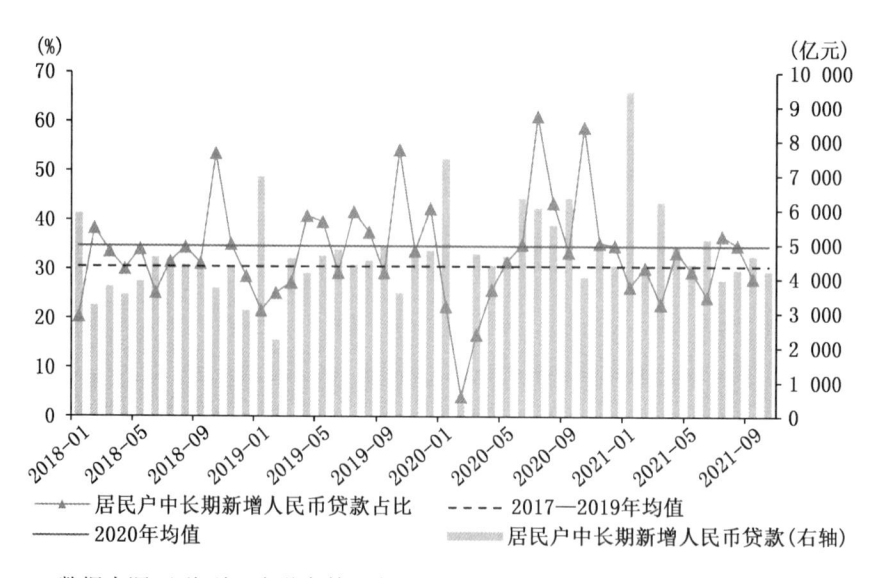

数据来源:上海财经大学高等研究院、Wind。

图 98 新增人民币家庭中长期贷款增量

2021 年第一季度的房地产市场延续了上年的火爆,但国家及时出台一系列限制政策,并加强房地产市场的监管,使得此后的楼市不断降温。这正是 2021 年居民户新增中长期贷款数量前高后低的原因。同时也要看到,房地产限制政策也抑制了普通家庭的住房需求,因此,在 2021 年

10月之后,部分城市银行关于房贷的放款提速,估计未来一段时间家庭部门债务增加会有所恢复。

2021年居民户新增人民币短期贷款的情况较2020年略有回升,不过仍不及2017—2019年均值。如图99所示,2021年1—10月,居民户月均新增人民币短期贷款1 673亿元,略高于2020年全年的均值1 600亿元,但显著低于2017—2019年的均值1 728亿元。2020年第一季度,受新冠疫情影响,由于全国范围的居家政策,当季的短期贷款新增为负值,是近十年来唯一出现负值的季度。而随着居家政策的解除,居民的生产和消费活动逐渐恢复,2020年第二、第三季度的短期新增贷款数量出现了一些修复式的增长。由于2021年还未出现过大面积居家隔离的情况,所以总体来看,2021年的居民户新增短期贷款的波动情况与2017—2019年同期水平较为一致,但平均值却显著低于2017—2019年同期。

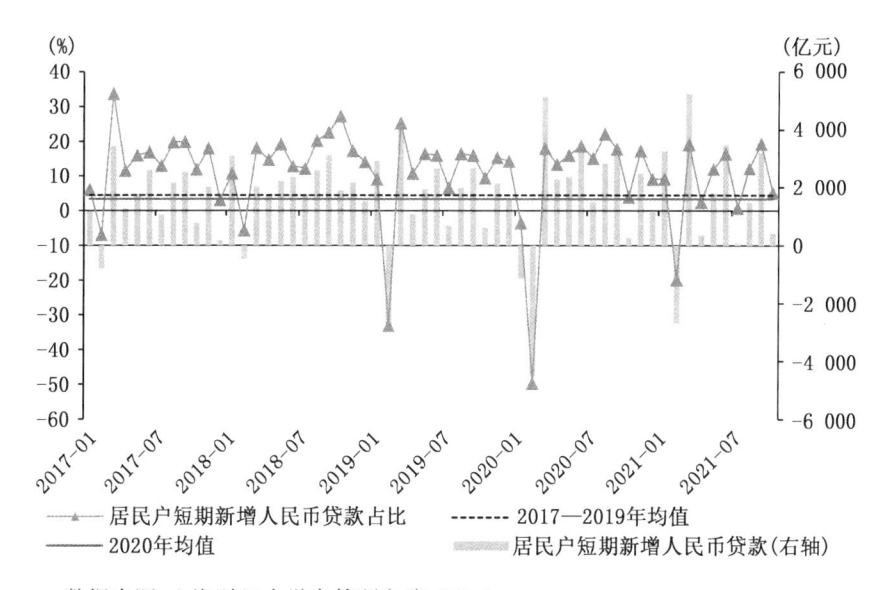

数据来源:上海财经大学高等研究院、Wind。

图99 新增人民币家庭短期贷款增值

同时应该看到,2021年前三季度我国GDP增速为9.8%,两年平均增速为5.2%,而居民户新增短期贷款总量较2019年同期仅增长4.4%。由于居民户短期贷款主要反映居民日常消费,所以从新增短期贷款的较慢增长也可以看出消费疲软。后疫情时期消费恢复一直不及预期,除了受断断续续的零星地区隔离政策影响外,课题组在2020年年中报告中指出的被失业率下降掩盖的劳动力市场动能不足也可能是一个重要原因。

虽然家庭部门新增贷款速度前高后低,但其占全部新增贷款的比例却从2021年4月开始呈现出上升趋势,已经由4月的35.9%上升至10月的56.2%,远高于2013—2015年的平均值,如图100所示。如果再加上房地产企业的贷款,全部涉房贷款的比例会更高。家庭部门债务增速有所下降而其新增贷款占比却有所上升的情况也从侧面反映出信贷市场逐渐收紧的状态。另外,从图中也可以看出,自2021年7月以来,家庭债务占比不断上升,10月的水平已然高过了2017—2019年的平均值,且这一上升趋势没有停止的迹象。

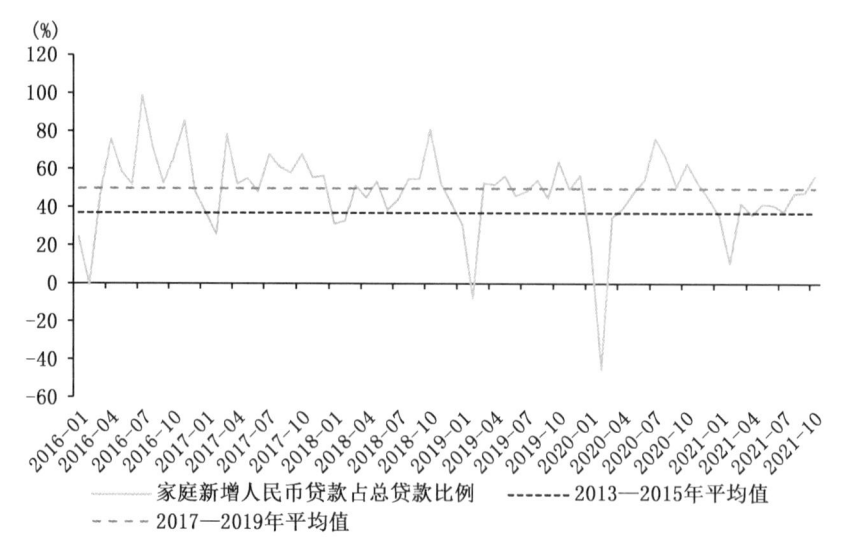

数据来源:上海财经大学高等研究院、Wind。

图100 家庭部门新增人民币贷款占比

从新增贷款的增速也可以看出同样的信息。无论是短期还是中长期,家庭部门新增贷款增速放缓也受整体宏观环境的影响。由于家庭部门中长期贷款新增额占据全部贷款新增额的近三分之一,因此,其增长趋势同全部贷款的增长趋势趋同。从图101中可以看出,受整体信贷环境收紧及上年基数效应的影响,整体信贷增速在第二、第三季度均出现下滑,从2021年第二季度开始,所有贷款同比增速均变为负值,且负增长幅度越来越大,但家庭部门中长期贷款增速下滑的幅度仍要小于整体信贷的下滑幅度。这也说明,即使在房地产市场受到多方限制的情况下,家庭部门加杠杆的动力仍要超过整体经济加杠杆的动力,这也是课题组判断当房地产信贷政策放缓后,家庭部门加杠杆速度会继续提高的原因。

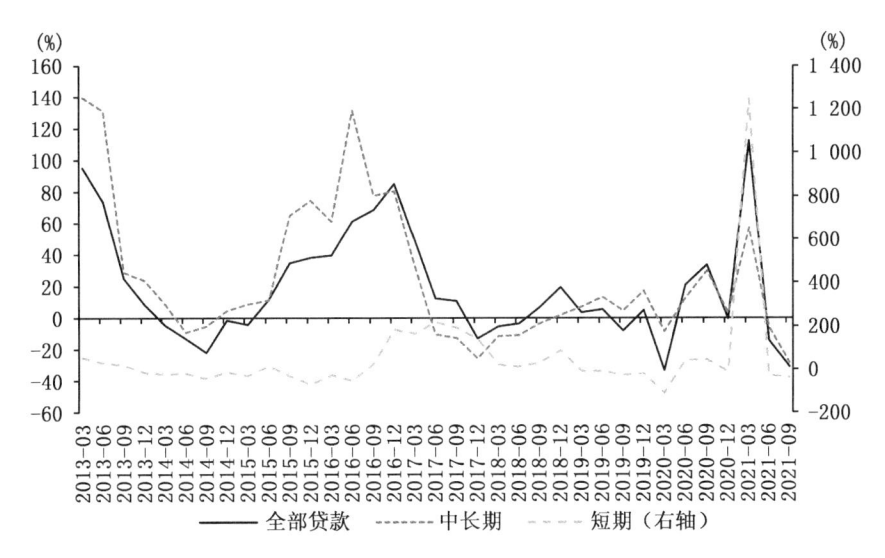

数据来源:上海财经大学高等研究院、Wind。
图101 家庭部门新增人民币贷款季度同比增速

受新增贷款增速下降的影响,在债务存量方面,家庭部门的债务存量虽继续增加,但增速持续下降。截至2021年10月,家庭部门共累积了约17.1万亿元的短期贷款以及近52.9万亿元的中长期贷款。如图102所示,从3月开始,家庭债务的累积呈现减速态势。10月中长期贷款余额同比增速下降到13.1%,是2016年以来的最低增速。但同时也可以看出,即使家庭部门已经累积了数万亿元的债务,债务增速仍然超过了10%,远没有显露出降杠杆的苗头。短期债务的累积同比增速也在下降,由于基数效应,2月的增速高达19.3%,此后逐渐回落,10月同比增速为13.2%。后疫情时代家庭的债务结构日趋平稳,从2020年4月至今,家庭短期贷款与中长期贷款的比值一直稳定在0.32附近。

伴随着GDP增速的恢复以及家庭债务累积增速的放缓,家庭部门的杠杆率(债务余额与GDP之比)在2021年上半年略有回落,但第三季度又恢复了增长态势。如图103所示,根据国家资产负债表研究中心CN-BS的测算,截至2021年第二季度,家庭部门杠杆率(家庭债务余额与GDP之比)下降至62.0%,较2020年年末减少了0.2个百分点,但第三

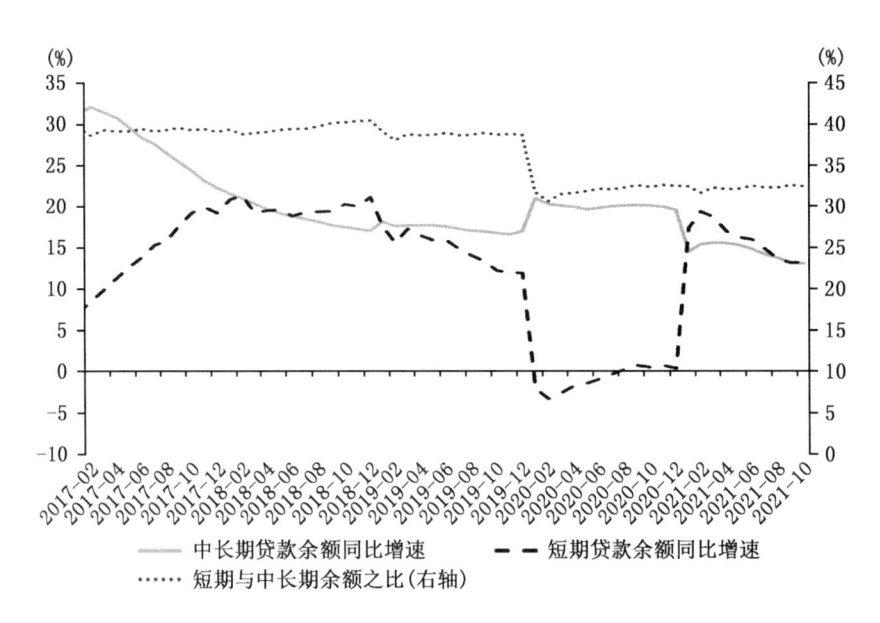

数据来源：上海财经大学高等研究院、Wind。

图 102　家庭债务余额同比增速

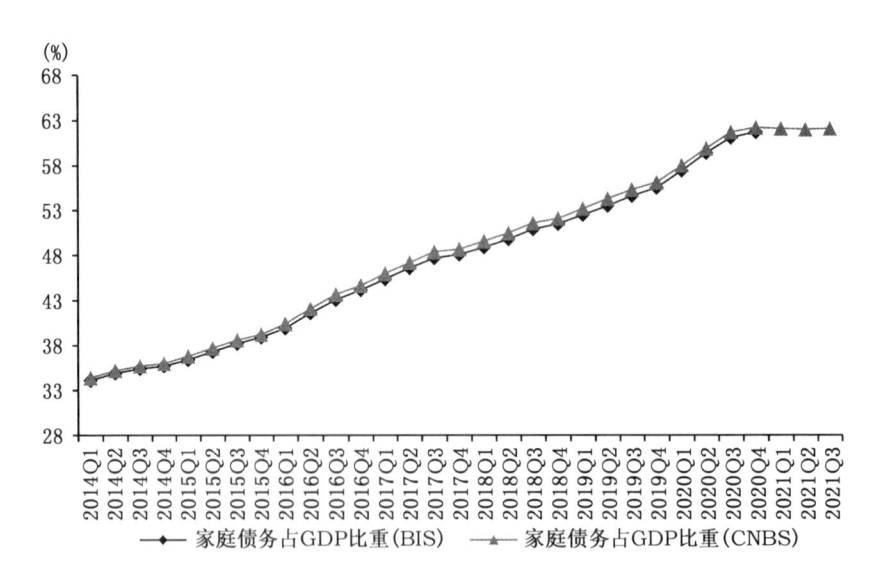

数据来源：国家统计局、中国人民银行、BIS、CNBS、上海财经大学高等研究院。

图 103　家庭部门杠杆率

季度又恢复至 62.1%，恢复至第一季度的水平。2020 年前三季度，我国家庭部门的杠杆率每季度增加近 2 个百分点，远远超过疫情前一个季度

1个百分点的增速,但如果将疫情后两年综合考虑的话,2021年第三季度较2019年底增加6个百分点,基本上维持了一个季度近1个百分点的增长速度,2021年上半年杠杆率的下降仅仅是对2020年杠杆率过快增长的回调。伴随着后疫情时代GDP增速的回调,以及信贷调控政策的松动,课题组认为,在未来一段时间家庭部门杠杆率仍会维持增长的态势。家庭债务增速过快仍然是未来中国经济健康发展必须解决的一个问题。

家庭部门的债务累积虽被迫降速,但家庭部门的存款速度降得更快。如图104所示,2021年第一、第二、第三季度家庭部门新增存款较上年同期同比增长3.25%、-58.6%和-35.8%。截至10月,2021年家庭部门存款新增7.28万亿元,低于上年同期的8.99万亿元,也低于2019年同期的7.93万亿元。家庭部门银行存款余额增速也已经由年初2月的13.8%下降至10月的10.46%。受住户存款增速放缓的影响,自2021年2月以来,家庭部门贷款存款比例继续攀升,已经由年初的68%上升至70%左右。课题组认为,家庭部门存款增速下降有两点值得注意:一是家庭存款增速的下降并未体现为消费,这从消费数据不及预期可以看出来;二是家庭存款增速与经济发展程度正相关,利用分省数据,课题组发现,越是经济增速缓慢的地区家庭部门存款增速越低。这说明家庭部门存款增速下降可能是被动的,并不是由于预防性储蓄动机下降所导致。

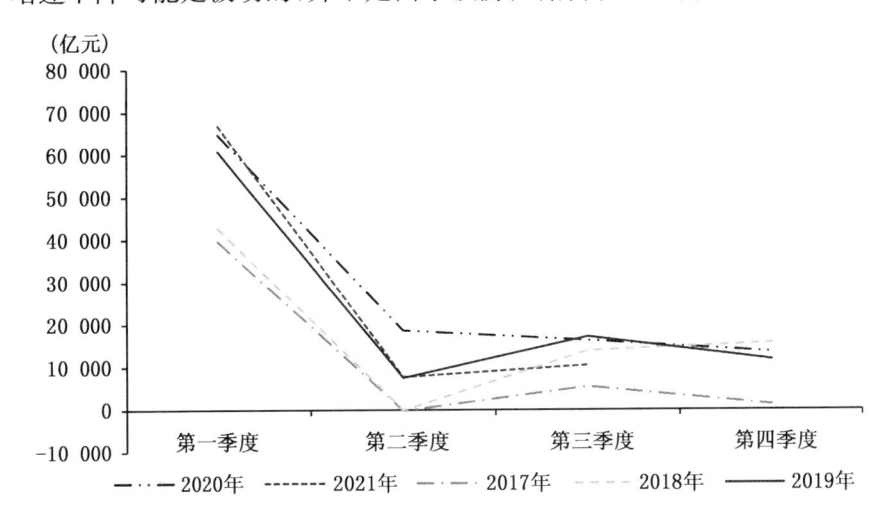

数据来源:中国人民银行、国家统计局、上海财经大学高等研究院。

图104　家庭单季存款新增额

如何理解2021年以来家庭债务与存款增速双双下降？虽然市场有分析认为是家庭改善型住房需求叠加更高的首付比导致，但课题组认为，这主要是房地产调控效果在二手房市场显现的结果。2021年第二季度以来，中央政府继续加码对房地产行业的管控政策。叠加恒大债务违约事件不断发酵对市场造成的负面冲击，房地产市场出现了明显降温。由于商业银行分配给新房和二手房相关的信贷额度被严格限制，我国的房地产行业素有"金九银十"的说法，但是2021年9月却较为惨淡，30个大中城市商品房成交面积同比下降27.1%。这直接限制了家庭债务的扩张。

利用城市二手房出售挂牌量信息，课题组进一步检验了调控政策对家庭部门存款和贷款的影响。首先，课题组构造了省级2021年二手房交易指数，即2021年的二手房交易量与2020年的交易量之比，这一指标越低，表明2021年二手房市场越惨淡，说明调控政策的效果越明显。课题组发现，这一指标不仅与2021年至今的家庭存款增速正相关，如图105所示；也与家庭债务增速正相关，如图106所示。从经济学来说，如果家庭A要购买100万元的住房，首付30万元，那么如果其购买新房，则债务增加70万元，存款减少30万元，但如果家庭A购买的是家庭B的二

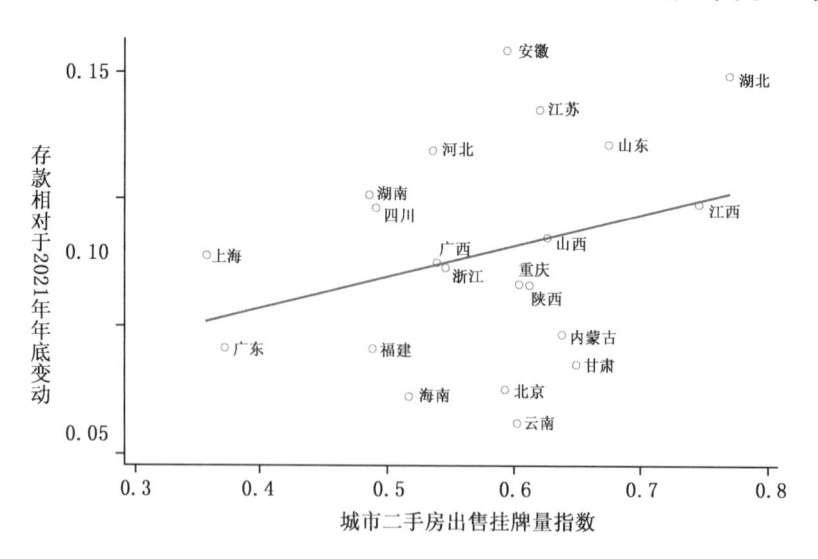

数据来源：中国人民银行、国家统计局、上海财经大学高等研究院。

图105　城市二手房出售挂牌量指数与存款增加的相关性图

手房,则家庭 B 会增加 100 万元的现金,在这种情况下,债务增加 70 万元,存款增加 100 万元。而目前的情形显然与二手房市场受到冻结的逻辑更为一致。

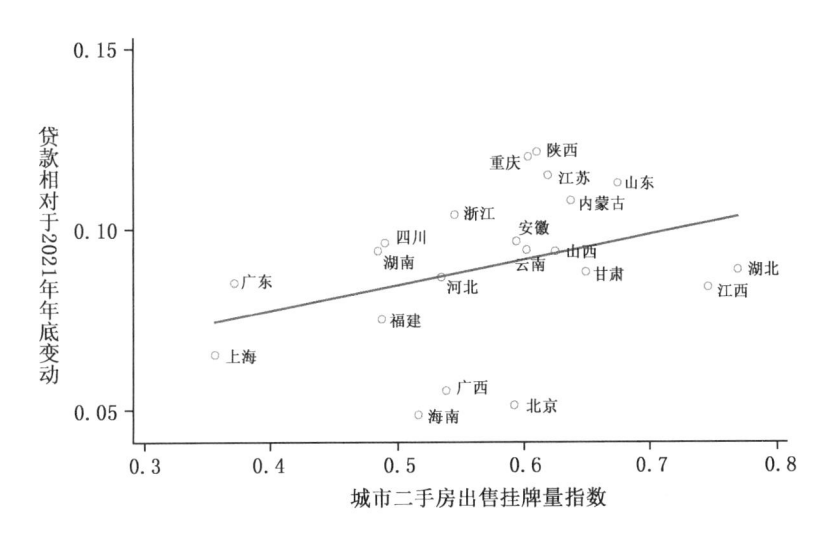

数据来源:中国人民银行、国家统计局、上海财经大学高等研究院。

图 106　城市二手房出售挂牌量指数与贷款增加的相关性图

虽然整体上家庭部门贷款与存款增速均下降,但 2021 年 1—10 月间,大部分省份的贷款增速仍要高于存款增速,体现在贷存比(家庭总贷款除以家庭总存款)方面,即表现为区域贷存比的分化加剧,如图 107 所示。整体而言,截至 2021 年 10 月,共有 10 个省份的贷存比超过了全国平均贷存比 69.5%,其中贷存比最高的为福建省达到 124.2%,最低的为山西省低至 25.2%。整体而言,家庭部门债务累积也呈现出比较明显的南北差异,即东南沿海省份的家庭部门贷款累积最多,这也与中国经济以及房地产市场呈现出来的区域异质性相一致。

2021 年 10 月 23 日,第十三届全国人民代表大会常务委员会第三十一次会议决定,授权国务院在部分地区开展房地产税改革试点工作。房产税可以降低地方政府对土地财政的依赖,降低房价的增速,改变家庭对住房需求的预期,调整家庭的消费结构,从长期来看,肯定会对我国经济产生正向的影响。但是,引入房产税并不是一蹴而就的,经济并不能立刻达到结构最优化的时态,而只能慢慢调整优化,一步一步到达最终时态。

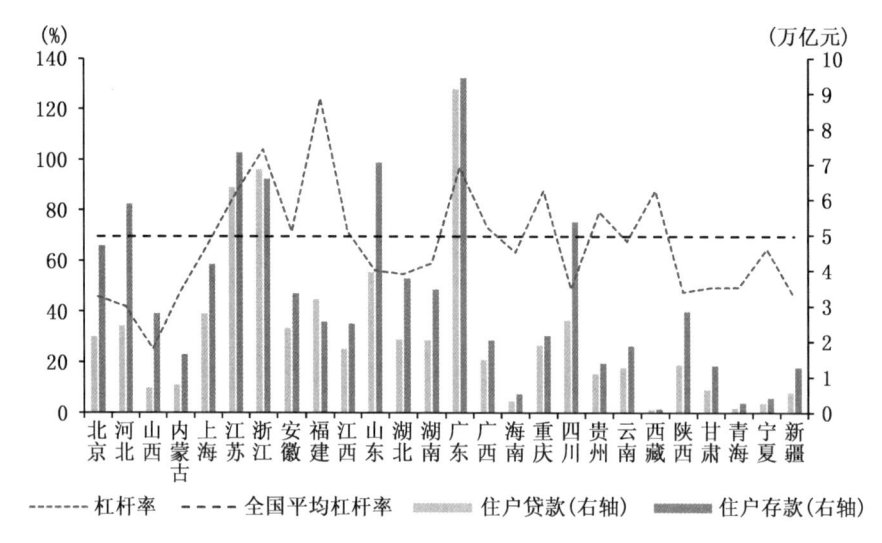

数据来源：中国人民银行、国家统计局、上海财经大学高等研究院。

图107　各省家庭贷存比

在这一过程中，房产税的引入就可能引起部分人群的阵痛，从而产生再分配效应。

借助于高等研究院独特的理论优势，课题组利用构建的符合中国房地产市场特点的动态结构模型，探讨了房产税改革对家庭部门的影响。在分析时，与一般文献不同，课题组更加强调了房产税引入带来的短期成本。具体而言，我们假定经济在第0期处于稳态，在第1期开始针对超过市场平均住房面积的那一部分住房征收房产税，且税率为0.5%。征收房产税后，模型中的家庭开始调整自己的住房与消费以达到效用最大化，经济也在经历震荡后慢慢再次达到稳态。

图108描述了征收房产税后房价的变动情况，从图中可以看出，当开始征收房产税后，那些房产过多、被房产税直接影响的家庭开始大规模卖房，这会使得房价立刻下降，但接下来，那些没有被房产税直接影响的家庭，或者那些之前买不起房、没有住房的家庭，在房价下降后开始变得能买得起房，然后这些家庭开始慢慢累积房产，房价开始慢慢回升。但由于在模型中房产税的征收范围是住房面积的平均值以上，因此这些新购房家庭没有动力将住房面积增加到平均值以上，这也导致最终稳态下的房价仍然要低于初始状态。也就是说，虽然房产税短期内会造成房地产市

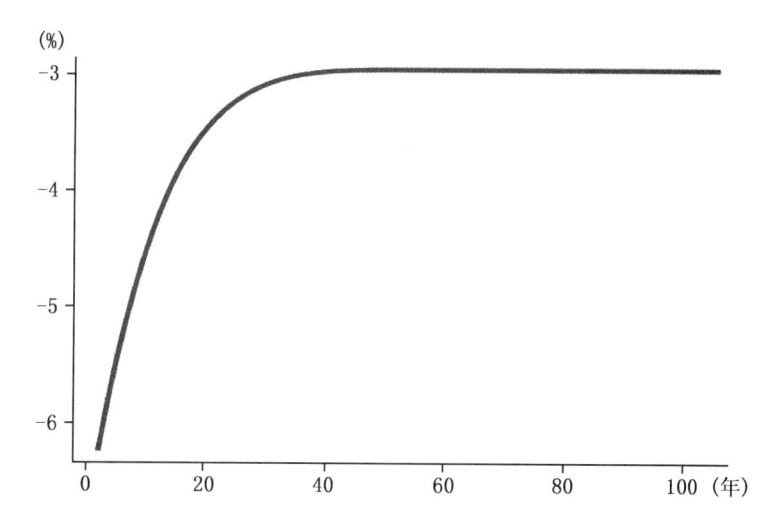

场的震荡,但长期来看确实会降低房价,达到"房住不炒"的目的。

数据来源:上海财经大学高等研究院。

图 108　征收房产税后房价的变动

图 109 描述了引入房产税后消费变动的情况。在征收房产税后,那些直接受到影响的家庭需要额外缴纳房产税,这相当于一个负的收入冲击,同时,这些家庭甩卖住房也使得房价下降,产生一个负的财富效应,这均使得这些家庭的消费短期内下降。对于那些有房但没有被征收房产税的家庭,房价下降产生的替代效应以及负的财富效应均会使得消费下降。对于租房者而言,由于短期内房租下降,家庭流动性得到改善,因此,租房家庭的消费升高。但由于模型中租房家庭的比例偏少,导致整体上消费短期下降。随着时间的推移,伴随着房价的回调,财富效应的负面影响逐渐消退,且家庭受限于住房服务的购买,以及房价上升带来的替代效应,家庭的普通消费开始恢复增长,直至长期超过初始稳态,结构得到优化。

当然,需要强调的是,课题组的分析主要是为了提醒房产税可能产生的短期成本。短期内政府还可以通过保障性住房、租售同权等多项政策稳定房地产市场,降低房地产市场的震荡,并且由于分析仅仅考虑了房产税,并没有考虑其与其他税种之间的联动效应,如房产税的引入可能会使得其他税种的税率下降。因此分析的短期成本可以被看作一个上界,真实的成本可能会更小一些。但是,需要再次强调的是,政策的出台虽然可能带来长期的正向效应,但同时也应当考虑短期内的成本问题,做好配套

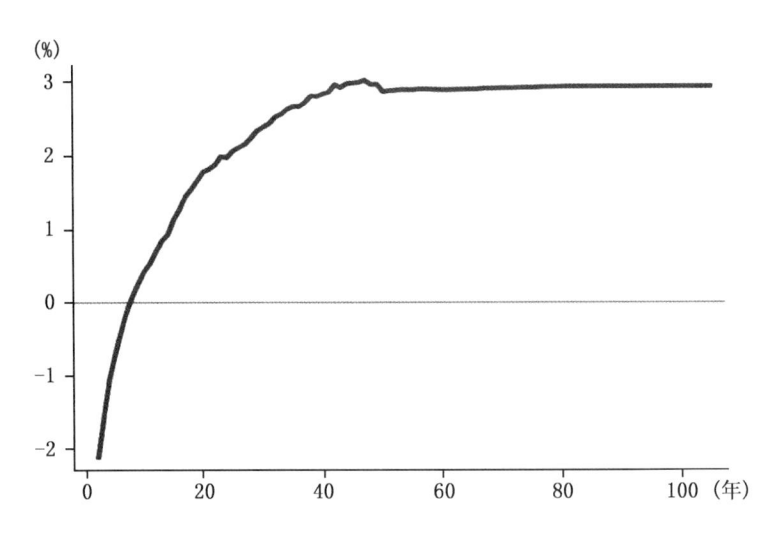

数据来源：上海财经大学高等研究院。

图 109　征收房产税后家庭消费的变动

措施，力求将成本降至最小，这是本报告关于房产税的分析所要表达的主要观点。关于房产税配套措施的研究，课题组将持续关注。

(五)金融稳定性未见改善,中小银行风险溢出水平大增

根据国家资产负债表研究中心的数据，截至 2021 年第三季度末，我国实体经济部门的宏观杠杆率为 264.8%，其中大部分债务集中在非金融企业部门，其杠杆率为 157.2%。[①] 如图 110 所示，当前我国非金融企业部门的杠杆率水平虽然较 2020 年末有所下降，但依然处于历史高位。需要注意的是，我国民营企业杠杆率并没有与整体杠杆率的变化呈现类似趋势，反而有上升的迹象。截至 2021 年 10 月末，私营工业企业的资产负债率为 58.3%，同比上升 0.2 个百分点，较 2020 年末上升 0.95 个百分点。此外，从债券市场数据来看，虽然地方国有企业的违约风险有所下降，但民营企业和中央国有企业的违约风险再次出现上升的迹象。

进入 2021 年下半年，房地产行业流动性风险突出，虽然 2022 年我国

---

① 根据国家资产负债表研究中心的定义，杠杆率＝各部门债务/名义 GDP。其中，非金融企业债务包括企业贷款、企业债、信托贷款、委托贷款、未贴现银行承兑汇票和境外债务，其中包括部分地方政府融资平台的债务。

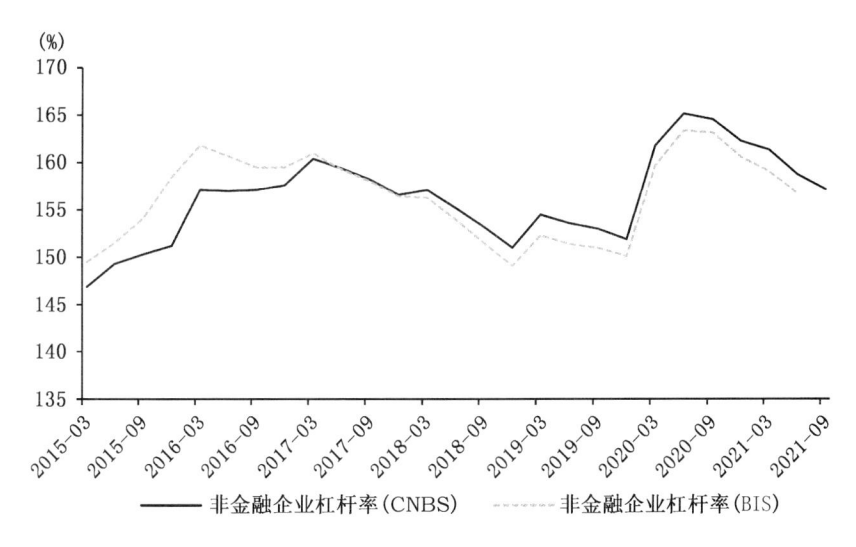

第一章 中国宏观经济发展的即期特征与主要风险

数据来源：国际清算银行（BIS）、国家资产负债表研究中心。
图110 非金融企业杠杆率

企业的兑付压力不大，但由于我国经济出现新的下行压力，因此民营和中央国有企业违约风险的上升对债券市场以及银行系统可能造成的冲击不可忽视。因此，课题组分别利用我国非金融企业的发债数据和上市商业银行的数据对我国企业的违约风险以及银行系统的稳定性进行了分析，以此来评估当前我国金融系统稳定程度和潜在风险。

课题组通过条件在险价值模型（CoVaR）来评估我国银行系统的稳定性和识别系统重要性银行，并做出定量分析。课题组从 Wind 的股票数据库选取了 2015 年 1 月 1 日至 2021 年 11 月 30 日在沪市或深市上市至少一年的商业银行作为样本数据，共计 37 家商业银行。[①] 截至 2021 年第一季度，这 37 家银行的总资产占我国商业银行资产总额的比例高达

---

① 按照证监会行业分类，目前我国上市银行共41家。其中，包括6家大型国有商业银行：工商银行、农业银行、中国银行、建设银行、交通银行和邮储银行；9家股份制银行：浙商银行、兴业银行、招商银行、浦发银行、中信银行、民生银行、光大银行、华夏银行和平安银行；26家城市商业或农村商业银行银行：宁波银行、南京银行、北京银行、江苏银行、贵阳银行、江阴银行、无锡银行、常熟银行、杭州银行、上海银行、苏农银行、张家港农商银行、成都银行、郑州银行、长沙银行、紫金银行、青岛银行、西安银行、青岛农商银行、苏州银行、渝农商行、厦门银行、重庆银行、齐鲁银行、瑞丰银行和沪农商行。但重庆银行、齐鲁银行、瑞丰银行和沪农商行的上市时间均在 2021 年以后，观测值数量均未超过 250，样本数太少，因此未纳入考察范围。

79.8%[①],代表性良好。在估计银行系统以及各家银行的 VaR 和 CoVaR 系数时,课题组用 37 家上市银行后复权日收盘价来计算的各家银行的日收益率表示各银行的运行情况,用中证沪深 300 商业银行全收益指数日收盘指数来计算的日收益率表示银行系统的运行情况。

首先,当单家银行受到外部冲击时,课题组估算了每家银行自身将遭受的损失,即在险价值(Value at Risk,VaR)。但是 VaR 并没有考虑单家银行风险溢出的影响,即单家银行遭受冲击并发生损失时引起的系统中其他银行产生的损失。为了考察每家银行在遭受冲击时的风险溢出效应,课题组还估算了每家银行的条件在险价值(Conditional Value at Risk,CoVaR)。每家银行风险溢出的影响用 CoVaR 和 VaR 之差表示,即 $\Delta \text{CoVaR} = \text{CoVaR} - \text{VaR}$。课题组还计算了 $\Delta \text{CoVaR}/\text{VaR}$ 来衡量每家银行自身遭受将产生最大损失的外部冲击时,其引发的系统中其他银行的损失与其造成的总损失的比例。

在 5% 的置信水平下银行自身受到使其产生最大损失的外部冲击时,从其自身受到的损失和对整个银行系统的影响来看,我国银行系统的稳定性在 2021 年下半年弱于上半年。如图 1-11 所示,银行风险溢出水平不论是简单平均值还是加权平均值,均呈现先降后升的趋势。从简单平均值来看,11 月末的水平和上年末的水平相当;而从加权平均值来看,11 月末的水平虽然比上年末的水平低,但为年内最高水平。由此可见,当前银行风险溢出率的变化在不同银行间呈现一定的分化。如图 1-12 所示,规模相对较大的国有大型商业银行以及股份制银行的风险溢出水平稳中略升,但规模相对较小的城市和农村商业银行的风险溢出水平自 2020 年年中以来呈现持续上升的趋势。更重要的是,虽然当前城市和农村商业银行的风险溢出率水平依然低于大型和股份制商业银行,但从其自身的水平值来看,已超过 2017 年金融系统去杠杆之前的水平,且上升速度与 2018 年同期相当。当单家银行自身遭受大的冲击时,城市和农村商业银行对银行系统稳定性的影响处于 4 年来最高水平。

---

① 截至 2021 年第三季度,37 家样本银行资产总和约为 221.43 万亿元,我国商业银行资产总和约为 277.52 万亿元。

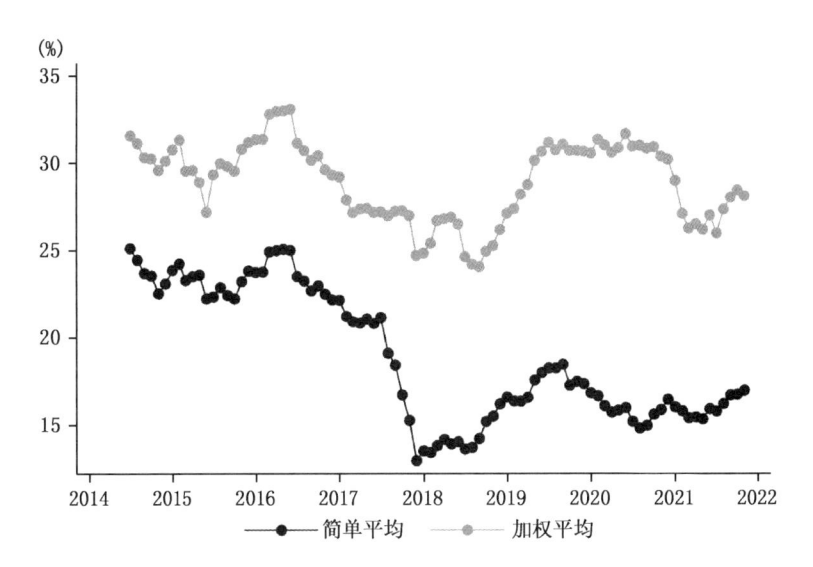

第一章　中国宏观经济发展的即期特征与主要风险

数据来源：Wind、上海财经大学高等研究院。

图 111　上市银行风险溢出比例——单家银行自身遭受外部冲击时①②

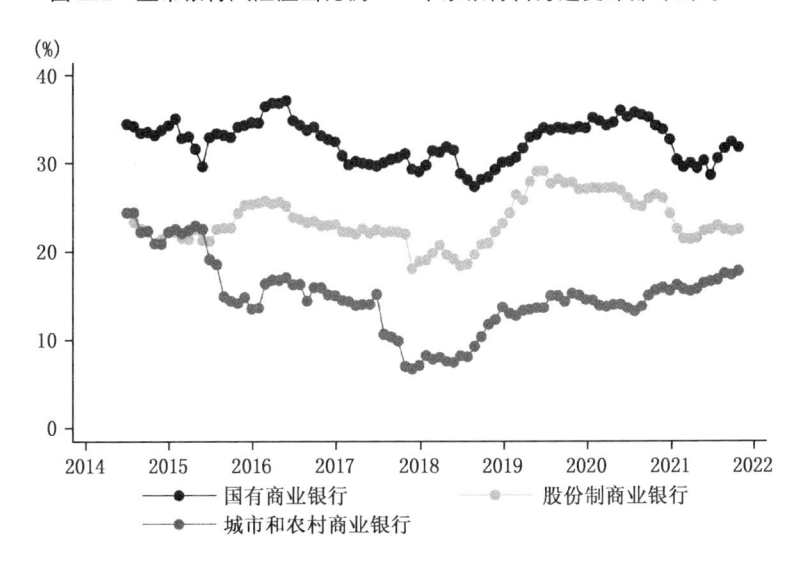

数据来源：Wind、上海财经大学高等研究院。

图 112　不同所有制性质上市银行风险溢出比例——单家银行自身遭受外部冲击时③

---

① 课题组利用 2015 年 1 月开始的数据，以 1 个月为滚动窗口，利用当月之前 36 个月的日交易数据计算当月的风险溢出比例。其中，每个月的样本银行上市的时间均超过 1 年，加权平均风险溢出水平以银行总资产规模为权重计算。

② 课题组还做了两组稳健性检验：第一，课题组计算了置信水平为 10% 时风险溢出比例时间序列，结论与置信水平为 5% 时基本一致；第二，课题组通过改变滚动窗口的长度，也得到类似的结论。

③ 此图中各类型银行的风险溢出比例均为资产规模为权重的加权平均值，课题组还对各类型银行的风险溢出比例计算了简单平均值，其趋势与此图类似。

其次,课题组还考虑了当整个银行系统遭受将使其产生最大损失的外部冲击时,在不考虑各银行会产生反馈式风险溢出的情况下,系统性冲击对每家银行造成的损失(即在险价值,VaR);以及在考虑各银行会产生反馈式风险溢出的情况下,系统性冲击对各家银行造成的损失(即条件在险价值,CoVaR),并计算了反馈式风险溢出程度(即条件在险价值与在险价值之差,ΔCoVaR=CoVaR－VaR)和风险溢出率(ΔCoVaR/VaR)。

图113展示了当我国商业银行遭受系统性冲击时,我国上市银行的简单平均风险溢出比例和以资产为权重的加权平均风险溢出比例。从图中可以看出,新冠疫情暴发(即2020年第一季度)前后,我国商业银行在面临系统性冲击时,风险溢出率变动的方向发生了明显的改变。在疫情暴发之前,不论是简单平均还是以资产规模加权的平均风险溢出率,变化方向基本一致。在疫情暴发之后,风险溢出的简单平均值迅速上升,且连

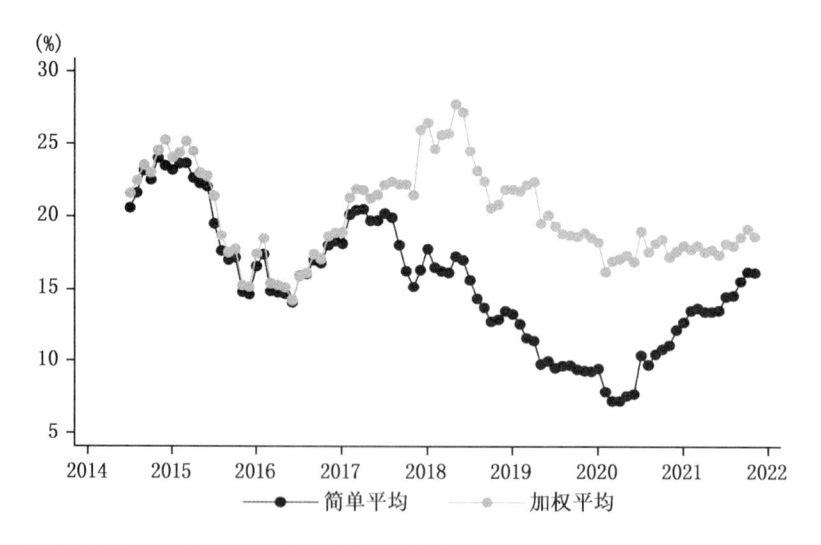

数据来源:Wind、上海财经大学高等研究院。

图113 上市银行风险溢出比例——银行系统遭受外部冲击时[1][2]

---

[1] 课题组利用2015年1月开始的数据,以1个月为滚动窗口,利用当月之前36个月的日交易数据计算当月的风险溢出比例。其中,每个月的样本银行上市的时间均超过1年,加权平均风险溢出水平以银行总资产规模为权重计算。

[2] 课题组还做了两组稳健性检验:第一,课题组计算了置信水平为10%时风险溢出比例时间序列,结论与置信水平为5%时基本一致;第二,课题组通过改变滚动窗口的长度,也得到类似的结论。

续两年持续上升;而其加权平均值在2020年仅有短暂的跳跃,随后便恢复且保持稳定,但进入2021年后亦呈现小幅上升。这说明我国商业银行在面临系统性风险的冲击时,虽然大型银行的风险溢出水平没有立刻大幅上升,但受国内经济运行出现新的下行压力的影响,其风险溢出水平也难以下降,而小型银行的风险溢出水平受疫情冲击和国内经济复苏势头放缓的双重影响,呈现持续上升的趋势。

进一步地,图114展示了国有大型商业银行、股份制银行以及城市和农村商业银行在面临系统性冲击时,其风险溢出的水平。图中显示,在遭受系统性冲击时,只有国有大型商业银行的风险溢出率没有大幅上升,股份制、城市和农村商业银行的风险溢出率均自2020年年初以来呈现持续上升的趋势,尤其是2021年以来上升的速度较2020年更快。值得注意的是,城市和农村商业银行的风险溢出比例已超过大型国有商业银行。

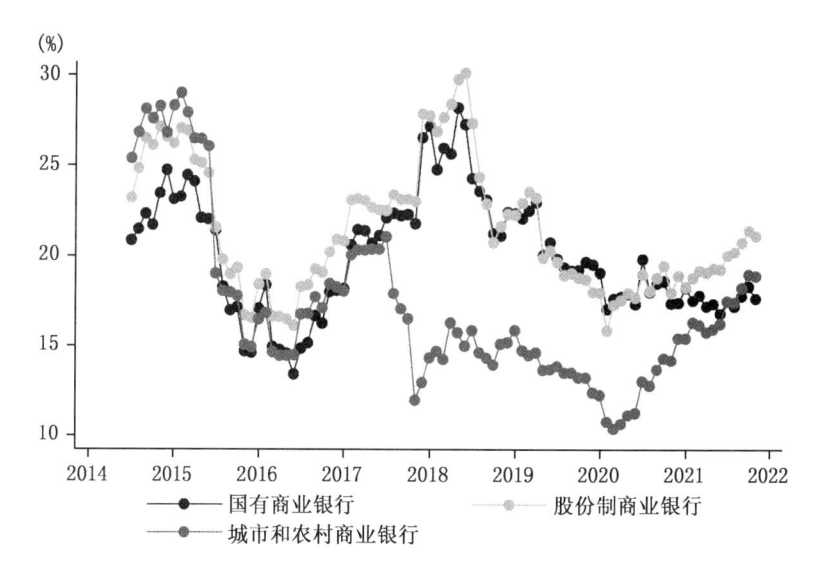

数据来源:Wind、上海财经大学高等研究院。
图114 不同所有制性质上市银行风险溢出比例——银行系统遭受外部冲击时[①]

当前虽然我国经济依然处于复苏通道,但企业,尤其是民营企业,经营困难明显增大,违约风险再次上升,家庭收入的两年平均增速依然远远

---

① 课题组利用2015年1月开始的数据,以1个月为滚动窗口,利用当月之前36个月的日交易数据计算当月的风险溢出比例。其中,每个月的样本银行上市的时间均超过1年,加权平均风险溢出水平以银行总资产规模为权重计算。

低于 2019 年的同期水平,使得金融系统,尤其是银行的经营压力再次增大。加上为支持经济复苏而采取的加大对中小微民营企业的扶持力度,银行资产风险敞口有所加大,使得我国各类商业银行在遭遇系统性风险时,对金融系统的风险溢出率均有再次大幅上升的可能性。

在 2019 年和 2020 年的报告中,我们的分析结果表明,大型国有商业银行在整个银行系统遭受巨大外部冲击时,抗风险能力是强于股份制银行、城商行和农商行的。基于最新数据的分析结果,我们认为当前国有商业银行抗击系统性风险的能力虽然仍强于其他商业银行,但其他商业银行的重要性上升速度较快,尤其是城商行和农商行已超过国有商业银行的风险溢出水平,其系统重要性正持续上升。

综上所述,为了应对不论是来自个体的冲击还是来自系统的冲击,在国内经济恢复基础尚不牢固的背景下,需要密切关注城商行和农商行风险溢出的变化,警惕个别银行的问题对整个金融系统造成的恐慌及其不利影响。

(六)地方政府偿债压力加大,加剧银行资产负债期限错配

截至 2021 年 11 月,累计发行地方政府债券总额 7.18 万亿元,比 2020 年同期 6.26 万亿元增加 14.7%。其中专项债 4.63 万亿元(新增 3.48 万亿元、再融资 1.15 万亿元),一般债 2.54 万亿元(新增 7 741 亿元、再融资 1.76 万亿元),债务结构与 2020 年相比变化不大。全国地方政府债券余额 29.81 万亿元,非债券形式债务余额 1 747 亿元,地方政府债务余额为 29.98 万亿元。如果把城投债余额 12.83 万亿元也计入地方债务,则地方显性债务余额为 42.81 万亿元。此外,预计 12 月还将发行 1 274 亿元地方政府债券。

在 2020 年 11 月初财政部发文《关于进一步做好地方政府债券发行工作的意见》后,发行期限有所回落,期间结构有所优化,这在一定程度上能够缓解期限错配问题,降低长期风险。2021 年,按发行金额加权的全年发行期限约为 12.6 年,其中一般债券 7.7 年、专项债券 13.1 年,均低于 2020 年的 14.1 年。但下半年发行期限有所上升,11 月加权发行期限上升至 16.1 年。发行利率方面,平均发行利率 3.37%,其中一般债券 3.27%、专项债券 3.42%,均略低于 2020 年。

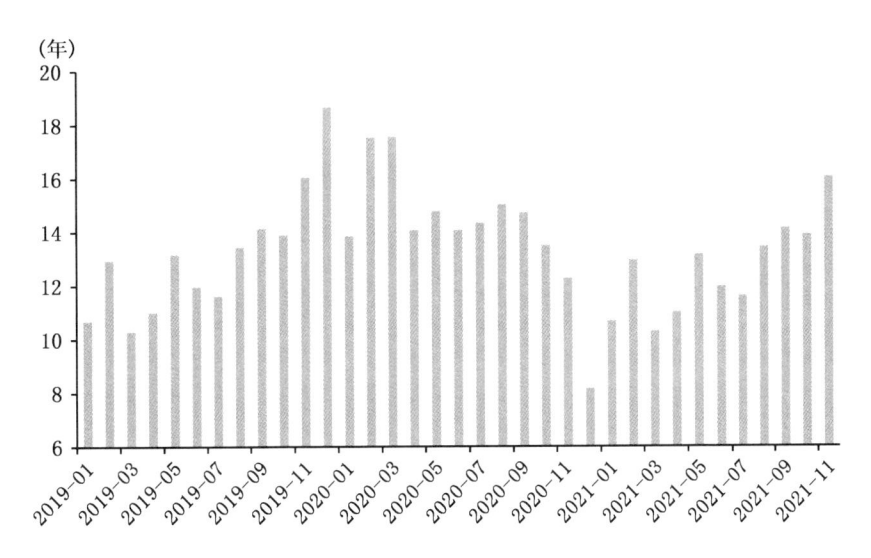

数据来源：Wind、上海财经大学高等研究院。

图 115　地方政府债券加权发行期限

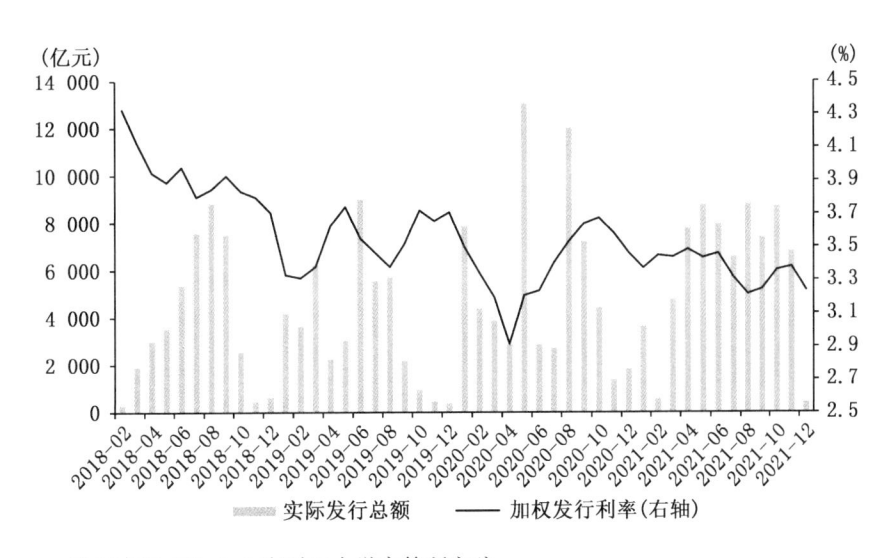

数据来源：Wind、上海财经大学高等研究院。

图 116　地方政府债券加权发行利率

据课题组测算，广东、山东、江苏、浙江等东部经济大省以及四川的地方政府债务规模超过 1.5 万亿元；此外，湖南、河北、河南、贵州、安徽、湖北等省份地方债务规模也较大，超过 1.1 万亿元。如果计入地方政府承担实质性偿还责任的城投债，债务规模超过 1 万亿元的省份达 20 个。青海、贵州和天津的负债率均超过80%,分列前三。另外,河南、上海、广东的负债率都在30%以内。各省份间债务结构和规模均存在巨大差异,总体上看,财政收支缺口越大的省份,债务相对财政收入的比率通常也较高。

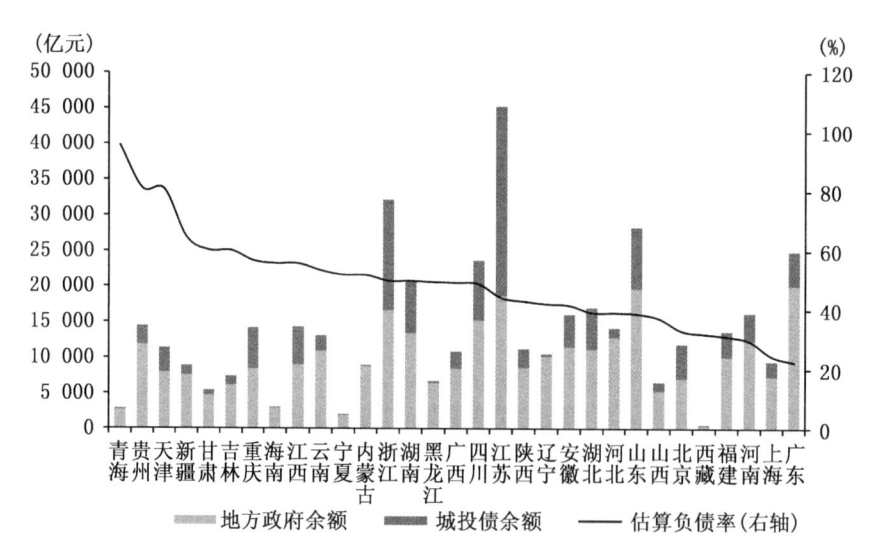

数据来源:上海财经大学高等研究院。

图117 各省地方债务情况与估算负债率

展望未来,当前大量的地方债务会给未来带来较大的偿债压力。当前的地方地方政府债券剩余平均年限7.7年,其中一般债券6.4年、专项债券8.8年;平均利率3.51%,其中一般债券3.51%、专项债券3.51%。从2021年到2026年,现有存量债务每年到期额都将超过2.5万亿元,2023年更是达到3.63万亿元。如果考虑城投债,从2021年到2026年每年债务到期额均超过4.5万亿元,其中2022—2024年分别高达5.25万亿元、5.59万亿元和5.83万亿元。此外,除了大量的显性存量债务和可预见的债务增长之外,地方政府事实上还承担着难以准确估算和有效管控的隐形债务,其规模甚至可能远超显性债务。如此巨额的还债负担,不可能完全通过再融资债券借新还旧消化。未来债务还本付息压力还将逐渐累积,这意味着地方政府债务存在较大的局部违约风险。

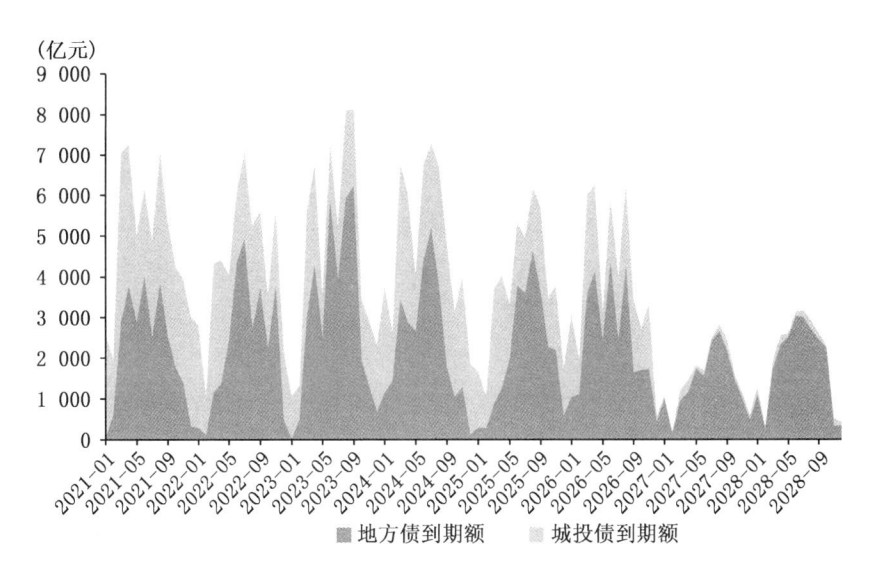

数据来源：上海财经大学高等研究院。

图 118　地方债务到期额

从现实经济运行过程来看，地方政府债务资金主要来源于商业银行，《中国地方政府债券蓝皮书：中国地方政府债券发展报告（2021）》显示，当前地方政府债务投资者结构整体仍较为单一，约 85% 的地方政府债券被商业银行持有。近年来，商业银行在提升对实体经济服务质效的同时，流动性风险日益凸显。从 2013 年 6 月的"钱荒"，到 2016 年的"资产荒"和 2017 年的"负债荒"，再到 2019 年的包商银行事件，其背后无不与商业银行资产负债期限错配引致的流动性风险有关。在此背景下，地方政府债务扩张可能会对银行资产负债期限错配产生影响。图 119 给出了地方政府债务与银行期限错配的关系图，从图中可以发现地方政府负债率越高，银行流动性错配指数就越小，即银行资产负债期限错配程度就越高。那么，地方政府债务扩张将如何影响银行资产负债期限错配？这种影响是否因银行异质性而存在较大差异呢？

鉴于此，课题组在有效测算商业银行资产负债期限错配程度的基础上，通过匹配地方政府债务数据与商业银行微观数据，采用面板固定效应分析方法，识别了地方政府债务扩张对银行资产负债期限错配的影响。紧接着，从商业银行产权结构的角度，探究了地方政府债务扩张对银行资产负债期限错配的异质性影响效应。

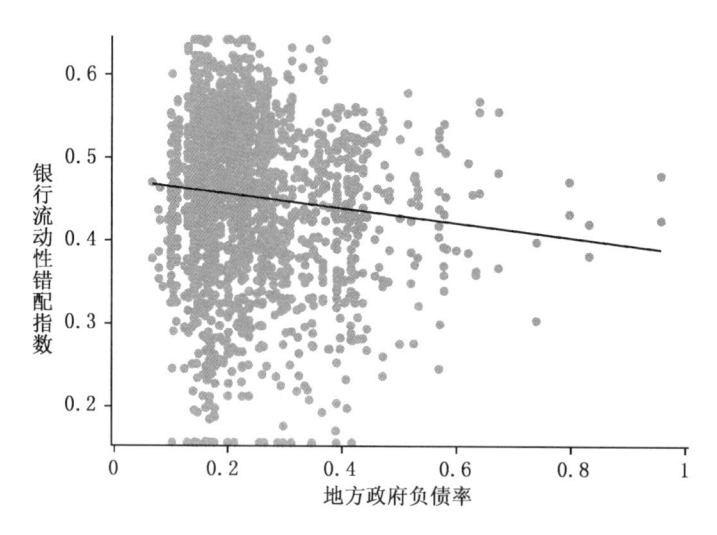

数据来源:CNRDS、Wind、上海财经大学高等研究院。

图 119　地方政府债务与银行流动性错配指数

1. 实证策略与数据来源

考虑到数据的可得性和连续性,课题组选取 2007—2019 年 212 家商业银行 1 909 个观察值构成的年度非平衡面板数据作为研究样本,依据中国银行保险监督管理委员会的分类标准,样本银行包括 5 家大型国有商业银行、12 家股份制商业银行、112 家城市商业银行和 83 家农村商业银行。值得说明的是,课题组选取的样本银行总资产占行业总资产的比例在研究期内一直维持在 82.79% 以上,基本能够反映我国银行业整体状况,具有较高的代表性。在数据来源方面,银行财务数据主要来源于中国研究数据服务平台(CNRDS)、国泰安数据库(CSMAR)和全球银行与金融机构分析库(ORBIS Bank Focus)。宏观经济金融数据来源于 CEIC 数据库、历年《中国统计年鉴》和中国人民银行官方网站。

为探究地方政府债务扩张对银行资产负债期限错配的影响,课题组设定如下静态面板数据模型:

$$LMI_{i,j,t} = \alpha_0 + \alpha_1 LGD_{j,t} + \phi X_{i,j,t} + \varphi Y_{j,t} + \gamma_i + \gamma_t + \varepsilon_{i,j,t} \quad (1)$$

其中,下标 i、j 和 t 分别代表银行、地区和年份;被解释变量 $LMI_{i,j,t}$ 表示位于地区 j 的银行 i 在 t 年的资产负债错配程度;核心解释变量 $LGD_{j,t}$ 表示地区 j 在 t 年的地方政府债务;$X_{i,j,t}$ 为银行层面控制变量集合;$Y_{j,t}$ 为宏观经济金融层面控制变量集合;γ_i 为银行固定效应;γ_t 为年份固定效应;$\varepsilon_{i,j,t}$为多维度的随机扰动项。

在变量的定义与测算方面,关于银行资产负债期限错配指标,课题组在 Bai 等(2018)研究基础上,基于中国银行业实际经营状况和数据可得性,编制银行流动性期限错配指数,作为衡量银行资产负债期限错配程度的代理变量。[①] 具体地,课题组将银行资产和负债均视为完全流动性资产的衍生品,进而对银行资产负债表中每一个会计科目赋予一个流动性敏感权重系数,经加总可以获得流动性错配指数。其中,不同资产或负债的流动性敏感权重系数与其自身的期限密切相关,资产期限越长或负债期限越短,对流动性的消耗就越大。因此,流动性错配指数非常适合衡量商业银行资产负债期限错配程度,且银行流动性错配指数越大,意味着资产负债期限错配程度越低。考虑到银行流动性错配指数会受到银行规模大小的影响,课题组还剔除了总资产的影响。

对于地方政府债务变量,根据我国审计署统计地方政府性债务口径,地方政府性债务主要包括政府负有直接偿还责任的债务、政府承担担保责任的债务和政府负有救助责任的债务。由于后两者债务并不需要地方政府当期直接偿还,且仅限于接受专门债务审计的地区存在,数据缺失较为严重,因而课题组采用地方政府负有直接偿还责任的债务衡量地方政府债务规模。考虑到不同地区的经济总量存在较大差异,直接采用地方政府债务的绝对规模进行研究所得结论可能不具普适性,因此,课题组采用地方政府债务余额与 GDP 的比值,即地方政府负债率(LGD)作为地方政府债务的代理变量。

为有效识别地方政府债务对银行资产负债期限错配的影响,有必要控制其他因素。课题组选取的控制变量包括银行层面控制变量和宏观经济金融层面控制变量。其中,反映银行层面的变量主要有:银行总资产回报率(ROA),采用净利润与总资产的比值表示;资本充足率(CAR),采用银行资本净额与风险加权资产的比值衡量;存贷比(LDR),采用贷款总额与存款总额的比值表示;成本收入比(CIR),采用运营成本与总收入的比值表示;银行流动比率(LR),采用银行现金及存放中央银行款项与总资产的比值衡量;银行收入结构($Income$),采用银行利息净收入与总资产的比值表

[①] Bai J., Krishnamurthy A., Weymuller C. H., Measuring Liquidity Mismatch in the Banking Sector. *The Journal of Finance*, 2018, 73(1), pp. 51—93.

示;银行资产规模(Asset),采用年末银行总资产的自然对数表示。宏观经济金融层面的变量包括:地区宏观经济发展水平(Growth),采用各地区GDP的增长率表示;货币政策(M2),采用准货币增速衡量。

表6给出了各变量的描述性统计结果。从表中可以看出,在整个样本期内,银行流动性期限错配指数的均值为0.453,最小值为0.156,最大值为0.642,表明我国商业银行资产负债期限错配程度较高,且银行间资产负债期限错配程度存在较大差异。地方政府负债率的均值为0.236,最小值为0.065 5,最大值为0.957,意味着不同地区间政府债务规模差异明显,即解释变量存在较大的变异性。其余控制变量的分布具有较高的离散度,初步表明课题组选取的控制变量是合理的,此处不再赘述。

表6 变量说明与描述性统计

变量名	变量含义解释	观察量	均值	标准差	最小值	最大值
LMI	银行流动性错配指数	1 909	0.453	0.098 3	0.156	0.642
LGD	地方政府负债率	1 909	0.236	0.109	0.065 5	0.957
ROA	总资产回报率(%)	1 909	0.945	0.388	0.126	2.075
CAR	资本充足率(%)	1 909	13.48	2.375	8.98	24.12
LDR	存贷比(%)	1 909	65.5	12.07	33.45	100.3
CIR	成本收入比(%)	1 909	34.44	7.377	19.17	58.6
LR	银行流动比率(%)	1 909	14.11	4.497	6.797	29.76
$Income$	银行收入结构(%)	1 909	2.341	0.885	0.349	5.196
$Asset$	银行资产规模	1 909	25.45	1.633	22.53	30.53
$Growth$	各地区经济增长率(%)	1 909	108.6	2.409	100.5	117.2
$M2$	M2增速(%)	1 909	12.94	4.749	8.1	28.5

数据来源:上海财经大学高等研究院。

2. 地方政府债务对银行资产负债期限错配的影响

表7报告了地方政府债务对银行资产期限错配影响的全样本基准回归结果。为稳健起见,第(1)列为单独考察地方政府债务对银行资产负债期限错配的影响,结果显示,地方政府负债率(LGD)的回归系数显著为负,初步说明地方政府债务规模越大,银行资产负债期限错配程度越高。在此基础上,第(2)(3)列为控制银行层面以及宏观经济金融层面控制变量的回归结果,可以看出,地方政府负债率(LGD)的回归系数均为负,这

进一步证实了地方债务扩张会加剧银行资产负债期限错配程度。从经济意义上看,以表中第(3)列为例,在其他条件相同的情况下,地方政府负债率每提高1个百分点,银行资产负债期限错配程度将提高0.0369个百分点。综合以上回归结果,可以认为地方政府债务扩张能够加剧银行资产负债期限错配程度,这一结论无论是在统计意义上还是在经济意义上都是十分显著的。

表7 地方政府债务与银行资产负债期限错配:全样本基准回归结果

变量	LMI (1)	LMI (2)	LMI (3)
LGD	−0.1032*** (0.0117)	−0.0375*** (0.0108)	−0.0369*** (0.0112)
ROA		0.0323*** (0.0053)	0.0336*** (0.0054)
CAR		−0.0078*** (0.0006)	−0.0076*** (0.0006)
LDR		0.0035*** (0.0001)	0.0034*** (0.0001)
CIR		0.0014*** (0.0002)	0.0013*** (0.0002)
LR		0.0044*** (0.0004)	0.0042*** (0.0004)
$Income$		0.0186*** (0.0022)	0.0199*** (0.0022)
$Asset$		0.0046*** (0.0010)	0.0039*** (0.0010)
$Growth$			−0.0046*** (0.0009)
$M2$			−0.0432 (0.0322)
银行固定效应	控制	控制	控制
年份固定效应	控制	控制	控制
常数项	0.4960*** (0.0104)	0.0417 (0.0342)	1.3180** (0.5488)
银行数	212	212	212
观测值	1909	1909	1909

注:表内数字为变量的回归系数;括号内为标准误差;*、**、***分别表示在10%、5%和1%的水平下显著。

数据来源:上海财经大学高等研究院。

3. 地方政府债务对银行资产负债期限错配的异质性影响

鉴于不同产权类型的商业银行在资产负债结构、经营理念上存在明显差异，探究地方政府债务与银行资产负债期限错配之间的关系，不能忽视银行产权差异造成的影响。为验证不同产权类型银行资产负债期限错配受地方政府债务扩张的影响，课题组根据银行是否为国有银行或地方政府控股，将样本划分为国有商业银行和非国有商业银行两个子样本。从图120中可以看出，相较于国有商业银行，在非国有商业银行样本中地方政府负债率的斜率较大，初步表明地方政府负债率对非国有商业银行资产负债期限错配的影响程度更大。

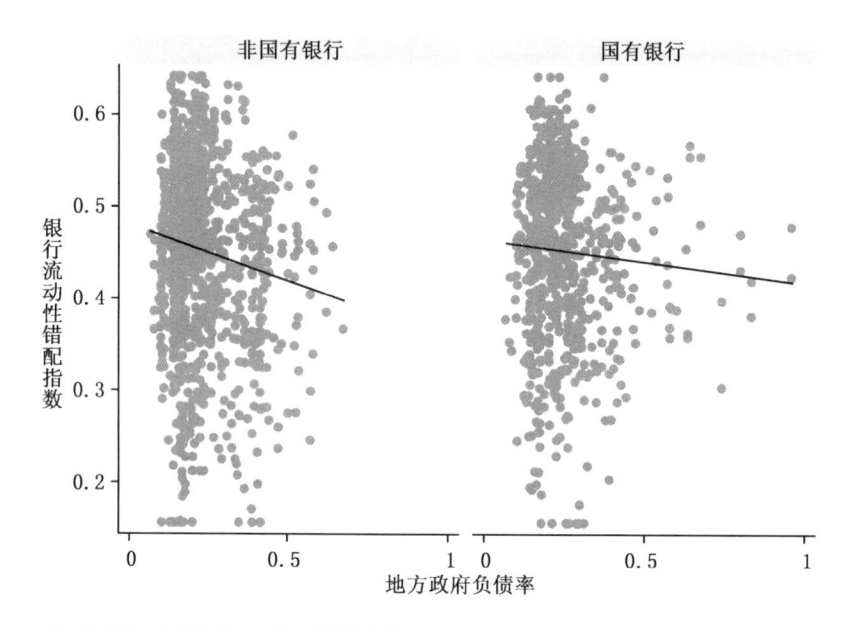

数据来源：上海财经大学高等研究院。

图 120　地方政府债务对不同类型商业银行资产负债期限错配的影响

进一步地，表8报告了地方政府债务对非国有商业银行和国有商业银行资产负债期限错配影响的回归结果。可以看出，在非国有商业银行样本中，地方政府负债率（LGD）的回归系数显著为负；在国有商业银行样本中，地方政府负债率的回归系数（LGD）绝对值有所下降且不显著。这些回归结果表明，地方政府债务扩张会显著加剧非国有商业银行资产负债期限错配程度，但对国有商业银行资产负债期限错配并未产生显著影响。

表8　地方政府债务对银行资产负债期限错配影响的异质性回归结果

变量	非国有商业银行 LMI (1)	非国有商业银行 LMI (2)	国有商业银行 LMI (3)	国有商业银行 LMI (4)
LGD	−0.040 0**	−0.050 6**	−0.015 7	−0.001 6
	(0.016 2)	(0.016 1)	(0.013 6)	(0.014 0)
ROA	0.026 7***	0.027 1***	0.037 3***	0.045 4***
	(0.006 1)	(0.006 2)	(0.009 4)	(0.009 4)
CAR	−0.009 8***	−0.009 7***	−0.002 1*	−0.002 6**
	(0.000 8)	(0.000 8)	(0.001 2)	(0.001 2)
LDR	0.003 8***	0.003 8***	0.004 4***	0.004 1***
	(0.000 2)	(0.000 2)	(0.000 2)	(0.000 2)
CIR	0.000 2	0.000 3	0.002 7***	0.002 0***
	(0.000 3)	(0.000 3)	(0.000 4)	(0.000 4)
LR	0.002 8***	0.002 8***	0.003 4***	0.003 2***
	(0.000 5)	(0.000 5)	(0.000 6)	(0.000 5)
Income	0.009 5***	0.009 7***	0.030 7***	0.029 8***
	(0.002 5)	(0.002 5)	(0.004 0)	(0.004 0)
Asset	−0.010 9***	−0.011 6***	−0.011 2***	−0.009 7***
	(0.001 7)	(0.001 7)	(0.001 6)	(0.001 6)
Growth		−0.002 5**		−0.008 0***
		(0.001 1)		(0.001 4)
M2		−0.034 3		0.007 6***
		(0.035 5)		(0.002 0)
银行固定效应	控制	控制	控制	控制
年份固定效应	控制	控制	控制	控制
常数项	0.515 5***	1.393 1**	0.039 3	0.863 3***
	(0.054 5)	(0.609 2)	(0.026 9)	(0.141 2)
银行数	1 152	1 152	757	757
观测值	141	141	79	79

注：表内数字为变量的回归系数；括号内为标准误差；*、**、***分别表示在10%、5%和1%的水平下显著。

数据来源：上海财经大学高等研究院。

对上述异质性影响效应的可能解释如下：其一，相较于非国有商业银行,国有商业银行在经济中的地位举足轻重,其背后的国家隐性信用担保较为明显,能够向外部释放大而不倒的信号,进而增加了公众对银行的信任,使其能够以更低的成本吸收更多存款;同时,国有商业银行拥有更庞大、多样化的客户群体,更容易找到潜在优质目标客户将资金贷出,有助于提高信贷资源的配置效率,能够抵消地方政府债务扩张对其资产负债期限错配造成的负向冲击。其二,相较于非国有商业银行,国有商业银行资金实力雄厚、营业网点数量庞大、管理制度完善,有能力在多个领域开展业务和通过资产多元化来分散风险,同时还受到国家政策扶植,最终使得地方政府债务扩张对其资产负债期限错配程度的影响相对较小。其三,相较于非国有商业银行,国有商业银行在追求利润的同时,也承担着维护金融稳定的社会责任,致使国有商业银行在经济过程中更为谨慎,其资产负债期限错配程度对地方政府债务扩张冲击的反应更为平稳。

4. 总结

2021年是"十四五"规划的开局之年,经济高质量发展成为贯穿始终的主旋律。在此背景下,为让银行业更好地服务实体经济发展,迫切需要解决商业银行资产负债期限错配所蕴含的流动性风险难题。有鉴于此,立足于地方政府债务不断攀升的典型事实和商业银行具体经营实践状况,课题组利用2007—2019年我国212家商业银行的微观非平衡面板数据,定量识别了地方政府债务对银行资产负债期限错配的影响。经验结果显示,整体而言,地方政府债务扩张会加剧银行资产负债期限错配程度;异质性检验结果表明,地方政府债务扩张对非国有商业银行的资产负债期限错配的负向影响更加凸显。

据此,课题组认为,监管当局应当从制度上注重对银行流动性管理决策的引导和规范,完善相关监测指标,注重存量业务测度与流动业务测度相结合,全覆盖实施对商业银行资产负债业务流动性的动态监测。同时,要求银行强化业务管理,科学合理地制定期限错配决策,进而控制商业银行过度扩张资产期限,防止期限错配风险不断累积,保障银行业资产负债结构稳定在合理区间。商业银行业应注重审慎性经营管理,一方面应充分认识期限错配与流动性风险之间的作用关系,加强资产负债管理,强化对地方政府举债贷款的约束力,提高资产运用质量;另一方面应提升创新能力,转变发展方式,积极采取各种措施提高中长期负债比重,减少对地方政府债务业务收入的依存度,提高自身的流动性,防范资产负债期限错配引致的流动性风险。总而言之,地方政府债务融资应兼顾经济发展与金融体系稳定,逐步改善银行业金融机构的政策环境,确保其能够按照市场化规律优化流动性管理策略,着力缓解期限错配问题,确保金融体系的长期稳定和健康发展。

(七)"土地财政"模式拉大城乡差距,亟待推进土地制度和财税制度改革

改革开放以来,我国经济综合实力跃升,人民生活水平不断提高,但贫富差距也在逐步扩大,已然成为威胁社会稳定和阻碍经济高质量发展的重要问题。探寻造成社会贫富差距的根源,是找到实现共同富裕有效路径的前提。现实生活中,资产配置决定了居民财富,住房和股票投资作为居民的主要资产配置方式,其资产价格变动会带来巨大的财富收入差距。图121对比了2020年中国、美国和日本三大经济体的住房市值和股市市值情况,从图中可以看出,相较于美国和日本,我国家庭资产配置在股市上的资金较少,而是主要集中于房产投资。因而住房价格攀升使得拥有住房的居民受益,这可能是造成当前贫富差距的重要原因。

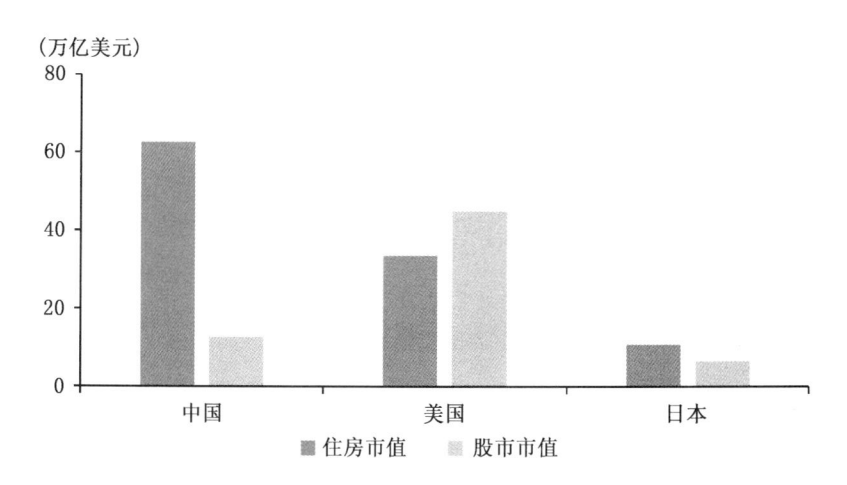

数据来源:CEIC、上海财经大学高等研究院。

图121 中国、美国、日本居民资产配置方式对比

实际上,近年来随着房价的不断攀升,调控房地产市场的政策频频出台,但调控效果不佳。在此背景下,梳理推动房价持续上涨背后的机制障

碍,对于实现共同富裕的目标具有重要意义。课题组研究发现,当前的房价上涨与地方政府过度依赖土地财政和地方土地资源配置扭曲等制度性因素密切相关。具体而言,1994年分税制改革以来,地方政府的财权和事权高度不匹配。图122给出了地方政府财政收入和支出占比,可以发现地方政府以50%左右的收入体量承担了约85%的财政支出,客观造成了地方政府需要债务融资和土地财政来弥补财政缺口。同时,图123给出了国有土地使用权出让收入情况,可以发现我国的国有土地使用权出让收入占地方政府财政收入比重较大,特别是在2015年之后,该比重持续上升。截至2020年,国有土地使用权出让收入共8.41万亿元,约占地方一般公共预算收入的84%,由此说明地方政府对土地财政的依赖度较高。以上数据分析,也与课题组在前文分析的当前地方政府债务高企、还债压力不减的基本事实相一致。

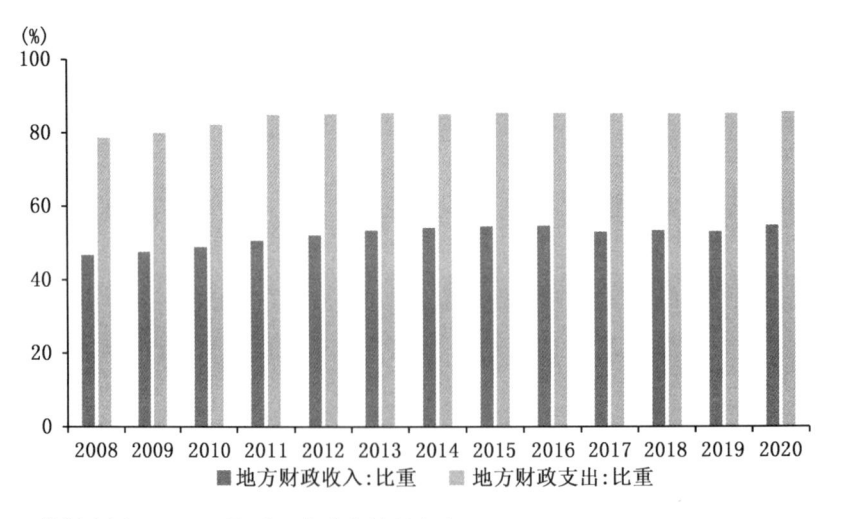

数据来源:Wind、上海财经大学高等研究院。

图122　地方财政收入和支出占比

除了高度依赖土地财政之外,地方政府还通过干预建设用地配置规模及结构来影响土地配置效率。图124给出了我国国有建设用地供应情况,可以发现,供地总量和基建投资供地面积有所增加,但普通商品住房供地面积却基本没有变化。课题组认为,地方政府之所以倾向于为基建投资等项目提供供地面积主要有两方面原因:一是在当前地方官员政治晋升考核制度的激励下,地方政府有动力通过基建投资拉动地区经济发

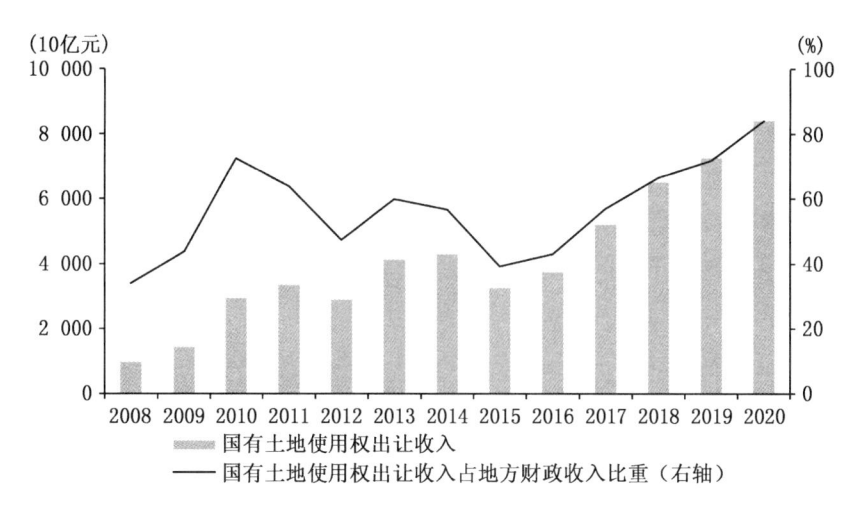

第一章 中国宏观经济发展的即期特征与主要风险

数据来源：Wind、上海财经大学高等研究院。

图123 国有土地使用权出让收入及占比

展，增加辖区内的税收收入；二是控制普通商品住房供地面积可以维系高房价和高地价，有利于增加土地抵押融资和土地使用权出让收入。总的来看，地方政府过度依赖土地财政和土地资源配置低效率，是房价持续攀升的制度性根源。

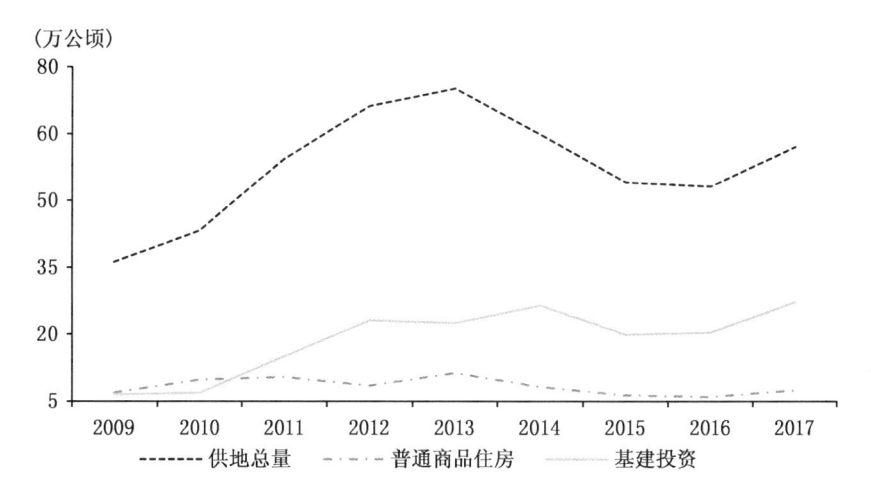

数据来源：《中国国土资源统计年鉴》、上海财经大学高等研究院。

图124 国有建设用地供应情况

从经济运行来看，房地产投资对带动经济增长有一定的作用，但房价过快上涨阻碍了国民经济的健康发展,加剧了社会矛盾。一方面,房价上涨推高了居民投资房地产的门槛,使中低收入群体不能公平享受房价变化带来的"财富效应",从而造成"内卷"和"躺平",影响青年一代的价值观,抑制市场主体的创新活力;另一方面,高房价不仅带来高债务问题,造成消费疲软,同时也会推迟年轻人群的生育时间和降低生育多胎的意愿,这是导致生育率下降的重要原因。

如前文所述,房价持续攀升会使得有房居民资产增值,而无房和租房家庭则面临更大的买房压力。这对于资产配置较为单一的我国而言,由地方政府土地财政和配置土地资源无效而导致的房价上涨,可能是造成我国贫富差距扩大的重要原因。囿于数据的可得性,考虑到地方政府债务水平较高的地区,地方政府土地财政的依赖程度越高,且干预土地资源配置的动机越强,因此课题组接下来考察地方政府债务规模与收入不平等之间的关系。课题组利用衡量城乡间收入不平等的泰尔指数度量收入不平等程度。参考已有研究,采用泰尔指数测度城乡间收入不平等程度,其计算公式为:

$$theil_{i,t} = \sum_{a=1}^{2} \left(\frac{I_{ia,t}}{I_{i,t}}\right) \ln\left(\frac{I_{ia,t}}{I_{i,t}} \bigg/ \frac{P_{ia,t}}{P_{i,t}}\right)$$

其中,$theil$ 表示收入不平等程度,a 表示区域分布(1=城镇,2=农村),i 表示截面单元,t 表示时间,I 表示收入水平,P 表示人口数量。泰尔指数越大,说明收入不平等程度越高,反之则相反。数据均来源于各省(自治区、直辖市)历年统计年鉴。

对于地方政府债务变量,根据我国审计署统计地方政府性债务口径,课题组采用政府负有直接偿还责任的债务、政府承担担保责任的债务以及政府负有救助责任的债务衡量。由于后两者债务并不需要地方政府当期直接偿还,且仅限于接受专门债务审计的地区存在,数据缺失较为严重,因而课题组采用2007—2019年间地方政府负有直接偿还责任的债务衡量地方政府债务规模。考虑到不同地区的经济总量存在较大差异,直接采用地方政府债务的绝对规模进行研究所得结论可能不具有普适性。因此,课题组采用地方政府债务余额与GDP的比值,即地方政府负债率(LGD)作为地方政府债务的代理变量。

基于上述数据,图125给出了地方政府债务与城乡收入不平等程度之间的相关关系图,可以发现地方政府债务规模越大,城乡间收入不平等程度越高。这在一定程度上说明,在当前土地财政和土地资源配置效率不高的制度背景下,地方政府债务规模扩张与收入不平等之间存在紧密的关系。

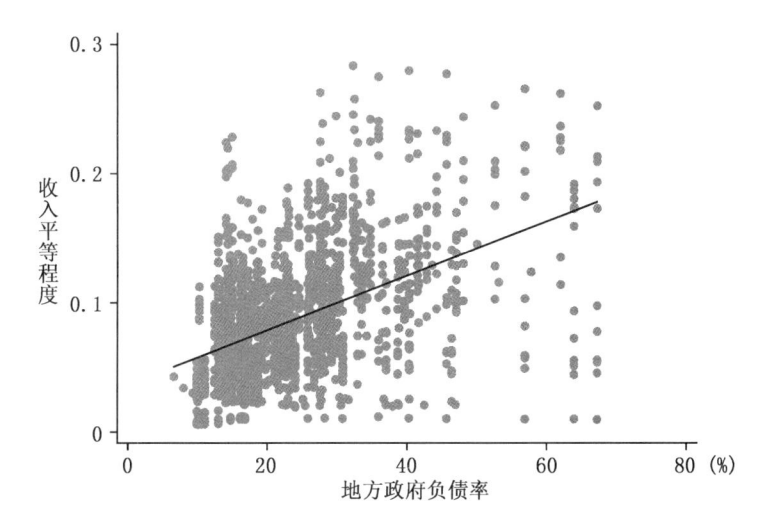

数据来源:财政部、各省统计年鉴、上海财经大学高等研究院。

图125 地方政府债务负债率与收入不平等

为探究地方政府债务扩张对收入不平等程度的影响,课题组设定如下静态面板数据模型:

$$theil_{j,t}=\alpha_0+\alpha_1 LGD_{j,t}+\phi X_{j,t}+\varphi Y_{j,t}+\gamma_j+\gamma_t+\varepsilon_{j,t}$$

其中,下标 j 和 t 分别代表地区和年份;被解释变量 $theil_{j,t}$ 表示地区 j 在 t 年的收入不平等程度;核心解释变量 $LGD_{j,t}$ 表示地区 j 在 t 年的地方政府债务;$X_{i,j,t}$ 为地区层面控制变量集合;$Y_{j,t}$ 为宏观经济金融层面控制变量集合;γ_j 为地区固定效应;γ_t 为年份固定效应;$\varepsilon_{j,t}$ 为多维度的随机扰动项。

为有效识别地方政府债务对收入不平等的影响,在实证模型中引入了其他一些可能影响收入不平等的控制变量。具体包括:城镇化率、第三产业人员比重、职工平均工资、GDP 增长率、人口密度和人口自然增长率等。其中,城镇化率用各市每年城镇常住人口占总人口的比重表示;第三产业人员比重用各市第三产业就业人员占全市就业人员的比重表示;职工平均工资用各市的职工平均工资表示;GDP 增长率用各地区生产总值增长率表示;人口密度用各市总人口与总面积之比表示;人口自然增长率用各市某年内人口自然增加数与该时期内平均人数之比表示。

表9报告了地方政府债务扩张对收入不平等影响的基准回归结果。为稳健起见,第(1)列为单独考察地方政府债务对收入不平等的影响,结果显示,地方政府负债率(LGD)的回归系数显著为正,说明地方政府债务规模越大,收入不平等程度越高。在此基础上,第(2)至(4)列为依次加入控制变量的回归结果,可以看出,地方政府负债率(LGD)的回归系数均为正,这说明地方政府债务扩张会加剧收入不平等。

表9　　　　　　　　　地方政府债务与各城市收入不平等性

变量	泰尔指数 (1)	泰尔指数 (2)	泰尔指数 (3)	泰尔指数 (4)
地方政府负债率	0.002 0*** (0.000 1)	0.001 2*** (0.000 1)	0.001 2*** (0.000 1)	0.001 0*** (0.000 1)
城镇化率		−0.189 8*** (0.005 8)	−0.206 9*** (0.007 3)	−0.208 1*** (0.008 8)
第三产业 人员比重		0.000 3*** (0.000 1)	0.000 2*** (0.000 1)	0.000 2** (0.000 1)
职工平均工资			0.000 0*** (0.000 0)	0.000 0*** (0.000 0)
GDP增长率			−0.001 8*** (0.000 3)	−0.001 8*** (0.000 4)
人口密度				−0.000 0*** (0.000 0)
人口自然增长率				0.000 5*** (0.000 1)
年份效应	控制	控制	控制	控制
城市效应	控制	控制	控制	控制
常数项	0.064 5*** (0.003 6)	0.157 3*** (0.005 7)	0.188 5*** (0.007 8)	0.196 9*** (0.009 2)
样本量	1.8e+03	1.8e+03	1.6e+03	1.2e+03
调整 R^2	0.294 8	0.620 7	0.621 7	0.611 2

注:表内数字为变量的回归系数;小括号内为标准误;*、**、***分别表示在10%、5%和1%的水平下显著。

据此,课题组认为,实现"共同富裕"要求地方政府摆脱对土地财政的过度依赖,这需要深化当前的财税体制和金融供给侧改革,完善土地相关制度等一系列改革政策和措施的配合。具体而言,首先,应推动以分税制改革为基础的财税体制改革和当前的官员晋升考核制度,健全中央和地方的财权与事权相匹配的转移支付制度,鼓励地方政府通过发展区域经济获得财政收入,从根源上解决对土地财政的依赖。其次,应该推进土地结构改革,改变当前土地分配不合理的问题,发挥市场在土地要素配置中的决定性作用,根据住房需求调整住房供地面积,逐步稳定地价和房价。最后,应推动金融供给侧改革,大力发展居民财富金融服务创新和服务供给,让居民有更加多元化的资产配置结构,使房子摆脱投机和投资属性而回归居住属性,解决房地产市场的供求矛盾,抑制房价不合理上涨,逐渐缩小贫富差距,以助力共同富裕目标的实现。

三、全球经济持续复苏,但复苏势头减弱,不确定性增加

世界银行和国际货币基金组织于2021年的6月与10月分别发布定期经济形势分析预测报告,指出2021年全球经济将增长5.9%、2022年将增长4.9%;亚太地区仍然在年度增量中占据突出地位,预计整体增速7.2个百分点。世界银行预测,2021年发达经济体整体增速为5.4%。其中,美国全年增速预测值为6.8%,日本为2.9%,欧元区19国为4.2%。国际货币基金组织进一步预测,德国GDP实际增速为3.1%,法国为6.3%,英国为6.8%,加拿大为5.7%;新兴市场和发展中经济体预计增速可达到6.4%。东盟五国增速为2.9%,俄罗斯为4.7%,拉丁美洲为6.3%,中东和中亚为4.1%,撒哈拉以南非洲为3.7%。

课题组判断,疫苗接种率的提升并不足以抵御最新病毒变种在人群密集区域的传播——迄今为止,印度暴发的德尔塔新冠变异毒株已经在多个国家和地区成为主要致病源,南非最近暴发的新冠变异病毒奥密克戎毒株也引起了强烈关注。目前,全球主要经济体都在筹划开放国门,推动国际交流和跨国贸易正常化,以加快经济脱离低迷区间的进度。然而,在全球日增感染人数的量级没有显著降低、防疫规定落实不够到位、疫苗接种覆盖群体不够全面的前提下,过早开放会导致病毒持续变异,令其绕

过免疫屏障的概率增大。

2020年4月以来,发达地区经济活动陆续重启,社会失业率持续下降。为缓解社会消费品对单一供应商的依赖,西方国家寻求自建、扩增产能的动机更趋强烈。从 HIS Markit 采购经理人指数速报数据来看,各国的基本生产状况并不完全乐观。整体上,西方经济体实行宽松货币政策带来的高通胀预期也对吸引制造业回流不利,而且美联储在短期对加息的态度并无改观。因此,改变当前全球消费品供应和产能格局为时尚早,但中国仍然是全球贸易额增长的重要推动力量。

(一)疫苗助力美国社会解封,2022年经济增长有望回归合理水平

2021年第二季度,经过两次调整的美国 GDP 实际同比增速为 12.2%,第三季度为 4.9%。世界银行在 6 月份发布的经济展望报告中,对美国 2021 年 GDP 的预测为 6.8%,与 1 月预测值相比上调了 3.3 个百分点。国际货币基金组织在 10 月份对美国 2021 年 GDP 增速的预测为 6.0%。

美国总统拜登在 2021 年 6 月份先后就医疗和基建问题表态,支持医疗援助法案和总投入规模约 1.2 万亿美元的基建计划,以便平衡劳动力市场供求,落实就业岗位,推动美国经济发展,提高本国制造业在全球经济体中的竞争力,充分吸引海外资本回流。消费者价格指数同比增速在 2021 年 2 月突破了自 2020 年 3 月以来的最高值,达到 1.7%,并由此一路上扬,至 5 月底已经逼近次贷危机前的高点,触及 5% 区间。按照商品种类核算,食品价格同比仅上涨 2.2%,为上年 12 月起连续 6 个月涨幅回落;按商品来源分类,进口产品的价格上涨约 10%。这说明本轮物价上涨主要来自货币宽松政策实施后,外部生产者根据美元贬值预期先行调整价格,导致通货膨胀二次输入。零售数据方面,3 月零售总额环比增幅 11.3%,在 4 月显著收窄到 0.9%,而 5 月销售额环比减少 1.3%,甚至比预测降幅 0.8% 扩大了 0.5 个百分点。这其中,杂货店和园艺、五金工具的销售降幅最大,均跌出 −3% 区间。消费者信心调查结果显示,美国居民第二季度各月信心指数均高于 80,但仍没能恢复到 2019 年以前 90 的水平线上方。进入下半年,伴随大宗商品价格的持续走高,美国通货膨胀率飙升,10 月已高达 6.2%,美国收紧货币政策预期加强。如果新冠疫情

导致的供需失衡比预计持续更长时间(包括在供给潜力的破坏比预计更为严重的情况下),那么通胀风险可能变为现实,从而导致价格压力更为持久、通胀预期不断上升。

尽管美国疫苗接种率逐渐上升,但居民的日常生活依然受到新冠德尔塔变异毒株的影响。迫于降低外部依赖和重振基建的需要,美国需要开放社会,未来可能会达成病毒与生产间的微妙平衡。

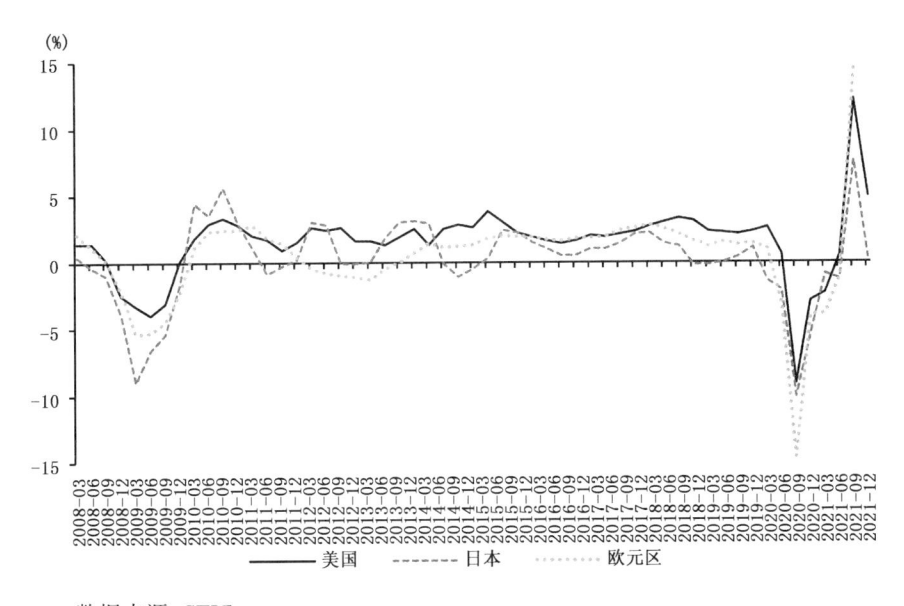

数据来源:CEIC。

图 126 美国、日本和欧元区的 GDP 同比增速

(二)欧元区经济回暖趋势显现,疫情不确定性增加

欧洲各国自 2020 年第一季度末受到新冠疫情冲击后,不得不放弃短期内提振景气的政策,转而实行不严格的抗疫方案。2021 年 6 月,面临越来越大的开工复产压力,欧盟正式宣布,将在七国推出临时"疫苗护照",持有护照的入境人员无须隔离观察。以当前疫苗接种进度推算,这一临时护照的应用范围将从中东欧向南欧和西欧扩展;民众被德尔塔毒株广泛感染且疫苗效力不及预期的英国则可能暂时被排除在"疫苗护照"互认的名单之外。世界卫生组织 11 月宣布,欧洲再次沦为全球疫情的"震中"。欧洲正在经历第四波新冠疫情。欧洲新冠肺炎确诊病例数达到

有史以来的最高水平,病亡人数占到全球新冠肺炎病亡人数的一半以上。惊心动魄的数字迫使欧洲多国不得不再度收紧防疫政策。进入11月,德国的单日新冠肺炎确诊病例数连创新高。11月18日,德国全国的日新增病例数首次超过65 000例,创下自疫情暴发以来的最高值。

德国第一季度GDP增速为-1.8%,第二季度为10.4%,第三季度大幅下滑至2.5%。欧元区19国2021年第二季度GDP同比实际增速大幅上升至14.5%,第三季度可能不容乐观。欧盟委员会在2021年秋季经济预测报告中说,未来欧元区经济复苏进程在很大程度上仍取决于疫情变化。鉴于许多国家最近确诊病例数激增,不排除重新采取疫情管控措施的可能。此外,经济风险还与供应链瓶颈的潜在长期影响有关,可能导致通胀高于预期。

数据来源:CEIC。

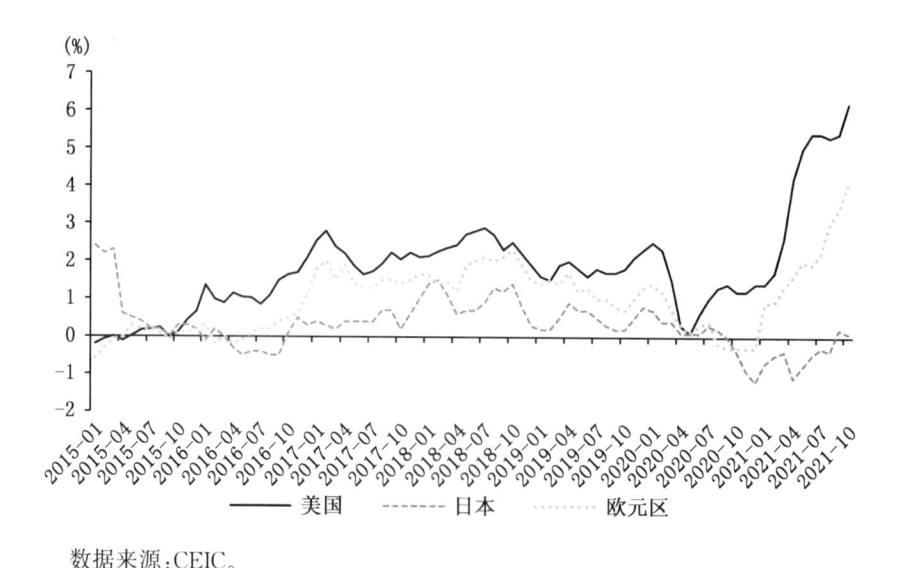

图127 美国、日本和欧元区的CPI同比增速

西欧和北欧发达经济体中,法国第三季度GDP同比增长率初值为18.20%,远远好于预期中的15%,前值为-13.80%;年率初值为-4.30%,前值为-18.90%,预期-7.30%。随着低基数效应的逐步消失,再加上经济刺激力度也有所放缓,2021年第三季度,英国经济增长水平出现了较为明显的放缓——环比增长1.3%,大幅低于第二季度的5.5%;同比增速为6.6%,也大幅低于第二季度的23.6%。受能源和燃料价格上涨因素影响,英国10月消费者价格指数(CPI)比上年同期上涨

4.2%,同比涨幅为自 2011 年 11 月以来最高。考虑到法国新冠肺炎感染人数增长势头尚未得到明显遏制,而且英国病例中德尔塔变异毒株的感染比例提升迅猛,未来中东欧和西欧的贸易往来有可能难以完全畅通;同理,北欧经济也将因为不能顺利打开国门而蒙受潜在损失。这意味着 GDP 增长乏力的丹麦、挪威和瑞典三国需要更加周密、积极地调配资源,以安全稳定的方式提振产出。

南欧国家中,意大利第三季度 GDP 较第二季度增长 15.9%。相关数据显示,第三季度意大利在消费、出口和投资等方面均实现增长,经济复苏明显提速。受新冠疫情冲击,2021 年第二季度意大利经济遭受重创,下滑 18%,创下历史纪录。经济合作与发展组织(OECD)12 月 1 日发布的最新预测显示,受疫情影响,意大利 2021 年国内生产总值将下降 9.1%,未来两年的经济恢复状况可能"缓慢而不平衡"。西班牙 2021 年第三季度经济增长力度也出现了放缓——同比增长 2.7%,环比增长 2.0%。第三季度的西班牙居民消费支出虽然出现了好转,但由于新冠疫情仍未得到遏制,消费复苏力度仍然有限。而且当前的这种改善是建立在"上年同期较低水平之上的",与疫情发生前的水平相比,仍存在着不足。此外,多个领域的私人投资也在第三季度出现了不同程度的放缓。整体而言,西班牙第三季度经济同比增长 2.7 个百分点中"内需贡献了 1.5 个百分点",比第二季度的贡献度减少了 15.8 个百分点。与消费、投资这种较为低迷的内部需求相比,相对旺盛的商品和服务出口对西班牙经济增长的贡献获得了提升——第三季度的外部需求对 GDP 增长贡献了 1.2 个百分点,比上季度提高了 1 个百分点。高额债务可能成为拖累意大利和西班牙 2022 年经济增长的原因。

(三)亚太地区疫情反复,导致经济复苏放缓

亚洲 2021 年的增速展望被下调了 1 个百分点以上,至 6.5%,原因是新冠疫情进入了新的暴发周期,各国需要加快推进疫苗接种速度。疫苗接种进度的主要驱动因素包括:2020 年疫情的严重程度、采购策略、本国生产能力、民众接受程度,以及卫生基础设施的质量。尽管亚太地区仍是全世界增长最快的地区,但亚洲发达经济体与新兴和发展中经济体之间的差距正在拉大,这反映出它们在疫苗接种率和政策支持力度上的差异。

此外,新兴和发展中经济体的中期产出水平仍将低于疫情前的趋势水平。未来的风险偏向下行,主要原因包括疫情发展态势的不确定性、疫苗对变异毒株的效力减弱、供应链的扰动,以及在各国现有金融脆弱性的情况下,美国货币政策回归常态可能给全球带来的金融溢出效应。

受疫情影响,韩国经济自2020年第一季度环比萎缩1.3%、第二季度萎缩3.2%后,连续呈现增长势头,2020年第三季度和第四季度分别增长2.2%和1.1%,2021年前三季度分别增长1.7%、0.8%和0.3%。但受疫情在境内形成第四波大流行、供应链瓶颈,以及民间消费和投资萎缩的影响,第三季度增速明显回落。由于疫情引发了对聚集和商业运营的限制,私人消费的疲软给韩国经济带来了压力,导致支出减少。2021年第三季度,韩国私人消费比上季度减少了0.3%,上季度为增长3.6%;第三季度设备投资减少了2.3%,而上季度为增加1.1%;第三季度建筑投资也减少了3%。由于煤炭、石油和机械产品的海外销售活跃,韩国第三季度出口反弹了1.5%,而进口则下降了0.6%。

2021年第三季度日本实际国内生产总值(GDP)环比上升5.0%,按年率计算增幅为21.4%,为有可比数据以来的最大增幅。数据显示,第三季度占日本经济比重二分之一以上的个人消费环比回升4.7%。受疫情影响,第二季度该指标骤降8.1%。紧急状态解除后,耐用消费品、餐饮及旅行等消费服务上涨。与此同时,由于业绩恶化、经济前景不透明,企业投资意愿持续低迷,当季企业设备投资继续下滑,环比降幅达3.4%。当季,受中国经济率先复苏等因素影响,日本汽车等制造业产业出口明显回暖,拉动第三季度出口环比增长7.0%,而进口则环比下降9.8%。从内外需对日本经济增长的贡献度来看,当季内需对经济增长的贡献为2.1个百分点,外需贡献2.9个百分点。受能源市场价格低迷等因素影响,当季进口额大幅下降,净出口明显上涨。此前,日本经济已连续3个季度下滑,第二季度按年率计算,降幅达28.1%。日本经济后续复苏步伐将会放缓,经济恢复到疫情前水平仍需一定时间。

东南亚主要经济体中,越南2021年7—9月的国内生产总值(GDP)与上年同期相比大幅萎缩了6.17%,创下了自1986年越南有经济统计数据记录以来的最大季度跌幅。第三季度是越南此轮疫情的集中暴发期,至今尚未平息。疫情在越南大城市和工业园区快速传播,工厂和城市被迫封闭,对越南依赖出口的外向型经济构成了严重打击。随着疫苗接种率的提高和疫情的常态化,自8月底以来,越南政府逐渐放弃了过去"清零"的防疫政策,转向"与病毒谨慎共存"。菲律宾经济持续从疫情中复苏,2021年第三季度国内生产总值(GDP)同比增长7.1%,高于菲律宾央行原先预计的6.2%,也高于其他经济预测机构预期的4.6%~6.5%区间。第三季度推动菲律宾经济增长的主要行业包括:批发和零售业、汽车和摩托车销售及维修业、制造业、建筑业。菲律宾GDP的增长率2021年第一季度之前均为负值,第二季度迅速提升至最高点12%。2021年前三季度,该国GDP平均增长率为4.9%。

(四)拉美和非洲经济体面临保增长方针下的选择

金砖国家之中,世界银行2021年10月公布了《欧洲和中亚地区经济报告》,其中将俄罗斯2021年国内生产总值(GDP)增长预期从3.2%提高到4.3%。俄罗斯国内需求的提前复苏以及能源价格的上涨推动了俄罗斯经济的增长。与此同时,世界银行的报告中将俄罗斯2022年经济增长预期从3.2%下调到2.8%,而2023年则从2.3%下调到1.8%。原因是市场需求的逐渐稳定和工业原材料价格的下降,以及"欧佩克+"放松石油限产措施。俄罗斯经济增长前景还将受地缘政治紧张局势、美国对俄制裁措施、新冠疫苗接种率低下和俄罗斯央行提高关键利率等诸多因素的影响。

新变异病毒的发现给正在复苏的南非经济蒙上了一层阴影。随着多个欧洲国家限制与南非的通航,即将到来的南非旅游季必将大受打击,历史数据显示英国是南非的主要游客来源国之一。投资者信心动摇,南非货币兰特汇率当天一度跌至一年来的最低点。

巴西经济部将2021—2022年度通货膨胀增长预期从7.9%上调至9.7%,同时将国内生产总值(GDP)增长预期从5.3%降至5.1%。本次巴西经济部对2022年巴西经济增长的预期,仍明显高于此前金融市场分析人士对巴西2022年GDP增长4.88%的预期。巴西经济部对2022年巴西经济增长的更高预期值"是基于劳动力市场和私人投资(主要是基础设施投资)的改善"。

第二章

基准条件下 2022 年中国主要经济指标增速预测

课题组基于 IAR-CMM 季度模型对中国经济增长率和其他关键经济指标进行了预测,表 10 报告了 2021 年与 2022 年各关键经济指标的实际增长情况和预测结果。

表 10　上海财经大学高等研究院对中国各主要经济指标增速的预测①

时间 指标	2021 Q1	Q2	Q3	Q4	全年	2022 Q1	Q2	Q3	Q4	全年
GDP	18.3	7.9	4.9	4.4	8.0	5.0	5.4	5.6	5.3	5.5
投资	25.6	12.6	7.3	5.5	5.5	6.0	5.5	5.1	5.1	5.1

---

① 该表中 GDP 增长率为实际数据,其他指标均为名义数据。灰底部分的数据为预测数据,其余为实际统计数据;预测数据根据截至 2021 年 12 月 1 日所发布的数据。除投资增长率外,表中其余增长率均为当季同比增长率。
投资增长率是指全社会固定资产投资总额的累计同比增速,不同于支出法 GDP 核算中的资本形成总额,固定资产投资包括土地、旧建筑物和旧设备的购置费用,但不包括存货增加部分,也不包括 500 万元以下项目的投资、零星固定资产购置、商品房销售增值、新产品试制增加的固定资产、未经过正式立项的土地改良支出以及无形固定资产增加等。
消费增长率是指社会消费品零售总额的当季同比增速。不同于支出法 GDP 核算中的最终消费支出,社会消费品零售总额包括居民使用的建筑材料、非政府单位的商品零售额以及政府单位使用的交通工具和电信产品,但不包括餐饮之外的服务类消费和虚拟消费(如自产自销的农产品和自有住房消费)等。

续表

时间\指标	2021 Q1	Q2	Q3	Q4	全年	2022 Q1	Q2	Q3	Q4	全年
消费	33.9	13.9	5.0	4.7	12.5	5.9	6.4	6.9	6.7	6.5
出口	48.8	30.7	24.4	25.7	29.3	9.7	12.5	14.8	8.3	11.3
进口	29.3	44.0	25.9	24.5	29.8	10.8	15.7	15.7	4.9	11.8
CPI	−0.03	1.1	0.8	1.9	0.9	1.0	1.5	2.0	2.5	1.8
PPI	2.1	8.2	9.7	13.1	8.3	7.7	3.2	3.6	1.0	3.9
GDP平减指数	2.1	4.8	4.2	9.4	5.1	4.2	2.9	3.4	2.3	3.2

数据来源：CEIC、Wind、上海财经大学高等研究院。

课题组对2022年基准预测的外部环境主要假设条件包括：(1)2022年全球经济逐渐复苏，国际货币基金组织在10月对美国2021年GDP增速的预测为6.0%。IMF10月经济展望报告预测2022年美国实际GDP增速5.2%，欧元区实际经济增速为4.3%，日本实际经济增速为3.2%，东盟五国实际经济增速为5.8%。(2)2021年美联储9月FOMC会议释放偏鹰的政策信号，市场预期美联储提前在2022年年中结束缩减债券购买，加息时点可能提前至2022年底以前。(3)人民币兑美元汇率2022年或将在6.4附近宽幅震荡，但仍在合理区间。(4)国际政治经济环境复杂化，预期2022年贸易摩擦仍然存在。

基于前面对中国经济形势与风险的分析，课题组对2022年基准预测的内部环境主要假设条件包括：(1)国内疫情发展趋势延续第三季度以来的情形，疫情得到有效控制，偶有出现零星散发病例。(2)居民杠杆率攀升，继续对消费形成负面影响，假定受GDP增速回调及房地产调控政策放松的影响，家庭杠杆率恢复至疫情前增速，2022年再上升3个百分点。(3)2022年基础设施建设投资将会企稳回升，房地产投资下行压力增加，制造业投资继续维持回升态势。(4)根据银保监会公布的相关数据，截至2021年第三季度末，商业银行不良贷款率为1.75%，课题组假设截至2021年末，我国商业银行不良贷款率上升至1.81%。(5)财政政策方面，积极的财政政策将更加科学有效，预计2022年赤字率约收缩至3%。(6)货币政策方面，在继续稳健、灵活适度的基础上，保持流动性合理充裕，预计2022年将降准2次，各降25个基点，降息1次，降10个基点。

(7)"十四五"期间碳排放强度(单位GDP碳排放量)下降18%,折合年均下降4%。

2021年以来经济复苏趋势持续,受基数效应影响,第一季度GDP增速较快,全年GDP增速预计将达到8.0%。预计2021年第一至四季度GDP增速分别为5.0%、5.4%、5.6%和5.3%,全年增速为5.5%。

受基数效应影响,消费增速在2021年第一、第二季度呈现高增长,在第三、第四季度逐渐回落至长期趋势上。课题组预测,社会消费品零售总额在2022年将继续平稳增长,同比增速在第一至四季度分别为5.9%、6.4%、6.9%和6.7%,全年增速为6.5%。

2021年制造业投资和高技术产业投资增势良好,基建和房地产投资增速回落,但投资增速整体平稳。课题组预计,2022年固定资产投资总额将继续平稳增长,第一至四季度固定资产投资增速累计同比分别为6.0%、5.5%、5.1%和5.1%,全年增速为5.1%。

受国内经济持续稳定增长以及全球经济复苏等多重因素的推动,我国进出口在2021年高速增长。课题组预计,出口方面,2022年第一至四季度出口增速分别为9.7%、12.5%、14.8%和8.3%,全年出口增速为11.3%;进口方面,预计2022年第一至四季度进口增速分别为10.8%、15.7%、15.7%和4.9%,全年进口增速为11.8%。

2021年以来,由于新冠疫情对全球供应链带来的冲击,国际大宗商品价格大幅上涨的影响,造成我国PPI增速明显。基于对2022年疫苗进一步普及对全球新冠疫情的影响、全球经济复苏速度、食品价格波动、国际原油等大宗商品的价格变化趋势、刺激政策的后续影响以及基数效应等各种因素的判断,课题组预计,2022年CPI同比增长分别为1.0%、1.5%、2.0%和2.5%,PPI同比增长分别为7.7%、3.2%、3.6%和1.0%,全年CPI和PPI增速分别为1.8%和3.9%。

2022年,全球经济复苏速度受疫情发展态势,特别是新冠病毒变异及疫苗有效接种的双重影响,中美贸易摩擦预计仍将继续存在,中国仍面临较大的外部环境不确定性,并可能进一步影响进出口。与外部不确定性相比,内部经济的不确定性更大,"双碳"目标的要求和趋于更加严格的"房住不炒"政策都可能给宏观经济在短期内带来一定程度的压力。各种改革的力度及执行程度,如共同富裕的推进程度,将直接影响是否能够有效地拉动国内需求,促进国内大循环的畅通。课题组认为,在外部环境不可控的情况下,应更多地聚焦于内部经济改革,扩大开放,释放内部经济活力,以更好地应对内外部经济的不确定性,实现我国经济的可持续增长与高质量发展。

第三章

不同情景下的主要经济指标预测及其政策应对

一、不同情景下的经济预测与政策应对

(一)假设情景Ⅰ:"双碳"目标更加严格执行

随着经济社会的不断发展,长期以来我国能源需求旺盛。现阶段,碳减排技术相对不成熟,碳减排的主要渠道为降低能源需求并提高能源利用率。短期内,双碳目标将通过抑制能源需求对经济增长造成一定的压力。同时,结合历史数据,课题组估算发现,单位 GDP 排放量每下降 1%,第二产业税收平均下降 0.04%。政府收入与支出的减少也将对经济造成一定的下行压力。虽然双碳目标对经济增长的压力不可避免,但需要注意的是,政府财政政策的积极应对、绿色债券及碳中和债券等绿色金融工具的出台,也将在一定程度上刺激投资,尤其是节能减排技术与绿色产业的投资,从而缓解碳减排的经济压力。

李克强总理在 2021 年 3 月 5 日做政府工作报告时指出,"十四五"期间中国单位 GDP 碳排放量将降低 18%,这相当于单位 GDP 碳排放量年均下降约 4%。若政策目标为提前实现碳达峰,则碳排放强度年均下降

幅度将在此基础上适度增加。因此,课题组考察在下一年度单位 GDP 碳排放量年均下降 6% 的强化政策情景。碳减排要求可能造成投资增速和消费增速分别较基准下降 0.1%,最后拖累 GDP 增速较基准下滑 0.1%。从更长期的角度而言,随着绿色金融对节能减碳项目的投资支持力度不断提高,双碳目标对 GDP 增长的负向影响有望进一步降低。

表 11　"双碳"目标更加严格执行对中国 2022 年各主要经济指标增速的预测　单位:%

指标\时间	2021 Q1	Q2	Q3	Q4	全年	2022 Q1	Q2	Q3	Q4	全年
GDP	18.3	7.9	4.9	4.4	8.0	4.8	5.3	5.6	5.2	5.4
投资	25.6	12.6	7.3	5.5	5.5	5.9	5.2	5.0	5.0	5.0
消费	33.9	13.9	5.0	4.7	12.5	5.7	6.2	6.8	6.6	6.4
出口	48.8	30.7	24.4	25.7	29.3	9.4	12.6	14.9	8.1	11.2
进口	29.3	44.0	25.9	24.5	29.8	10.2	15.6	15.5	4.7	11.5
CPI	−0.03	1.1	0.8	1.9	0.9	0.9	1.4	1.9	2.4	1.7
PPI	2.1	8.2	9.7	13.1	8.3	7.5	3.1	3.4	0.8	3.7
GDP 平减指数	2.1	4.8	4.2	9.4	5.1	4.2	2.9	3.2	2.2	3.1

数据来源:CEIC、Wind、上海财经大学高等研究院。

(二)假设情景Ⅱ:民营企业违约风险上升

2021 年以来,民营和中央国有非金融企业的债券违约率由降转升,尤其是恒大集团在近期出现的流动性危机,使得信用市场悲观情绪明显上升,非金融企业的信用利差维持高位。此外,当前我国经济面临新的下行压力,如海外金融条件的收紧、生产成本的上升、全球经济复苏不确定性的加大、供应链摩擦的加剧、国内经济结构调整的深化等,企业经营风险存在短期内快速上升的可能性。更重要的是,相关文献发现,快速上升的经营风险会通过违约、破坏投资信心、收缩劳动力需求等渠道放大经济下行压力,造成更大的经济衰退。① 因此,课题组考虑在企业经营压力持续加大的背景下,使得企业流动性持续收紧,从而导致企业违约风险以及信用利差持续上升的影响。

根据课题组的测算,民营企业违约率每上升1个百分点,一般贷款的信用利差将上升0.29个百分点,并进而导致民间投资增速下降0.28个百分点。鉴于以上分析,课题组将考察2022年投资的悲观情景:大型企业持续出现流动性危机,导致市场悲观情绪进一步上升,使得一般的信用利差再上升0.5个百分点,从而导致民间投资增速较基准下降0.48个百分点。

表12　民营企业违约风险上升对中国2022年各主要经济指标增速的预测　单位:%

时间 指标	2021					2022				
	Q1	Q2	Q3	Q4	全年	Q1	Q2	Q3	Q4	全年
GDP	18.3	7.9	4.9	4.4	8.0	4.9	5.2	5.3	5.0	5.2
投资	25.6	12.6	7.3	5.5	5.5	5.6	5.0	4.7	4.6	4.6
消费	33.9	13.9	5.0	4.7	12.5	6.0	6.3	6.8	6.6	6.4
出口	48.8	30.7	24.4	25.7	29.3	9.6	12.2	14.6	8.2	11.1
进口	29.3	44.0	25.9	24.5	29.8	10.5	15.5	15.6	4.5	11.5
CPI	−0.03	1.1	0.8	1.9	0.9	1.1	1.4	2.0	2.4	1.7
PPI	2.1	8.2	9.7	13.1	8.3	7.3	3.0	3.0	0.8	3.6
GDP 平减指数	2.1	4.8	4.2	9.4	5.1	4.2	2.8	3.3	1.6	3.0

数据来源:CEIC、Wind、上海财经大学高等研究院。

(三)假设情景Ⅲ:房地产税加速推进

2015年以来,我国房地产市场再次经历了暴涨,短短几年间,多地房价翻番,有些地区的房价甚至增长了多倍。虽然中央政府三令五申"房住不炒",但房地产市场确实成为众多社会问题背后的"抱怨点"。在这样的

---

① 相关文献参见:(1)Chodorow-Reich, Gabriel. The Employment Effects of Credit Market Disruptions: Firm-Level Evidence from the 2008—2009 Financial Crisis. *The Quarterly Journal of Economics* 2014,129(1),pp.1—59。(2)Guntin, Rafael, Firms' Rollover Risk and Macroeconomic Dynamics,2021. Working Paper。

大背景下,为积极稳妥推进房地产税立法与改革,引导住房合理消费和土地资源节约集约利用,促进房地产市场平稳健康发展,2021年10月23日,第十三届全国人民代表大会常务委员会第三十一次会议决定,授权国务院在部分地区开展房地产税改革试点工作。

房产税可以降低地方政府对土地财政的依赖,降低房价的增速,改变家庭对住房需求的预期,调整家庭的消费结构,从整体上看,肯定会对我国经济产生长期的正向的影响,目前多数对房产税的研究均是在此基础上基于稳态进行比较静态分析的。但是,引入房产税并不是一蹴而就的,经济并不能立刻进展到结构优化的时态,经济只能慢慢调整优化,一步一步到达最终时态。在这一过程中,房产税的引入就可能引起部分人群的阵痛,产生再分配效应。课题组利用构建的符合中国房地产市场的动态结构模型,探讨了房产税改革对家庭部门的影响,我们发现,房产税改革虽然可以在长期内刺激消费,但可能在短期内产生2%的消费下降。

表13　房地产税加速推进对中国2022年各主要经济指标增速的预测　　单位:%

时间 指标	2021 Q1	Q2	Q3	Q4	全年	2022 Q1	Q2	Q3	Q4	全年
GDP	18.3	7.9	4.9	4.4	8.0	4.0	4.4	4.7	4.4	4.5
投资	25.6	12.6	7.3	5.5	5.5	5.4	5.0	4.7	4.6	4.6
消费	33.9	13.9	5.0	4.7	12.5	3.8	4.5	5.0	4.7	4.5
出口	48.8	30.7	24.4	25.7	29.3	10.1	13.1	15.2	8.8	11.8
进口	29.3	44.0	25.9	24.5	29.8	10.2	15.0	15.1	4.2	11.1
CPI	−0.03	1.1	0.8	1.9	0.9	0.6	1.0	1.6	2.0	1.3
PPI	2.1	8.2	9.7	13.1	8.3	7.3	3.1	3.2	0.9	3.7
GDP平减指数	2.1	4.8	4.2	9.4	5.1	4.0	2.6	2.7	1.9	2.8

数据来源:CEIC、Wind、上海财经大学高等研究院。

(四)假设情景Ⅳ:疫情防控更加科学有效

如前文所述,受疫情长期持续的影响,居民家庭收入不平等加剧以及疫情暴发地区的停工停产等导致短期消费,尤其是服务类消费明显乏力。自2021年8月出现同比负增长之后,增速始终没有明显起色。

2021年以来,各地仍有零星暴发的疫情。但凡出现确诊病例,便通过摸查路线、排查密接的方式来定位疫情。一旦发现疫情,则采取减少人员流动和多次全员核酸的方式来控制疫情的扩散。对于中国尚处在人口密度较大、医疗水平有限的情形下,这种举措无疑能有效控制疫情,减少了民众的恐慌情绪。然而代价是:第一,各地停工停产,导致员工收入降低,进而抑制了消费;第二,休闲娱乐、旅游消费受阻。

基于此,课题组认为,如果更加科学有效地针对出现疫情的街道、小区进行排查和防控,而非大范围停工停产和关闭公共消费场所,让点状突发疫情的影响范围降到最小、副作用降到最低,则可以从收入和消费意愿两方面让居民家庭敢消费、有渠道消费。课题组还认为,若疫情控制和预防都更加科学有效,那么2022年的消费增速将相对基准情形提高0.5个百分点。消费增速的提升也将带动投资增速较基准增加0.1%,最终GDP增速将较基准提升0.3%。

表14　疫情防控更加科学有效对中国2022年各主要经济指标增速的预测　　单位:%

时间 指标	2021 Q1	Q2	Q3	Q4	全年	2022 Q1	Q2	Q3	Q4	全年
GDP	18.3	7.9	4.9	4.4	8.0	5.3	5.7	5.9	5.7	5.8
投资	25.6	12.6	7.3	5.5	5.5	6.2	5.6	5.3	5.3	5.3
消费	33.9	13.9	5.0	4.7	12.5	6.4	7.0	7.4	7.2	7.0
出口	48.8	30.7	24.4	25.7	29.3	9.9	12.8	15.1	8.4	11.6
进口	29.3	44.0	25.9	24.5	29.8	11.1	16.1	15.9	5.1	12.1
CPI	−0.03	1.1	0.8	1.9	0.9	1.3	1.7	2.3	2.8	2.1
PPI	2.1	8.2	9.7	13.1	8.3	7.8	3.4	3.6	1.2	4.1
GDP 平减指数	2.1	4.8	4.2	9.4	5.1	4.4	3.2	3.3	2.5	3.4

数据来源:CEIC、Wind、上海财经大学高等研究院。

(五)假设情景Ⅴ:推进有效竞争

2020年全面打赢脱贫攻坚战为实现共同富裕打下了坚实基础,但正如课题组前面的分析所示,目前我国发展不平衡不充分问题仍然较为突出,劳动者报酬占比偏低,收入分配差距较大,两极分化严重。早在

2017—2018年终报告中,课题组就指出了收入差距过大的危害,并且详细分析了收入差距如何通过挤出消费阻碍经济增长。资本无序扩张、劳资对立的新闻层出不穷;工人工作时间被日益拉长,"996"引发社会热议;年轻人感到生活压力巨大,"躺平"成为流行语。这些社会现象不仅反映出收入分配的恶化,更是可以看出资本的无序发展、企业垄断势力的不断加强、初次分配的不到位是收入差距过大的重要原因。

收入差距过大问题不但受到社会的热议,更是受到政策制定者的重视。在2020年《求是》杂志第20期上,习近平总书记发表的文章《扎实推动共同富裕》就为下一步降低收入差距、推动共同富裕指出了道路。课题组认为,如果治理措施到位,有效竞争得到推进,资本有序发展,不再野蛮生长,劳资环境得到改善,初次分配效果显现,我国的收入分配将会得到显著改善。

基于以上分析,并根据现有文献的估计,课题组考虑如下情景:假设最优的资本监管政策得以实施,有效竞争得到推进,则收入差距下降0.02个单位,消费增速较基准提高0.8个百分点,最终将拉动GDP增速较基准增加0.4%。

表15 推进有效竞争对中国2022年各主要经济指标增速的预测　　单位:%

时间 指标	2021 Q1	Q2	Q3	Q4	全年	2022 Q1	Q2	Q3	Q4	全年
GDP	18.3	7.9	4.9	4.4	8.0	5.4	5.8	6.1	5.7	5.9
投资	25.6	12.6	7.3	5.5	5.5	6.1	5.6	5.2	5.2	5.2
消费	33.9	13.9	5.0	4.7	12.5	6.7	7.3	7.6	7.4	7.3
出口	48.8	30.7	24.4	25.7	29.3	9.6	12.4	14.9	8.5	11.4
进口	29.3	44.0	25.9	24.5	29.8	11.0	15.8	15.9	4.8	11.9
CPI	−0.03	1.1	0.8	1.9	0.9	1.	1.8	2.3	2.7	2.0
PPI	2.1	8.2	9.7	13.1	8.3	7.7	3.4	3.7	1.3	3.9
GDP平减指数	2.1	4.8	4.2	9.4	5.1	4.5	2.9	3.4	2.5	3.3

数据来源:CEIC、Wind、上海财经大学高等研究院。

(六)假设情景Ⅵ:政策调整和改革推动遵循"时度效"原则

目前,管制不断加强的改革、政策和多行业规范调整没有把握好"时度效",力度过大、过急、过频、过激,导致监管、整顿过度,叠加共振,造成微观主体的社会预期不稳、发展信心不足,市场活力下降。对于承载了中国绝大部分就业的中小微企业而言,经营面临较大的不确定性,运行复苏缓慢,甚至一些大中型企业也出现了经营困难加剧的趋势,投资增速有回落风险。针对这一问题,2021年中央工作经济会议将准确把握"时度效"作为将来调整政策和推动改革的基本准则。

准确把握政策调整和推动改革的"时度效",即确保相关政策和改革具有连续性和可预期性,努力做到科学有效,发挥出"高效能",真正急市场社会所急。课题组认为,若政策调整和改革推动遵循"时度效"原则,能够为市场主体特别是中小微企业和个体工商户营造稳定可预期的市场环境,激发企业投资信心,改善就业状况,提高居民收入,刺激消费,从而实现供需双侧共同发力推动经济增长。根据课题组测算,通过准确把握相关政策调整和改革的"时度效",可以改善投资增加0.7%、消费增加0.5%,从而拉动GDP增长0.6%。

表16　政策调整和改革推动遵循"时度效"原则对中国 2022年各主要经济指标增速的预测　　　单位:%

时间 指标	2021 Q1	Q2	Q3	Q4	全年	2022 Q1	Q2	Q3	Q4	全年
GDP	18.3	7.9	4.9	4.4	8.0	5.6	6.0	6.3	5.9	6.1
投资	25.6	12.6	7.3	5.5	5.5	6.8	6.2	5.9	5.8	5.8
消费	33.9	13.9	5.0	4.7	12.5	6.4	6.8	7.4	7.2	7.0
出口	48.8	30.7	24.4	25.7	29.3	9.6	12.4	14.9	8.5	11.4
进口	29.3	44.0	25.9	24.5	29.8	11.1	15.9	16.1	5.0	12.1
CPI	−0.03	1.1	0.8	1.9	0.9	1.3	1.9	2.4	2.8	2.1
PPI	2.1	8.2	9.7	13.1	8.3	5.8	4.0	1.7	4.3	
GDP平减指数	2.1	4.8	4.2	9.4	5.1	4.6	3.3	3.4	2.5	3.5

数据来源:CEIC、Wind、上海财经大学高等研究院。

二、不同情景分析基础上的政策力度选项

课题组根据量化准结构模型进行情景模拟分析,表17总结了包括基

准情景的不同情景下2022年各主要经济变量的预测结果。其中,基准情景下预计全年GDP增长率为5.5%;在情景Ⅰ中,双碳政策对增速造成短期压力,预计全年GDP增长率为5.4%;在情景Ⅱ中,民营企业违约率上升压低投资需求,预计全年GDP增长率下降至5.2%;在情景Ⅲ中,房地产税政策加速推进,对家庭消费增速造成短期压力,预计全年GDP增长率下降至4.5%;在情景Ⅳ中,疫情防控更加科学有效,进而刺激消费和投资,预计全年GDP增长率可达5.8%;在情景Ⅴ中,通过资本监管等措施推进有效市场竞争,改善收入分配和消费需求,预计全年GDP增长率将达5.9%;在情景Ⅵ中,假设政策调整和改革推动遵循"时度效"原则,预计全年GDP增长率将达6.1%。

表17　　　　　中国2022年各种情景下主要经济指标增速的预测　　　　　单位:%

	基准情景	Ⅰ."双碳"目标更加严格执行	Ⅱ.民营企业违约风险上升	Ⅲ.房地产税加速推进	Ⅳ.疫情防控更加科学有效	Ⅴ.推进有效竞争	Ⅵ.政策调整和改革遵循"时度效"原则
GDP	5.5	5.4	5.2	4.5	5.8	5.9	6.1
投资	5.1	5.0	4.6	4.6	5.3	5.2	5.8
消费	6.5	6.4	6.4	4.5	7.0	7.3	7.0
出口	11.3	11.2	11.1	11.8	11.6	11.4	11.4
进口	11.8	11.5	11.5	11.1	12.1	11.9	12.1
CPI	1.8	1.7	1.7	1.3	2.1	2.0	2.1
PPI	3.9	3.7	3.6	3.7	4.1	3.9	4.3
GDP平减指数	3.2	3.1	3.0	2.8	3.4	3.3	3.5

数据来源:上海财经大学高等研究院。

从情景分析的结果看,在课题组考虑的六种情景中,除情景Ⅲ外均可确保达到5%以上的经济增速。根据2021年12月6日中央政治局有关2022年经济工作的会议精神,2022年宏观经济的重点在于稳字当头、稳中求进,保持经济运行在合理区间。课题组认为,结合当前国内外宏观经济环境和疫情走向来看,"5%以上"的经济增长目标已属合理。课题组同时根据量化准结构模型的特点进行政策实验,模拟了为达到6%的经济增速,财政政策或货币政策在不同情景下需要作出基准假设之外的调整力度,分别讨论如下:

(1)在基准情景下,全年GDP增速可达5.5%。若要追求6%的更高增速,货币政策需要在基准政策的基础上额外降准一次 50 个基点;同时,财政赤字需要增加 4 217.1 亿元,超过预算赤字 12.3%,估算全年赤字率约为 3.4%。

(2)在情景Ⅰ下,假设我国在实现"双碳"目标的初期阶段执行比预期更加严格的减排政策。较高的碳减排标准造成投资增速较基准下降 0.1%,消费增速较基准下降 0.1%,导致全年 GDP 增速较基准情景下滑 0.1%,仅为 5.4%。此时,货币政策需要在基准政策的基础上额外降准一次 50 个基点;同时,财政赤字需要增加 5 060.5 亿元,超过预算赤字 14.7%,估算全年赤字率约为 3.4%。

(3)在情景Ⅱ下,假设民营企业融资条件恶化,经营压力加大,违约风险上升,投资增速较基准下降 0.48 个百分点,导致全年 GDP 增速较基准情景下滑 0.3%,仅为 5.2%。此时,货币政策需要在基准政策的基础上额外降准 2 次,每次 50 个基点;同时,财政赤字需要增加 6 747.3 亿元,超过预算赤字 19.6%,估算全年赤字率约为 3.6%。

(4)在情景Ⅲ下,假设我国房地产税政策加速落地,改革措施将给宏观经济造成短期阵痛。通过影响二手房市场和租房市场使家庭消费降低 2 个百分点,同时投资较基准下降 0.5 个百分点,导致全年 GDP 增速比基准情景下滑 1 个百分点,仅为 4.5%。此时,货币政策需要在基准政策的基础上额外降准 4 次,每次 50 个基点;同时,财政赤字需要增加 12 651.3 亿元,超过预算赤字 36.8%,估算全年赤字率约为 4.1%。由于短期政策会对宏观经济的长期健康发展造成较大的扭曲副作用,因此课题组并不建议采用如此激进的宽松政策。

(5)在情景Ⅳ下,若疫情在常态化管理下的防范和预防都更加科学有效,对经济活动的负面影响降低,导致 2022 年消费增速比基准情景提高 0.5 个百分点,并带动投资增速比基准情景增加 0.2%,全年 GDP 增速将较基准提升 0.4%,达到 5.8%。此时货币政策不需要在基准政策的基础上做出额外调整,但财政赤字需要增加 1 686.8 亿元,超过预算赤字 4.9%,估算全年赤字率约为 3.2%。

(6)在情景Ⅴ下,假设国家通过资本监管等措施推进有序有效的市场竞争,劳资环境改善,使收入差距下降 0.02 个单位,消费增速较基准提高 0.8 个百分点,投资增速较基准提高 0.1 个百分点,拉动 GDP 增速较基准情景增加0.4%,达到5.9%。此时,货币政策不需要在基准政策的基础上做出额外调整,财政赤字需要增加843.4亿元,超过预算赤字2.5%,估算全年赤字率约为3.1%。

(7)在情景Ⅶ下,假设政策调整和改革推动遵循"时度效"原则,稳定市场主体预期,激发企业投资信心,改善就业状况,提高居民收入,刺激消费,从而实现供需双侧共同发力推动经济增长。在此情景下,消费增速较基准提高0.5个百分点,同时投资增速较基准提高0.7个百分点,拉动GDP增速较基准情景增加0.6%,达到6.1%。此时,货币政策和财政政策均不需要在基准政策的基础上做出额外调整。

此外,根据Mendoza和Ostry(2008)以及Ghosh等(2013)评估财政可持续性的方法,课题组结合我国财政收支与政府债务等数据,测算了我国当前的财政空间以及不同政策选项对财政空间的使用情况。具体而言,课题组设定财政基本赤字率是政府负债率的三次函数,并在考虑经济增长率、GDP数据等控制变量后进行估计,测得负债率上限约为92%,显著低于Ghosh等(2013)对大多数发达国家的测算结果。根据课题组估算的地方政府显性债务42万亿元加上第三季度末的中央政府债务余额23万亿元,可以得到我国当前政府负债率约为59%[①],由此计算我国的财政空间约为GDP的32%,同样显著低于大多数发达国家。课题组测算了不同情景下的财政政策选项需要占用的财政政策空间,即通过赤字政策实现基准经济增速6%时,财政赤字总额与估算财政空间的比值。

表18报告了不同情景下为达到基准经济增速所需的财政政策与货币政策组合。

值得注意的是,以上各政策选项分析均是基于单一情景假设所进行的探讨,提出的货币政策力度和财政政策力度也只是政策最终的目标效果,并没有深入探讨具体的政策工具。原因在于,在现实中多个情景往往会相互叠加、相互影响,带给中国经济内外多重冲击,这些不确定性的交互作用可能带来放大效应,导致中国经济的下行压力加大,需要结合实际经济情况灵活运用不同政策工具。此外,由于在各情景下模拟的全年

[①] 根据中国社会科学院国家金融与发展实验室的政府杠杆率数据,2020年我国政府负债率约为45.6%。

表 18　　各情景假设下实现基准经济增速所需的政策力度

情景	基准情景	Ⅰ."双碳"目标更加严格执行	Ⅱ.民营企业违约风险上升	Ⅲ.房地产税加速推进	Ⅳ.疫情防控更加科学有效	Ⅴ.推进有效竞争	Ⅵ.政策调整和改革遵循"时度效"原则
全年GDP增速（%）	5.5	5.4	5.2	4.5	5.8	5.9	6.1
货币政策增加力度	降准1次，50基点	降准1次，50基点	降准2次，各50基点	降准4次，各50基点	—	—	—
赤字超预算额（亿元）	4 217.1	5 060.5	6 747.3	12 651.3	1 686.8	843.4	—
赤字超预算比率（%）	12.3	14.7	19.6	36.8	4.9	2.5	—
估算赤字率（%）	3.4	3.4	3.6	4.1	3.2	3.1	3
总赤字占财政空间	10.5	10.8	11.2	12.8	9.8	9.6	9.4

数据来源：上海财经大学高等研究院。

GDP增速均在5%以上，属于相对合理的区间，对于个别悲观情景来说，采用激进的需求管理政策来强行进一步拉高增速可能会得不偿失。课题组在往年的报告中已经多次强调，宏观经济政策应当着眼于经济整体的长期健康运行，避免短期经济刺激政策的长期负面作用损害增长潜力和可持续发展能力。

第四章

以更大力度的改革开放落实稳中求进和推动高质量发展

2021年12月8—10日召开的中央经济工作会议总结了2021年经济工作,分析了当前经济形势,部署了2022年经济工作。会议释放出多个重要信号,是一次意义重大的会议,引起了社会各界的广泛注意,媒体、业界、学界有许多解读,被认为是"解放思想、政策纠偏、重塑共识"的会议。会议实事求是地指出了当前我国经济发展面临的需求收缩、供给冲击、预期转弱三重压力,重提"坚持以经济建设为中心是党的基本路线的要求",强调"调整政策和推动改革要把握好'时度效'",指出要"加强统筹协调,坚持系统观念"的科学决策,明确了2022年"稳字当头、稳中求进"的工作总基调,继续做好"六稳""六保"工作,坚持创新驱动发展,以高水平开放促进深层次改革、推动高质量发展。这些为下一阶段经济工作给出了短期应对和中长期改革治理的指导方针。2021年11月8—11日召开的十九届六中全会也强调,必须实现创新成为第一动力、协调成为内生特点、绿色成为普遍形态、开放成为必由之路、共享成为根本目的的高质量发展。

中央经济工作会议指出的当前经济发展的三重压力,加上一些其他现状问题,让中国经济何去何从充满了不确定性。与此同时,一些政府部门管制不断加强的所谓改革、政策和多行业规范调整没有把握好"时度效",力度过大、过急、过频、过激,导致监管、整顿过度,叠加共振,市场主体活力及其预期下降,企业信心不稳,承载了中国绝大部分就业的中小微企业经营面临较大的不确定性和困难,运行复苏缓慢,乃至一些大中型企业也出现经营困难加剧趋势,投资增速也有回落风险。此外,还出现了原则肯定、具体否定、落实不到位的空心化现象,使之中央部署、改革大政方针无法完全落地。

更令人担心的是,由于在市场化改革的实施过程中出现偏差,辅助、配套改革措施不到位,一旦出现问题,就轻易地否定其必要性,认为是市场化改革的错,否认其改革大方向,想走回头路。这些都是导致各界对中国经济增长和发展预期减弱的重要原因。

那么,如何破解经济发展面对的三重压力,落实稳中求进和推动高质量发展,怎样才能实现创新驱动呢?"不谋全局者,不足谋一域。"课题组认为,这需要从总结正反两方面的经验,从历史视野、实践探索和理论高度三个维度来得到答案,同时在研究解决这些问题时需要有一般均衡分析系统思维的综合治理理念和全局观念,而不是孤立地看待问题。我们既要考虑中国国情、中国特色,也要基于世界上高质量发展和创新驱动发展的规律性认识,来处理好短期政策应对和中长期改革治理、一般性和特殊性、规律性和特色性以及市场化改革和加强管制改革这四大辩证关系,从而稳中求进,短期政策应对和中长期综合改革治理不仅要有决策的科学性,更要有谋划的艺术性。并且,这样的决策和谋划应经受得住历史、实践和理论的印证、检验及逻辑推理。

改革开放40多年来的历史经验和实践探索表明,松绑放权的市场化改革和对外开放之下要素资源在竞争机制、激励机制引入后的自由流动、优化重组,是中国经济持续高速增长的关键因素。进入新发展阶段后,中国经济发展的目标从过去更注重量的增长速度转向更注重质的提升和增长的持续性,并且更强调让发展的成果为全体人民所共享,同时经济发展所面临的内外部约束条件也发生了深刻变化,尤其是资源、能源和生态环境越来越成为紧约束、硬约束。发展目标和约束条件的改变,意味着过去高消耗、高排放、高污染的要素驱动型粗放发展模式越来越难以为继,必须向创新驱动型集约发展模式转变。

第四章　以更大力度的改革开放落实稳中求进和推动高质量发展

2022年是邓小平南方谈话30周年,重温1992年邓小平在谈话中所讲的"发展才是硬道理""能发展就不要阻挡,有条件的地方要尽可能搞快点""不坚持社会主义,不改革开放,不发展经济,不改善人民生活,只能是死路一条"等观点,至今依然具有很强的现实指导意义。面向未来,我们要为更大力度的改革开放鼓与呼,营造有利于市场导向改革、民营经济发展的宽松政策和舆论环境,从系统思维出发构建中国特色宏观经济综合治理框架,统筹解决周期性、外部性问题与结构性、体制性问题,总体政策上保持相对宽松、稳定,避免政策调整过大、过频引发叠加共振效应,同时进一步向市场化、法治化改革和全方位、制度型开放要增长红利与发展动力,将稳中求进和高质量发展的方针政策落到实处。

一、中国经济稳中求进和高质量发展面临的短期风险和中长期瓶颈

中国经济面临着一系列新的短期下行风险和中长期的瓶颈制约。从外部环境看,美国针对中国的贸易和技术封锁持续加码,并开始与日本、欧盟形成联合对华阵线,加上新冠病毒的变异、疫情的反复,已使得许多国家意识到产业链和供应链的问题,开始进行在地化、多元化的布局,西方国家很可能2022年会在疫情防控上全面放开,加上中国全面清零等严格管控措施,有可能加剧全球产业链和供应链的外移调整。从国内来看,居民收入和消费信心不足,叠加疫情防控期的延长,消费需求的恢复增长有不确定性,再加上前面提及的管制不断加强的改革、政策和多行业规范调整力度过大、过频、过激,导致监管过度,叠加共振,市场主体活力下降,企业经营困难。供给侧的冲击和需求侧的收缩,使得中国经济增长的预期转弱和市场主体信心不足,预期下降。

面对中国经济出现的新的下行压力,跨周期调节政策要考虑的不只是短期经济波动,更要着眼于中长期,向市场化改革和开放要红利。过去10多年来,中国经济增长的持续下行有周期性和外部性因素,但更关键的还是制度性和结构性因素。这反映到社会舆论环境上,就是诸多反市场化改革、反开放、反民企的论调时有出现。殊不知,中国改革之所以在过去40多年取得了巨大成就,除了坚持党的领导、坚持社会主义、社会稳

定之外，一些新的因素包括：较大程度上的经济选择自由、松绑放权的改革、引入竞争机制、对外开放、民营经济大发展，中国的巨大成就正是在这种基本制度性市场化改革下才取得的。然而，由于市场化改革的不深入、不彻底，中国经济高质量发展还面临诸多瓶颈制约。具体来看，对应五大新发展理念：

第一，发展驱动的创新度。目前，我国整体上还处于要素驱动向效率驱动、创新驱动转型的半途之中，创新体系整体效能还不强，政府行政干预过多，创新要素在不同创新主体之间尚未实现自由、充分的流动和组合，使得创新资源配置面临分散、重复和低效的问题。政产学研在基础科学创新和应用技术创新中存在角色分工定位不清，导致产出效益不高、成果转化滞后、价值创造低下。反映到经济领域，就是尽管中国产业门类齐整，但是大而不强的特征也十分明显，关键基础材料、产业技术和核心基础零部件等方面的对外依存度比较大，一旦外部环境收紧，就面临"卡脖子"的现象。

第二，发展过程的协调性。无论是从城乡、区域、产业、收入等经济结构关系来看，还是从经济发展与社会发展的关系来看，发展的协调性、全局均衡性都存在较大的提升空间。这部分是由过去所实施的非均衡发展战略所导致，也是高速增长阶段的一个阶段性特征。其中，在区域经济结构上，国家已经注意到区域经济的分化，陆续提出了多个区域经济振兴计划，但综合治理不足、内生动力不强，因此效果并不明显。这就涉及新时期国家发展战略的调整，即从过去的非均衡发展战略向均衡发展战略转变，基于系统思维、全局观念的一般均衡综合治理来统筹各项政策和改革措施的制定，避免头痛医头、脚痛医脚。

第三，发展模式的生态性。发展的目的是为了人民、为了人民的美好生活，而不是一味追求 GDP 指标。如果这个观念不真正树立起来，就会出现长期以来经济发展中出现的先污染后治理现象，牺牲后代人乃至当代人的生活质量来追逐官员的短期政绩，一些重点区域、重点行业污染环境问题仍然十分突出。并且，由于经济发展方式转变不到位，单位 GDP 的资源消耗、能源消耗也依然非常高，单位 GDP 能耗差不多是世界平均水平的 1.5 倍。当然，这与中国具有让其他国家受益的相当完整的供给链、为世界提供了相当比例实物、是一个实体经济的出口大国有关。作为人均GDP还较低的最大发展中国家和中等收入国家，中国也需要防止能源消费总量和能耗强度的控制影响经济发展，自缚手脚。

第四，发展格局的开放度。改善外部环境，构建良好的国际关系，尤其是加入WTO，通过开放倒逼改革为中国经济发展插上了腾飞的翅膀，也使得中国经济深度融入经济全球化的历史进程，但是与中国现代化建设的目标相比，与世界主要发达国家的经济开放程度相比，中国还有不小的提升空间。当然，这也与中国经济尚未实现向创新驱动的转型、核心竞争力不足有关。过去，我们一直处于"要我开放"的被动开放状态，需要加快向"我要开放"的主动开放状态转变，利用中国的超大规模市场优势积极参与更高标准、更高水平的国际自由贸易协定，用更高水平的开放倒逼更深层次的改革。

第五，发展成果的共享度。在让一部分人、一部分地区先富起来的政策带动下，中国经济打破了过去计划经济体制下那种干多干少一个样、干和不干一个样的"吃大锅饭"分配模式，极大地激发了人们创造财富的积极性和能动性，带来了国民财富的急剧增长，但与此同时也存在着当前中国基尼系数和高低收入比均处于较高水平的问题，中国的收入差距从世界范围看处于中等偏高的水平，而且社会流动性也开始放缓，财富的代际传递加强，高低收入阶层均存在阶层固化的现象，起点公平、机会公平未得到很好保障，中等收入群体难以持续发展壮大。当然，导致这些问题的原因之一也与发展成果的衡量标准没有多元化有一定的关系。现在一个常用标准就是用平均或人均来表达发展成效，这当然是一个度量经济发展的进步指标，但也有很大的问题，一个大问题就是没有注重平等，使贫富差别巨大问题被平均掩盖掉了。这些都是与共同富裕的中长期国家目标不兼容的。

二、中国经济稳中求进和高质量发展迫切需要更大力度的改革开放

做好经济工作，必须弄清楚改革与发展、稳定、创新的内在辩证关系以及政府与市场、政府与社会的内在关系。鉴于中国经济短期内出现新的下行压力，在总体宏观经济政策定位上还需要保持相对宽松的基调，使

积极的财政政策真正积极、稳健的货币政策真正稳健。财政政策需要出台面向基本民生的收入补贴措施和减税降费政策,提振消费需求,同时经济下行压力加大,特别是在疫情严控或时不时熔断的情形下,仍需延续中小微企业税费减免政策和加大就业稳岗补贴,扭转中小微企业生存危机和发展困境,激发市场主体活力。货币政策同样需要对中小微企业和薄弱环节进行定向扶持,防止经济进一步分化,同时用好绿色货币政策工具,加大对绿色经济投资的支持,启动经济新增长点,对冲经济下行趋势。此外,针对一些行业的调整,也应该采取渐进式而不是急剧式、"一刀切"的不断加强管制和结构调整,要防止出现政策叠加共振效应,一些大型房地产企业的债务违约困境及其对房地产和金融市场的潜在冲击需要正视。

当然,以上政策应对主要针对需求收缩和供给冲击的压力,应对短期稳中求进问题和中长期高质量发展,更迫切、更重要和更根本还是要靠深层次的结构性和体制性改革及其治理,这是应对预期转弱压力的最有效对策。当前,社会上一些人因市场化改革的实施过程中出现问题、产生一些偏差,就轻易地否定其必要性。他们没有意识到,一个必要条件还需要许多其他辅助条件,才能转化为充分条件,将事情做成。导致的结果就是将必要性和充分性混为一谈的倾向,许多市场化改革的举措本来大方向正确,但由于综合治理的改革不到位,辅助、配套改革措施不到位,一旦出现问题就认为是市场化改革的错,否认其改革大方向,想走回头路。这也是导致各界对中国经济增长和发展预期减弱的一个重要原因。

为此,要坚定不移地坚持市场化改革开放的基本国策,形成为更大力度的改革开放鼓与呼的和谐气氛和良好的营商大环境以及具体措施,避免原则肯定、具体否定的空心化,使得中央部署、改革大政方针无法落地,更要避免极端的民族主义和极度的民粹主义,避免经济问题行政化或过度政治化,以及专讲空话、套话、盲目自大的官僚作风。只有这样,才能形成有利于市场化改革、民营经济发展的政策环境及社会舆论的宽松环境和共识,释放被不合理体制扭曲禁锢的活力,让企业和社会的信心为之一振,真正让市场在资源配置中发挥决定性的作用,让政府更好而不是更多地发挥作用,深入推进公平竞争政策实施,扭转经济增速过去 10 多年来持续下滑的态势,真正形成各种所有制经济共同发展的所有制中立、竞争中性局面,保持经济政策的稳定性和连续性,才有可能推动经济的稳定、发展和创新。

长期以来,中国经济全要素生产率的提高也主要来源于盘活生产要素、激发工作动力等提高效率的市场化改革开放,而不是主要靠技术进步。如果能进行市场化深层次制度性改革,提高市场效率和激发人们的积极性,就会产生极大的意外效果。改革开放以来的历史经验、实践探索和理论逻辑都表明,改革与不改革,中国经济增长速度相差近3个百分点。

从历史经验和实践探索看,例如1978年确立的改革开放国策和工作中心转移到经济建设上来,带来到20世纪末工农业总产值翻两番目标的大幅度超额实现,年增长率在10%左右,比7%的预定经济增长率超过了近3个百分点;1992年中国经济面临困境之际,邓小平南方谈话对市场经济体制的定调,给中国带来20多年的经济大发展;2001年中国加入WTO,以开放倒逼市场化改革,又推动中国经济高速发展了10多年,从入世时全球第六大经济体跃居第二大经济体,使中国改革开放以来前30多年的经济增长率达到10%,让中国一举成为世界经济大国。

从针对未来中国经济增长的理论逻辑和量化分析来看,也是如此。2015年7月,4位俄裔经济学家在美国国民经济研究局(NBER)工作论文《1953年以来的中国经济》中,通过标准宏观分析工具的量化研究对1953—2012年中国经济增长进行因素分析,并对2012—2050年的未来经济增长做了预测,分别以改革开放前后各因素的贡献作为假设进行预测比较,其结论之一就是改革与不改革对经济增长的影响差别巨大,年均增长率相差近3个百分点。课题组几年前的宏观经济分析报告也进行过这方面的量化分析,并得到了类似结论。

面向中长期的未来,中国只有坚定不移地为改革开放鼓与呼,通过真正深化制度性、市场化改革和扩大全方位、制度型开放,扩大市场准入,促进公平竞争,改善营商环境,同等对待国有企业和民营经济,社会和企业的信心肯定会为之一振,经济增长和经济发展才会有大的改观。改善营商环境的市场化改革与不是市场化的"改革",经济增长率大概率仍将会相差几个百分点。

站在新的历史起点上,改革已进入深水区,开放也已进入新阶段,需要有啃硬骨头、涉险滩、闯难关的勇气和决心,更加尊重市场在资源配置中起决定性作用的一般经济规律,更好而不是更多地发挥政府作用,以全方位开放倒逼深层次制度改革,谋求更大的发展空间。具体而言,深层次制度改革有三大重点目标任务:一是形成具有包容性的现代化经济体系;二是提升依法治国能力和政府执行力;三是建立民主法治、公平正义、和谐透明的良好社会规范和秩序,以及有效的社会治理体系。这三点也是现代国家治理体系的三要素。

第一,包容性经济制度是经济长期增长、高质量良性发展及国家繁荣富强的必要条件,任何一个国家如果不实施包容性的经济体系,在经济发展方面如果是汲取性的,肯定不行,不具有可持续性。中国历史上的文景之治、开元盛世、贞观之治、康乾盛世等时期的轻徭薄赋政策,都是施行了相对包容的经济方面的国策,以促进经济增长。当然,包容性经济制度不是充分条件,市场经济有"好"和"坏"之分,好的包容性市场经济还需要与国家治理的另外两个要素——政府和社会相结合,发挥好的、恰当的作用,才能共同构建起现代国家治理体系,才能实现良性的高质量发展,真正成为得到各国信任和拥护的世界强国。

第二,建立让市场在资源配置中发挥决定作用的现代经济体系,需要以改革、发展、稳定、创新和治理五位一体的综合改革方式进行治理,建立有能、有为、有效、有爱的有限政府和实现国家治理现代化。有能主要是讲政府执行力的问题;有为讲的是政府的作为问题,在应该作为的地方不缺位;有效是政府行政的效能和效率的问题。这三点主要是处理好政府与市场的关系问题,以促进有效市场形成为导向。有爱则是讲处理好政府与社会的关系问题。

需要强调的是,处理好政府与市场、政府与社会的关键是政府的边界定位一定要恰当。现在的一个误区是将有效市场和有为政府视为两个完全独立的维度和变量。此外,将有为的政府和有为政府也混为一谈,并认为有限政府是基本不管的政府。这些误区的后果就是政府有为的程度越来越大,而需要有为的地方却缺位。政府的恰当定位是根本的,是自变量,而市场是否有效在很大的程度上是因变量。只有政府的边界定位恰当,才能导致有效市场与和谐社会。同时,有为的政府和有为政府也是两个不同概念,前者是有为而不过位,而后者却容易导致缺乏边界的事事有为,出现政府角色的越位和错位。比如,导致行政干预市场,干预经济活动的程度近几年越来越大,以及前面提及的多行业政策调整过大、过频导致风险叠加共振、企业信心不稳、经济下行压力加大。

显然,我们界定的有限政府不是基本不管的政府,而应该是有能、有为、有效、有爱的有限政府,也就是在维护国家、社会、市场良好秩序的大前提下,凡是市场能做好的,让市场去做,市场不能做好的,特别是在公共服务方面,政府应发挥充分作用。这样,政府治理的边界一定是有限的,应基本限定在维护和服务上,只有这样才能导致有效市场。当然,发展阶段不同,其维护和服务的内容也会有很大不同。特别对转型经济体,还不是一个有效市场。一方面是标准经济学教科书中所界定的市场本身的失灵,而政府又没有去补位;另一方面是由于政府的越位、错位所造成人为的市场失灵,而政府又没有从中抽身。两方面原因的任何一个发生,都会导致无法形成有效市场。这时,政府就比"守夜人"政府要发挥更大、更好、更有执行力的作用,比如政府启动和主导改革,建立和完善有利于经济发展、创业创新的现代市场制度等。

第三,从国家治理的角度看,只关注经济和政治、市场和政府远远不够,还要考虑社会的维度。政府不应也不能把所有社会治理的职能都揽于一身,社会组织在协调各方利益、共享公共资源、促进公平正义等方面可对政府形成很好的补充和替代作用,这就要求政府将自身管不好也管不了的领域交给社会组织来自我管理。特别是在当前共同富裕成为高质量发展的目标之一,社会作为第三次收入分配的主体,也要在市场一次分配主体和政府二次分配主体之外,发挥重要的作用。当然,社会捐赠属于社会中民间自发个人行为,是基于自愿、非强迫的原则,而不是通过其他手段来共享个人财富,否则将会损害市场主体的积极性,弄不好会导致共同贫穷而不是共同富裕(如计划经济年代)。

三、中国经济稳中求进和高质量发展有赖于新发展理念的真正落地

正反两方面的历史经验教训、中国经济的发展实践数据和市场经济的内在理论逻辑,无不揭示了市场化改革及高度的对外开放对保持经济

持续稳定增长和高质量发展的至关重要性。创新、协调、绿色、开放、共享的新发展理念，深刻揭示了中国经济实现更有效率、更加公平、更可持续的高质量发展的必由之路，是中国在新时期以深层次制度性改革和制度型开放破解发展难题、增强发展动力、厚植发展优势的战略指引，需要综合施策让改革开放大政方针和新发展理念落地，其根本是要界定和处理好政府与市场、政府与社会的内在关系。

需要注意的是，无论是实现稳中求进的短期政策应对还是中长期高质量发展的改革治理，都要从全局观点和系统思维来综合考量经济发展、风险防范和改革治理的问题，因而需要采用动态联动、一般均衡的综合治理分析框架，做到科学性、严谨性、时代性、针对性、前瞻性、思想性的有机平衡，从理论逻辑、实践真知和历史视野三个维度来分析各项政策和改革措施之间的联动影响、风险传导机制，避免出现政策调整的叠加共振放大效应以及此消彼长的结构性失衡问题。

第一，正确处理政产学研的关系，夯实创新驱动发展的体制基础。创新分为两种，一种是基础研究的创新，这个主要靠政府和大学。由于基础科学创新往往周期长、见效慢，但外部性巨大，从长远来说，基础性研究关系到国家的安全、社会的稳定、经济的高质量发展，要有前瞻性，但这种投入常常是亏本的，逐利的企业一般不愿意去做，这时，政府和大学就需要补位，需要投入人力和资源去做，所以要靠国家。然而，创新不仅仅是基础研究创新，还包括应用科技、管理、商务创新。二者一个立足长远，一个立足当下，不可偏废，不应对立。由于应用科技和商务创新是要冒巨大风险的，失败率极高，因此应充分发挥更具活力和创新力的非国有企业、民营企业的作用，尤其是要响应第四次工业革命数字化、智能化、智慧化趋势，促进中国经济新旧动能的转换。

这样，政府要以基础科学创新和公共创新资源为抓手，建立对基础科学研究和原创性研究提供长期稳定支持的机制，使得一些产出相对不确定但一旦成功将具有较大正外部性的"慢研究""深研究"和"冷研究"也能够得到稳定支持，并进一步完善国家科学中心和国家实验室管理制度，实施有利于潜心研究和创新的学术评价体系，引导高校和科研院所将其主要精力投入到基础性研究和共性技术研究上来。为此，要进一步强化科研成果知识产权的转化、运用和保护，应以市场机制为杠杆来推动科研成果知识产权制度改革,赋予科技领军人才更大的技术路线决策权、研究经费支配权和配套资源调动权,推动科技领域的松绑放权改革,优化科技创新生态环境。

与此同时,要充分发挥企业在技术创新方面的主体作用,目前我国有超过70%的技术创新和新产品开发来自民营企业,还有进一步提升的空间。创新本质是靠竞争驱动而不是一些经济学家认为靠垄断驱动的,竞争才是原动力而垄断不是,是竞争导致利润下降驱动了创新,而创新带来了垄断利润,从而导致新的企业进入而增加了市场竞争这样一个反复动态博弈的过程。因此,要善于运用市场竞争机制激励企业创新投入,通过竞争环境的营造,培育一批具有一定自主创新能力的创新型领军企业尤其是民营企业,并依托这些企业加强产业技术预见性判断和研发路线图研究,加强前瞻性应用基础研究,有助于引领前沿技术创新并推动商业化运用,以及加强立足中国的技术创新与世界的联系纽带。

第二,加强协调发展的引导,促进多方面多维度的均衡联动发展。协调发展是一个综合治理的问题。在研究解决具体现实问题、进行政策和改革研究时,要区分短期和长期最优、局部和全局最优、最佳和次佳。要知道,最优分多层次,有短期和长期之分,有局部和全局之分,有最佳和次佳之分。随着制约条件增加,最优结果可能只是次佳、次次佳、次次次佳等。并且,局部、短期最优往往不是全局、长期最优,甚至有可能对全局和长期发展带来严重后果,这就是为什么在分析解决重大现实经济问题时,特别是协调发展方面,必须要有长远视角、国际视野、全局观点、系统思维、综合治理和风险防范的一般均衡分析。比如,对单一市场的马歇尔局部均衡分析方法所得到的最优只是局部最优,即局部有效率,但往往会造成全局的无效资源配置。

在区域发展方面,20世纪80年代,邓小平曾提出"两个大局"的战略构想。其中,"一个大局"是沿海地区加快对外开放,先行先试,较快地先发展起来,内地要顾全这个大局;"另一个大局"是沿海地区发展到一定时期,拿出更多的力量帮助内地发展,沿海地区也要顾全这个大局。同时,内陆省份需要积极向沿海省份学习,尤其是要在法治环境、市场环境、政务环境等营商环境建设上,在为民营企业发展消除非市场因素障碍方面,主动对标国内一流标准,紧密结合当地实际,进行条分缕析的比照、剖析、改进、提升,敢于破除部门利益藩篱,善于转变行政治理方式,将松绑放权的改革引向深入。

从全国层面来看:一要坚持中央统筹与地方负责相结合。一方面,既要加强中央对区域协调发展新机制的顶层设计,以长三角一体化发展为样板促进先进经验推广;另一方面,也要明确地方政府的实施主体责任,以充分调动各个地方政府按照区域协调发展新机制推动本地区协调发展的积极性、能动性和创造性。二要坚持针对性与公平性相结合。既要因地制宜针对不同地区的实际制定差异化的政策,也要注重推进区域一体化建设,维护全国统一市场的公平竞争,防止出现政策洼地、底线竞争和地方保护主义等问题。三要建立东部发达地区与中西部和东北欠发达地区之间的区域联动机制,补齐困难地区和农村地区的公共服务、基础设施等短板,促进发达地区和欠发达地区的平衡协调发展。

第三,深化环境监管体制的改革,满足人民对于美好生态的需要。一方面,由于环境资源具有外部性、公共资源和公共物品的特性,因此政府在环境污染治理中的宏观控制和监督是环境资源可持续利用的重要保障;另一方面,由于信息不对称、道德风险等原因,需要通过市场机制的激励约束手段将环境外部性内在于企业和地区经济发展中,推动要素市场化改革和绿色低碳市场体系构建,这是有效降低环境污染、实现合理使用资源的重要途径。同时,还要形成大众都关心和维护、保护好环境的社会规范。这三种制度安排就是政府治理、市场激励和社会规范,即通过"晓之以理和导之以利"的"胡萝卜加大棒",久而久之,慢慢形成一种无欲无纲的大家都自觉遵守的社会规范这一非正式制度安排。

其中,政府的作用至关重要,要多管齐下,建立健全减污降碳的激励约束机制。一要制定、完善、落实好相关生态环境保护的法律、法规,以稳定的体制机制和法治化的手段保护生态环境;二要建立健全生态环境保护的评价、考核、奖惩制度,发挥政绩考核指挥棒的作用,自上而下在各级政府间理顺监管和激励机制;三要加强环境公共基础设施建设,增加优质环境公共产品和服务的供给,满足人民群众对优质生态产品的需要;四要制定和实施好促进生态环境保护的公共政策,通过政策引导企业、非政府组织、个人等各类社会主体积极参与到生态环境保护中来。

同时,当下世界能源结构正从碳能源轨道向光能源、硅能源、氢能源、再生能源切换,加快建设"光伏、特高压、新能源"三位一体系统,是中国突破围堵或遏制的重大战略突围点,分别对应着新能源发电、能源传输和新能源汽车领域,这些都是今后乃至世界能源体系的根本性发展方向。通过加速构建以煤炭和新能源优化组合的新型电力系统来建立低碳能源体系以确保能源供应,也是中国应对气候变化实现"碳达峰""碳中和"战略目标的重要保证。并且,能源低碳发展的新革命已成为世界各国的共识,是今后取之不尽、用之不竭的经济有效能源的根本发展方向。对中国而言,这是一场比半导体更重要的竞赛,可极大避免能源短板和发动机等国家经济安全问题。

第四,推动深层次制度性的开放,构建国际国内"双循环"发展新局。对外开放对高质量发展非常重要。当前,世界各国围绕全球经贸规则的博弈日趋激烈,新冠疫情又推高了全球经贸合作的壁垒,同时新技术革命也推动新领域的规则、标准不断出台,这些都要求中国必须深化规则、监管、标准等制度型开放,在参与乃至引领相关领域更高标准的全球性经贸和投资规则设计、调整的过程中,构建更加紧密稳定的全球经济体系,更好地维护中国的国家利益,并促进、倒逼国内经济改革深化,在更高水平上推动国际国内"双循环"的相互促进,增强供应链、产业链黏性,实现商品服务要素的优化配置和经济高质量发展。尽管面临逆全球化思潮和贸易保护主义的干扰,但是零关税、零壁垒、零补贴、加强知识产权保护、创造公平竞争营商环境等依然是开放体系下全球经济贸易和投资的方向。

为此,中国要进一步提升对外开放层次和水平,扩大包括金融业在内的服务业和高端制造业开放,对标国际最高标准自由贸易和投资保护协定,不断提高贸易投资的便利化、法治化和国际化水平,推动经济全球化朝着更加开放、公平、普惠、平衡、共赢的方向发展。同时,中国要利用开放倒逼进一步完善对外商直接投资实施准入前国民待遇加负面清单的管理体制,建立健全事中、事后监管体制;积极推动知识产权保护、国有企业、政府补贴等领域的新型规则设计。在知识产权保护层面,应立足于进入创新型国家前列的远景目标,逐步对接以 CPTPP 为代表的更高标准知识产权保护条款。在国有企业方面,应遵循竞争中性原则,从维护市场公平竞争的角度出发,构建符合我国国情的竞争政策规则体系。在政府补贴领域,应遵循《WTO 补贴与反补贴措施协议》的基本理念和原则,逐步推动从专向性补贴向功能性补贴的过渡。这些措施将会在很大程度上增加外企与中国做生意的吸引力，化解或破解美国对中国的围堵或遏制，有利于资源、技术和人才的引入和创新，从而推动高质量发展。

整体上，中国要以进一步的扩大开放来促进国内市场化改革深化和营商环境优化，坚持毫不动摇巩固和发展公有制经济，毫不动摇鼓励、支持、引导非公有制经济发展，特别是民营经济的发展，以竞争中性、所有制中立的原则进行体制性、结构性改革，形成国企、民企、外企公平竞争和竞相发展的良好市场环境，激发市场主体活力和企业家精神，让企业家成为高质量发展的生力军，夯实高标准现代化市场体系的微观基础，在更高水平、更深层次上充分挖掘国内外优质的资本、技术和人才资源为我所用，让市场在资源配置中真正发挥决定性作用，为"双循环"新发展格局构建提供规则制度基础，增强中国经济创新驱动能力，推动产业结构快速升级，在高水平开放中实现中国经济的高质量发展，形成正反馈效应。

第五，政府、市场与社会共同发挥作用，以系统思维推进共同富裕。现实中，人们对于什么是共同富裕、如何实现共同富裕还有很多认识上的误区。例如，一些人主张追究民营企业和民营企业家的"原罪"，搞杀富济贫、杀富致贫，忽视市场化改革中早期特定历史时期的时代背景。不重视起点平等和机会公平，甚至主张回到计划经济时代的绝对平均主义和"大锅饭"，忽视不同经济主体的禀赋差异，不知道绝对平均必然会导致绝对贫穷，造成养懒汉的现象。一些人置中国尚处于社会主义初级阶段这一最大国情于不顾，提出至少在现阶段看来不切实际的高福利诉求，将共同富裕寄希望于政府二次分配和社会三次分配"分好蛋糕"，而忽视市场一次分配"做大蛋糕"这个收入分配的主渠道。

市场不仅是配置资源的基本渠道和激励机制，也是共同富裕的第一步和最重要的一步，必须尽可能通过全面深化市场化改革、进一步完善市场体系来改善初次分配格局，发展经济，将"蛋糕"做大，这是共同富裕的基础，否则就会导致共同贫穷，所以还是要首先注重效率原则。当然，仅靠市场不能实现共同富裕，还需政府的适当作用。现代微观经济理论中的公正定理告诉我们，只要每个人的初始禀赋（包括物力资本和人力资本）的价值相同，则市场自由竞争机制将会同时导致资源的帕累托有效和公平配置。这里的公平是指每个人都偏好自己所获得的东西，这种既考虑主观也考虑客观的公平也是经济学中所定义的公平。也就是说,在理论上,只要尽可能有一个平等的竞争起点(政府可以通过税收和给每个国民同等基础教育,尽可能达到这种起点平等),然后通过自由竞争的市场运作就可以达到既有效又相对公平的社会公正结果。

面向共同富裕的目标,政府在二次收入分配和保障起点公平上可以做的还有很多,如教育在人力资本上的投资作用、税收在收入分配上的调节作用、社保在改善民生上的支撑作用。这些通过政府保障起点平等,通过市场效率达到共同富裕的制度性安排至关重要。尤其是实现 12 年义务教育刻不容缓,9 年义务教育不适应高质量发展的需要,特别不利于共同富裕目标的实现。从外部看,世界上约有 110 个的国家和地区是超过 9 年义务教育的;从内部看,许多低收入地区,特别是农村青少年无法完成高中教育,导致了很大的起点不公平,从而引发一系列严重后果,包括社会流动性不足的问题。然而,个体能力的差异以及经济活动中无处不在的不确定性,也会导致收益结果的不同,因此还需要建立社会主体自主自愿基础上的社会捐赠机制,通过这样的第三次分配来进一步促进共享型社会发展和共同富裕,真正让改革发展的成果为最广大人民群众所共享。

附录1

项目架构图

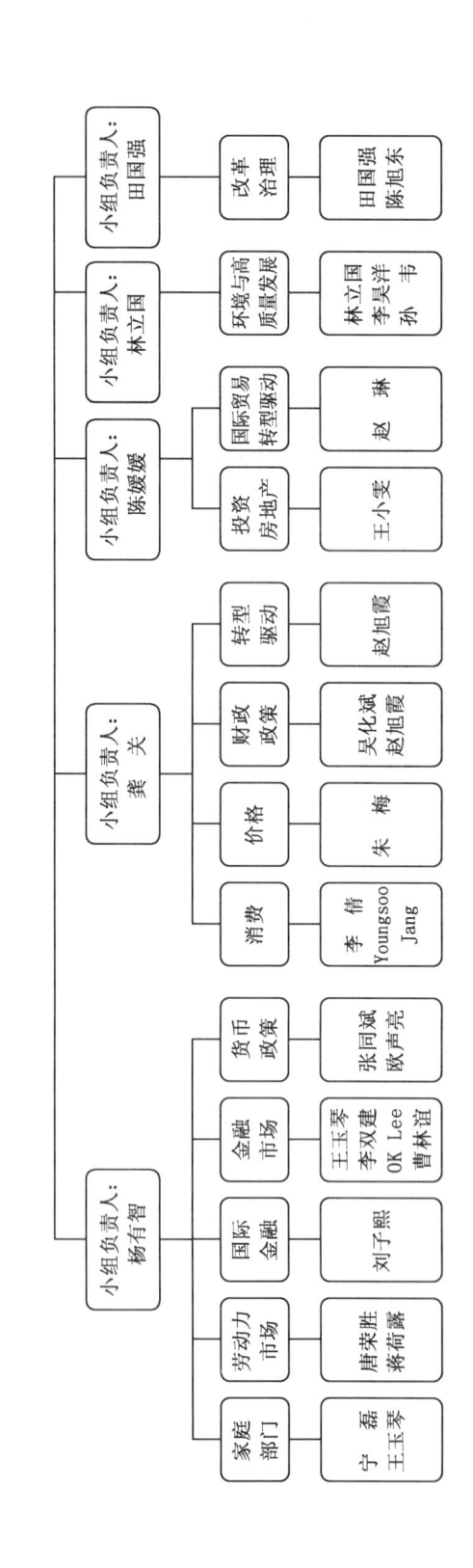

- 小组负责人：杨有智
  - 家庭部门：宁磊、王玉琴
  - 劳动力市场：唐荣胜、蒋荷露
  - 国际金融：刘子熙
  - 金融市场：王玉琴、李双建、OK Lee、曹林谊
  - 货币政策：张同斌、欧声亮

- 小组负责人：龚关
  - 消费：李倩、Youngsoo Jang
  - 价格：朱梅
  - 财政政策：吴化斌、赵旭霞
  - 转型驱动：赵旭霞

- 小组负责人：陈媛媛
  - 投资房地产：王小雯
  - 国际贸易转型驱动：赵琳

- 小组负责人：林立国
  - 环境与高质量发展：林立国、李昊洋、孙韦

- 小组负责人：田国强
  - 改革治理：田国强、陈旭东

192

附录 2

上海财经大学高等研究院简介

上海财经大学高等研究院(Institute for Advanced Research)成立于2006年7月,作为国家首批"985工程"优势学科创新平台项目——"经济学创新平台"建设项目和理论经济学上海市高峰Ⅱ类学科的重要组成部分,高等研究院致力于以准确的数据为依据、先进的理论为指导、科学的研究方法为手段,理论结合实际,定性与定量分析并举,研究中国改革和发展中出现的长远重大战略性问题和当前难点、热点经济问题,力图打造一个集科学政策咨询、重大项目研究、学术前沿探讨和高级人才培养于一体的大型综合研究机构。

高等研究院持续聚焦中国改革发展中的长远重大战略问题和当前热点难点问题,强调分析解决问题所需要的三个维度的结合(即理论逻辑、实践真知、历史视野),以体现"六性",即科学性、严谨性、针对性、现实性、前瞻性和思想性。对于所给出的政策建议注重以全局观念、系统思维和综合治理方法来处理好改革、发展、稳定、创新、治理的辩证统一关系,所形成的系列研究成果得到了党和国家领导人、社会各界和媒体的广泛关注与肯定。

高等研究院现拥有"数理经济学"教育部重点实验室,设立数据调研中心、中国宏观经济研究中心、农业与城乡协调发展研究中心、环境与自然资源研究中心、中国教育改革与发展研究中心、人口流动与劳动力市场研究中心、市场机制设计与信息经济研究中心、卫生经济与老龄化研究中心、经济学研究全球竞争力评估中心和博士后中心等常规研究中心以及高端教育与国际交流中心,并主办全英文学术季刊 *Frontiers of Economics in China*。